LAS COSAS QUE NO NOS DIJERON

LAS COSAS QUE NO NOS DIJERON

(y otras que sí, pero no son ciertas)

de tener hijos

VALERIA STOOPEN BAROIS

L'Amargeitor

AGUILAR

Las cosas que no nos dijeron
(y otras que sí, pero no son ciertas) de tener hijos

Primera edición: octubre, 2025

D. R. © 2025, L'Amargeitor, Valeria Stoopen Barois

D. R. © 2025, derechos de edición mundiales en lengua castellana:
Penguin Random House Grupo Editorial, S. A. de C. V.
Blvd. Miguel de Cervantes Saavedra núm. 301, 1er piso,
colonia Granada, alcaldía Miguel Hidalgo, C. P. 11520,
Ciudad de México

penguinlibros.com

D. R. © 2025, Julia Borbolla, por el prólogo

ISBN: 978-607-386-494-7

Impreso en México – *Printed in Mexico*

Para Michèle y Stephan, ¿para quién más?

Índice

Prólogo

Ocupé cuatro años para lograr el título de psicóloga, tuve que hacer una tesis de investigación con mil y un requisitos, correcciones y borradores, y cuando sentí que no era suficiente me inscribí en todo curso o taller que tuviera que ver con la crianza, con el pensamiento infantil, con la difícil adolescencia. Rematé con una maestría y de pronto me doy cuenta de que Valeria, la autora de este maravilloso libro, se disculpa por no ser una experta, que tan solo abrió de par en par su corazón y usó el sabio lenguaje del sentido común para regalarnos este libro lleno de reflexiones, de aprendizajes y también de errores, logrando en quien lo lea un verdadero ejercicio de introspección al estilo del mejor terapeuta.

Su narrativa es directa y dolorosamente sincera, y en muchos párrafos nos podemos sentir hasta regañados con argumentos contundentes y dolorosamente ciertos. Valeria nos dice cosas que tal vez ya sabíamos, cosas que todos nos hemos dicho en algún momento; pero esa dura sinceridad la convierte de pronto en auténtica poesía cuando leemos:

Nadie nunca nos preparó para la inmensidad de ese instante en que tu vida dejó de ser lo más importante y a partir del cual estarás dispuesto, siempre, a dar la tuya a cambio de la de ellos.

Este libro te hace viajar de la mente al corazón mientras lo lees, es una invitación a reflexionar, a practicar el decir "no" aunque queramos decir "sí", y a ser valientes para educar y formar hijos independientes y fuertes. Es un libro que habla de ti y de mí y de los millones de madres y padres que hemos sacrificado la congruencia en aras de resarcir la culpa. Esa culpa que muchas veces no nos deja por temor a perder el amor de los que más queremos. Esa culpa que en estas nuevas generaciones se ha acrecentado al estar sobreinformados, sobreaconsejados en las redes sociales con mensajes muchas veces contradictorios. Mensajes que hacen sentir a los padres siempre en deuda con los hijos.

Yo calificaría este libro como todo un tratado de sentido común que nos invita a ser congruentes con lo que decimos y lo que hacemos, y a ser consistentes, es decir, actuar siempre y de la misma manera hasta alcanzar el objetivo.

Al mismo tiempo que la autora enfatiza la fuerza que imprimimos al educar, nos recuerda lo vulnerables que tantas veces nos hemos sentido al "... dar vida y acompañar a otra a ser persona mientras tú también estás aprendiendo".

Disfruté enormemente las enseñanzas de asistir a una piñata. Esos consejos tan sabios y reales que me hicieron reír y verme en un espejo.

Su lectura fue para mí como una hojeada al álbum de recuerdos, porque mis hijos hoy son adultos que pasan ya de los cuarenta.

Es verdad, como Valeria nos dice, que debemos tener un proyecto personal en la vida del cual nos sintamos satisfechos; sin embargo, ninguno de estos proyectos supera la maravillosa aventura de ser mamá y verme reflejada en esos "espejos tan honestos" que son mis tres hijos.

Hoy ellos están ya transitando por ese mismo camino con sus propios hijos, el camino, como dice la autora, que no es solo educar niños, sino formar adultos.

JULIA BORBOLLA
Psicóloga especializada en niños y adolescentes

Introducción

A lo largo de la historia de la humanidad, procrear ha sido la manera de sobrevivir, de evolucionar, de conquistar, de seguir reinando. En ciertos momentos de la historia, tener hijos no era cuestión de amor, muy al contrario; las mujeres eran elegidas con base en sus cualidades físicas para saber si serían buenas portadoras y utilizadas como un horno para procrear todos los hijos que fueran necesarios para ampliar el legado y asegurar su lugar en el mundo (o, por lo menos, en el matrimonio), porque, evidentemente, si tenían hijas, la deducción automática era que no servían ni para darle un heredero a su hombre 😑😑😑😑 (qué ardor haber descubierto tantos años después que el sexo de un embrión lo determina el gen masculino. Me hubiera encantado sorrajarle eso en la cara al patriarcado).

Reproducirnos. Multiplicarnos. Trascender

Mucho de tener hijos se trata del ego, de querernos ver en otro, de dejar nuestra huella. Pero hay muchas otras razones por las que los seres humanos hemos tenido, y seguimos teniendo, hijos: para continuar con el legado familiar y que el apellido de alta alcurnia no se vaya a perder, *"¡cómo crees, si somos de los Pérez de toooda la vida!"*; para tener más manos que trabajen; para que alguien te cuide cuando eres viejo (no mamen, esta debería estar penada por la ley); por economía, porque en algunos lugares primermundistas en donde la gente ya no quiere tener hijos los gobiernos pagan por hacerlo (que me suena como una nueva forma de prostituirse, pero pues, cada quien); por patriotas, para darle más soldados al Estado (Dios mío); por presión social, porque "así tiene que ser", o "es lo que sigue", o "para darle nietos a los abuelos" (como si fuera algo que palomear o ellos fueran a pagar las colegiaturas); para darle "sentido a su vida" (pero, permítanme decirles, no hay nada que le rompa más el rumbo y el sentido personal a la vida que los hijos, ¿ya se dieron cuenta?); porque se ve bien bonito en el Instagram lo de la familia perfecta; porque pensamos que no hay otra alternativa y tener hijos es una obligación; porque todos los demás están teniendo hijos y *"¡qué FOMO!"* (lo de la pendejez infinita aplica en todas las áreas); para saber lo que se siente (híjoles, puedo recomendarles 10 cosas que se sienten mejor antes de parir) y, en algunos casos, todavía, porque queremos vivir la experiencia completa y tener el privilegio de formar a una persona física y emocionalmente, entrándole con todo a eso de ser papá o mamá y porque queremos ver en carne viva el resultado tangible del amor entre dos personas.

Dice una amiga que para hacer ciertas cosas en la vida hay que estar medio pendejo, porque si las decides en tus cinco sentidos y pensando realmente en todas las consecuencias, nunca las harías. Una de esas cosas es, ¡sin duda!, tener hijos (otra, solo para el récord, es casarse, pero de eso hablamos otro día).

Y es que, efectivamente, si supiéramos todo lo que va a implicar reproducirnos, probablemente muchos no lo habrían hecho. Y olvídense de la lana, el tiempo, el dolor de espalda o las noches sin dormir (hay cosas que por más que se digan nadie puede entender hasta que se viven: que ya los tuviste y no hay devoluciones). Eso es lo de menos, lo canijo es la responsabilidad que un hijo trae y nunca, jamás de los jamases, desaparecerá, y que cuando te vuelves mamá o papá se desbloquea un sentimiento de tener, para siempre, algo prendido en la estufa.

Mi hermana y yo siempre hemos tenido la teoría de que la naturaleza, sabia como es, debería tener una especie de certificación, test, prueba, ¡algo! para sondear quién tiene las habilidades mínimas indispensables a corto, mediano y largo plazo para ser papá o mamá y quién, honestamente, nomás no da el ancho y se le debería prohibir hacerlo. Sí, sí, sí, ya sé, lo del libre albedrío y lo de que quién chingados soy yo para decir quién puede, o no, hacer lo que quiere (ojo que el "permiso" no lo daría yo, sino la naturaleza, aunque reconozco que me encantaría poder ser miembro de ese comité), pero es que uno de mis continuos pesares es lo de los hijos sin padres, hijos que se tienen por tener, papás que lo que en realidad quieren es viajar sin cesar, o trabajar todo el día, o que quieren que alguien más (de tooooda su confianza) cuide a sus hijos, que no quieren tomar responsabilidad de la responsabilidad, o hijos que nacen en familias rotas, o en lugares donde los maltratan de mil maneras y los abandonan desde el día que nacen aunque tengan todo lo mejor, vivan rodeados de lujos y tengan una Amex platino en la pañalera. O, peor tantito, que los quieran taaaanto y estén taaaan "a cargo" de sus chamacos que, lejos de construirlos, los destruyen al administrar cada minuto de su vida, quitándoles la posibilidad de vivir la suya.

Y es que tener hijos es el compromiso más grande que asumiremos en la vida, el trabajo más cabrón, más demandante, frustrante, preocupante, aburrido, cansado y que, además, va sin vacaciones, prestaciones, bono o goce de sueldo. Es más, hay una época en que entre más años de antigüedad tienes en la chamba, peor te tratan y pasas de no poder hacer pipí solo y ser el héroe absoluto, a que te volteen los ojos, te cierren la puerta y que tu existencia así, solita, los mate de la vergüenza. Nadie nos dice la parte horrenda de ese duelo, el del desapego del adolescente que necesita romper con nosotros para encontrarse con él. Nadie nos dice que duele. Mucho.

Tampoco se nos dice que los hijos llegarán programados manualmente para apretarnos cada uno de los botones de las cosas que más necesitamos trabajar en nuestra vida personal. Las que más nos cuestan. Las que más nos chocan. Las que menos queremos ver. Y que si tienes más de uno, cada uno trae su propia agenda y viene diseñado para enseñarte cosas diferentes. No hay espejo más grande para ver tus áreas de oportunidad que los hijos. No hay reto más cañón que darte cuenta de que lo que más te choca, o te cuesta de ellos, es lo que más te choca, te cuesta, o te checa, de ti mismo. Los hijos son los grandes maestros de la vida, nadie nos dice eso, y estaría increíble que nos lo avisaran. Así perderíamos menos tiempo pensando que somos nosotros los que tenemos que enseñarles algo.

Es verdad que también tener hijos es una de las partes más gratificantes, emocionantes, enternecedoras, maravillosas y asombrosas, por eso probablemente seguimos reincidiendo.

Tener hijos es, sin lugar a duda, lo mejor que me ha pasado. Y sí, también, a veces, lo peor. Esto lo dije una vez en un pódcast muy famoso y causó una controversia y viralización esquizofrénica, porque qué barbaridad que la señora (o sea yo) osara decir que las bendiciones son un dolor de huevos. No me retracto, los hijos sí son, definitivamente, un dolor de huevos ¡muchas veces!, pero eso no quiere decir que no sean lo más increíble de mi vida. Me queda absolutamente claro que si algo he hecho muy bien es criar a estos dos seres extraordinarios a los que, estoy segura, yo también les rompo los huevos, millones de veces.

Cuando escribo esto, mi hija tiene 20 y mi hijo 17.

Hay millones de cosas que les podría decir para explicarles lo increíbles que son, pero la principal es que han sobrevivido a mí. A mi inexperiencia. A mi sobreprotección. A mis histerias. A todos mis errores. A mis ataques de amor y a los de furia. A mis crisis personales y a mi trabajo constante por descubrir quién soy, quién ya no soy, quién voy siendo.

Sobrevivieron a la separación de sus papás que, si bien era muy necesaria, fue desgarradoramente dolorosa para todos. Hubiera dado la vida por ahorrarles ese dolor y probablemente por eso tardamos tanto tiempo en tomar la decisión.

Nadie nos dice que el dolor de los hijos es el que más duele. Y tampoco nos avisan que esa creencia estúpida de que hay que quedarse en relaciones que ya no funcionan y ya no nos dan felicidad "por los hijos" es lo peor que podemos hacerles a nuestras criaturas. Nadie nos dice que los hijos son resilientes. Y que el mejor regalo que les podemos dar es crecer viendo a un papá y una mamá felices, en paz, vivos y no atrapados en relaciones muertas, tóxicas y en conflicto permanente.

Mis hijos están sobreviviendo (¡y con honores!) a mi nueva vida de ires y venires dando conferencias, trabajando a horas locas y siendo "conocida"; a mi nueva vida social, de pareja, y de autodescubrimiento. Nadie nos dice el reto que es reinventarte como persona y como mamá o papá, a la edad que sea y sacarlos adelante, mientras te sacas adelante a ti mismo. Contenerlos mientras te contienes. Seguir siendo su mamá cuando lo único que quieres es hacerte bolita. Nadie nos da un manual para saber cómo elegirte a ti sin abandonarlos a ellos. Ni cómo se hace eso de seguir existiendo, sonriendo, abrazando, guiando, cuando todo se está hundiendo.

"El ejemplo arrasa" es una frase que oímos constantemente y que es absolutamente cierta, sin embargo, la olvidamos a menudo. Nos deberían decir que la repitiéramos todas las mañanas para tener bien presente que cada cosa que hacemos está siendo observada, mamada, integrada, copiada, por nuestros hijos. Tal vez así tomaríamos mejores decisiones antes de actuar a lo pendejo o dejando de actuar, por pendejos.

En ninguna parte del cuento ancestral de la humanidad de ser mamás y papás se deja siquiera abierta la posibilidad de que tener hijos puede no ser para todo el mundo, que no, no se tienen hijos para palomear nada. Que tenerlos no es sinónimo de realización personal, de ser más o menos mujer, de estar o no más o menos "amargado". Yo me quito el sombrero ante la gente que decidió conscientemente, por las razones que sean, no procrear y, si bien pienso que es una experiencia que nadie se debería perder, simplemente por conocer el amor más puro y animal que hay, también creo que se puede sobrevivir perfectamente sin sentirlo y encontrar otros tipos de amor y vivir, ¡seguro!, infinitamente más en paz. Nadie nos dijo que lo de procrear es una decisión absolutamente personal.

Aclaro, querido lector, que no soy especialista en ninguno de los temas que me dispongo a desarrollar. Lo que vas a leer es mi opinión personal basada en mi experiencia, en lo que veo, en lo que oigo, en lo que he vivido con mis hijos a lo largo de estos veinte años de ser mamá (o veintiuno si incluimos el embarazo que también es parte del camino).

Esto no es un manual. Ni un libro de texto. Ni mucho menos de autoayuda.

Lejos de adoctrinar a nadie, se trata solo de reflexionar cómo es esto de ser papás hoy en día, de las cosas en las que pienso que nos estamos equivocando terriblemente, las que podemos mejorar, de las que no nos podemos salvar, las que hay que aprender a gozar y las que hacen que toda la friega valga la pena y que volvamos a empezar.

A mí me hubiera encantado que me avisaran que los hijos son personas únicas, independientes, diferentes a nosotros, ¡maldita sea, ¿no les jode?!, que no podemos pretender que hagan, o no hagan, lo que nosotros queremos toda la vida. Que tendrán su propia manera de ver el mundo, de resolver, de pensar, de querer, de hacer. Que lo de "a tu imagen y semejanza" o lo de "seguir tu legado" es puuura pendejada.

Nadie nos dice lo canijo que es aceptar que tus hijos no son tuyos…, son de ellos y de nadie más, y que nuestra única labor a lo largo de su vida será la de guiar, contener y estar, cuando quieran que estemos y, por lo demás, la chamba de ser papás y mamás se trata de enseñarles a volar.

Tus hijos no son tus hijos,
son hijos e hijas de la vida,
deseosa de sí misma.
No vienen de ti,
sino a través de ti,
y aunque estén contigo,
no te pertenecen.

Puedes darles tu amor,
pero no tus pensamientos,
pues ellos tienen sus propios pensamientos.
Puedes abrigar sus cuerpos,
pero no sus almas,
porque ellos
viven en la casa del mañana,
que no puedes visitar,
ni siquiera en sueños.

Puedes esforzarte en ser como ellos,
pero no procures hacerles semejantes a ti,
porque la vida no retrocede ni se detiene en el ayer.

Tú eres el arco del cual tus hijos,
como flechas vivas,
son lanzados.
Deja que la inclinación,
en tu mano de arquero,
sea para la felicidad.

Kahlil Gibran

CAPÍTULO 1

La información es poder

Yo me casé convencida de que no quería tener hijos.

Desde que nacieron mis primos, cuando yo tenía 10 años, mi tía Carole me hizo el favor (creo) de enseñarme a cuidar a un bebé de principio a fin. Cada fin de semana compartíamos con ellos una casa en Valle de Bravo y mi tía, no sé si muy valiente, muy sabia, o muy irresponsable, nos dejaba, a mi hermana y a mí, hacer toooodo, desde darles de comer, cambiarlos, bañarlos, dormirlos, todo, de principio a fin con las instrucciones precisas y los *do's* y *dont's* necesarios para cada cosa en cada momento de la vida de mis tres primos; era como ser su mamá, pero sin despertarnos en la noche a darles de comer y, gracias a eso, cuando tuve a los míos no llegué en blanco, pues las clases de Carole fueron la base de mi yo mamá.

Ya en la universidad, una amiga de mi mamá, más joven y con un hijo de unos dos años, viajaba mucho y me contrató algunas veces para irme a vivir a su casa cuando ella no estaba y fungir de *babysitter* de planta en las horas en las que no iba a la universidad por lapsos de dos semanas. Estas experiencias me hicieron tener una idea clara de qué era eso de tener bebés y probablemente la causa de que nunca haya tenido una idea romántica de ser mamá, que, desde mi punto de vista, es una de las cosas más peligrosas que les inyectamos a las hijas en el ADN "qué lindo tener tus hijitos"— y que les impide decidir si realmente es lo que quieren hacer. Nadie nos dice que tener hijos es una chinga de la que no hay escapatoria y que chance habría que pensar tantito antes de aventarse solo por convivir.

En paralelo tengo que confesar, para quien no lo sepa, que padezco de ecoansiedad: me preocupa enormemente el futuro de este planeta, el abasto de agua, la cantidad de basura que generamos per cápita durante toda la vida (una persona que viviera 75 años generará aproximadamente 17.2 toneladas), la calidad, cada vez peor, del aire que respiramos, las oportunidades de vivienda, la chamba, el acceso a servicios, las circunstancias sociales en las que estamos y en las que parece que vamos a estar, la violencia, el terrorismo, las guerras, la epidemia de pendejos a cargo del mundo y el cada vez más escaso sentido común de la humanidad.

En su libro *Abundance,* Peter H. Diamandis y Steven Kotler dicen que el futuro es mejor de lo que pensamos y que la humanidad nunca ha estado en tan buen lugar.

Tal vez, en cuestión de datos, tienen razón. Más personas tendremos acceso a más servicios, en cuestiones médicas y de higiene estaremos en un planeta distinto comparado con la Edad Media, el promedio de vida crecerá enormemente y muchas cosas, en efecto, mejorarán. Y tal vez estoy muy equivocada midiendo el futuro desde mi perspectiva, pero a mí lo que me preocupa es el tipo de seres en los que nos hemos convertido. Las personas con las que nuestros hijos van a tener que colindar y coexistir, sin principios, sin escrúpulos, sin empatía, sin líderes inspiradores, sin tolerancia, sin sentido de comunidad, cada vez más aislados, más deprimidos, más egoístas, menos enfocados en la comunidad, en la inclusión, en hacer equipo. El ego, apropiándose de la humanidad, no por nada me dicen L'Amargeitor, ya sé, pero, pues, es que hay que ser muy iluso para pensar que el futuro va a ser un lugar más fácil para vivir, por más que los datos digan lo contrario.

Encima de todo eso, fui la última de mis amigas en casarme y, por lo tanto, tuve la oportunidad de ver de cerquita cómo era eso de convertirse en mamá y mi respuesta era: "Sí, qué lindos y todo, pero no, muchas gracias".

Así se lo hice saber al papá de mis hijos, así se quiso casar conmigo y así de clara estuve muchos años, *when depront* (diría mi amiga Ana Francisca) nació Lorenzo, mi sobrino favorito (si quieren saber toda esa historia vayan a leer mi primer libro, *Las cosas que no nos dijeron (y otras que sí, pero no son ciertas)*.

Lo que Lorenzo me hizo sentir fue algo que no había sentido con ninguno de los otros bebés que cuidé: que la sangre, efectivamente, no es agua.

Hoy, ¡¡justo hoy que escribo esto!, estaba sentada en la banca de afuera de mi casa revisando mi correo y este personaje gigantesco, amoroso, divertido y listo que, además de ser mi sobrino, tengo la dicha de que sea mi vecino, Lorenzo, vino a *pedinchear* dos huevos para su desayuno porque en su casa no había. Yo, que no había desayunado todavía, le propuse quedarse y que desayunáramos juntos, y pasé cuarenta minutos deliciosos platicando con él de todo y nada sin haberlo planeado. Lo que nadie nos dice de los sobrinos es que son los primeros hijos y que se convierten en una de las grandes razones por las que queremos tener los nuestros.

Así fue como dijo la señora que siempre sí y ahí empezó la aventura, interminable, de ser mamá.

Cuando decidimos tener hijos yo fumaba como chacuaco, una cajetilla en un día normal, bastantes más si había fiesta. Así que cuando estuvimos listos, después de casi cuatro años de casados (la primera cosa que les quiero decir si no han tenido hijos y lo están pensando, es lo que me dijo mi mamá a mí: tárdense muuuuuuucho en tenerlos, disfrútense, viajen, duerman, tengan vida, porque una vez salida la mercancía se chinga el tamagochi y, por más que logres volver a conectarte y que la vida familiar también tenga su encanto, nunca vuelven a estar solos de esa manera. No hay prisa), lo primero que me quedó claro que tenía que hacer era dejar de fumar.

Mi adicción sí estaba muy perra y me parecía horrendo tener un bebé en la panza que, cada vez que le metiera humo, literalmente se encogiera de miedo (¿han visto ese video? Gugléenlo, es escalofriante) y que ya afuera, mi leche se contaminara y le pasara la mierda, estuviera siempre nerviosa por prender el siguiente, le llenara sus ambientes de humo o, la peor..., que asociara el olor de su mamá, que es el que toda su vida asociará con el lugar seguro, el del apapacho y la contención, con el olor a cigarro; sin hablar de lo que eso en el futuro podría incidir en su propia necesidad de fumar para calmarse o simplemente hacerlo por crecer viéndome a mí fumar.

No. Primer paso, adiós cigarro. Me costó no uno, ¡un millón de huevos! (más terapia, más parches, más la guía de una especialista), ojalá alguien nos dijera lo que cuesta dejar una adicción, es una putada. De haber sabido, chance ni empezaba. La pasé horrendo no solo por la parte física, sino por el duelo de haber perdido a mi compañero de vida, el cigarro, siempre listo para calmarme, festejar, socializar, estabilizar, evadir cualquier tipo de sentimiento durante quince años.

Me costó más trabajo dejar de fumar que parir dos hijos psicoprofilácticos, con eso les digo todo, y todas las veces que quiero volver a fumar (cuando la vida se me hace bolas o estoy en un planazo social) la única razón por la que no prendo uno es porque me acuerdo cuánto me costó dejarlo. Ni muerta vuelvo a pasar por ahí.

Total que dejé de fumar y, unos meses después, me embaracé.

Qué cosa tan espectacular es ese sentimiento de saber que algo se está formando dentro de ti. Tanto, que cada vez que sucede, la mujer cree que es la primera en la historia de la humanidad a la que le ha sucedido. La emoción. La ilusión. La alegría. Todo esto, obvio, bajo la premisa de que es un embarazo deseado como fueron los míos, porque evidentemente cuando no lo es, y es producto de un acto violento o sucede en circunstancias adversas, la historia es absolutamente distinta.

Pero cuando sí es una buena noticia, no hay ninguna noticia que te haga sentir igual.

El milagro de la vida, que damos por sentado, es realmente un milagro. Que tú y yo estemos aquí hoy es el resultado de una serie de afortunadas casualidades que se nos olvida recordar y que si lo hiciéramos, tal vez, valoraríamos infinitamente más nuestro paso por la Tierra y chance le pondríamos un poquito más de intención a esto que llamamos vida.

Nadie, por más que te digan, puede describir lo que se siente estar embarazada. De entrada nos dicen que dura nueve meses, ¡pero no es cierto!, les aviso que el embarazo, lo comprobé en carne propia dos veces: dura ocho meses y una eternidad. ¿¡Cómo es posible que nadie nos haya avisado eso!?

Maigod, ese último mes en donde ya ninguno de los dos cabe, nadie se acomoda, no puedes comer nada porque te da la agrura y encontrar cómo dormir es una misión imposible. (Yo no vomité ni una vez, pero, ¡aaaah!, cómo me sentí mal los primeros meses, nauseabunda perpetua que solo se me alivianaba con litros y litros de jugo de mandarina recién exprimida o miguelitos que siempre traía en mi bolsa para quitarme el malestar). En mi caso, un dolor de pubis que se instaló desde el mes tres nunca se quitó y me sacaba lagrimitas, dolor que, de hecho, tiene un nombre: **disfunción de la sínfisis púbica**. Se trata de un cuadro que persiste y se hace permanente hasta el parto o más allá, afecta al menos a una de cada treinta embarazadas y suele ser más común en el tercer trimestre, aunque en algunos casos puede aparecer desde el primer trimestre, como me pasó a mí las dos veces. Y, así, cada quien presenta achaques diferentes. Es padrísimo.

Ya te urge conocer a la criatura, pero al mismo tiempo estás aterrorizada de que llegue el día. Estás agotada. Hinchada. Perdón, pero ¿por qué les decimos a las embarazadas que se ven "hermoooosas" cuando se sienten de la fregada? ¿Y por qué estamos obsesionadas con tocarles la panza?, ¿me explican? Puede ser que yo haya sido esa persona que le tocaba la panza a las mujeres, hasta que me la empezaron a tocar a mí, incluso desconocidas, y me di cuenta de que #todomal, ¡es MI panza!, ¡suéltame!, no invadas así mi espacio vital ni me toques si no te di permiso. Una aprende muuuchas cosas cuando está embarazada.

Dizque para explicarnos qué esperar, existe un libro que en teoría nos iba a ayudar a saber toooodo lo que tenemos que saber. Yo le pegué una ojeada y dije ¡ni hablar!, a mí nadie me va a *spoilear* mi experiencia ni tampoco a aterrorizar. Porque, efectivamente, si eres consciente de toooodo lo que puede pasar, te mueres de preocupación, de ahí lo que dice mi amiga de que hay que estar medio pendejo para aventarse. Si estás en ese punto, mi sugerencia sería que busques información menos terrorista. Infórmate. Pero no caigas en manos de alguien que te diga qué esperar: no esperes nada, déjate llevar y trata de disfrutar la experiencia maravillosa de que un alien crezca dentro de ti.

Ahora bien, sí me parece indispensable saber qué está pasando con tu cuerpo y tu bebé en cada etapa del embarazo y en preparación para el parto. Nadie nos dice que lejos de ponernos en manos de un médico y creerle todo, nosotros también (papás y mamás) tenemos la obligación de ponernos a estudiar, para comprender, para estar informados y para estar preparados por lo menos con la información básica. Nos hemos confundido mucho y pensamos que todo lo que diga el doctor que elegimos está bien, ¿y sabes qué?, no, ese no siempre es el caso.

Lo que dice el médico está bien si para ti está bien. Me refiero a cómo quieres parir, qué tipo de parto quieres, cómo te vas a preparar. Y, para decidir todo eso, primero tienes que saber, sí, qué esperar, pero realmente, o sea, ¿qué le va a pasar a mi cuerpo?, ¿cómo es un trabajo de parto?, ¿es cierto que si soy muy "estrechita", mi bebé no va a pasar?, ¿por qué es importante un parto natural?, ¿cómo me preparo?, ¿qué puedo hacer para ayudarle?, ¿*pros* y *cons* de un parto natural y una cesárea?, ¿cuál es la diferencia entre una inducción y un proceso sin ella?, ¿cuándo una cesárea sí es indispensable?, ¿quién es este médico?, ¿cuál es su récord de partos naturales o cesáreas?, ¿cómo quiero parir?, ¿este es el doctor adecuado para lograrlo?

Les hemos entregado a los médicos nuestra capacidad de decidir, y nuestras maneras de parir. Y sí, evidentemente los médicos saben mucho de muchas cosas y hay unos muy chingones. Pero, en un proceso de parto natural sin complicaciones, en realidad lo único que se requiere de un médico es que acompañe el proceso y esté ahí para facilitar y esperar que suceda.

La cosa es que parir lleva tiempo, y tiempo es algo que los médicos no quieren perder. Y entonces, desde el día uno en el que nos dan la buena noticia, nos programan una fecha y nos cuentan todo tipo de cuentos, nos meten todo tipo de miedos y nos dan atole con el dedo diciendo que claaaro que ellos también quieren que tengas tu parto natural, peeero pues habrá que ver qué sucede.

Lo que sucede realmente es que llegamos en blanco, con cero preparación de nada, creyéndonos todo y aceptamos que nos induzcan porque "es que no estás dilatando bien" (que más bien quiere decir: "es que no me quiero esperar dieciocho horas porque mañana es sábado y tengo mi golfito") y, ante el madrazo de oxitocina que nos meten, empezamos un proceso de dilatación (¡que tiene una razón gradual de ser!) de cero a mil que, obvio, se vuelve insoportablemente doloroso, ante lo cual viene el bloqueo porque "ya no aguanto" y por lo tanto el trabajo de parto se detiene (es tan obvio que es inmoral) y, por supuesto, hay que hacer una cesárea porque el ritmo cardíaco del bebé está comprometido.

Es una tragedia que cada vez haya menos médicos dispuestos a respetar el trabajo de parto de una mujer y el proceso perfecto de la naturaleza, por lo menos, en nuestro país.

México ocupa uno de los primeros lugares en el mundo en cuanto a tasa de cesáreas. Según datos de la Organización Mundial de la Salud (OMS) y la Secretaría de Salud, aproximadamente el 47% de los nacimientos se realizan mediante cesárea, lo que supera con creces la recomendación de la OMS, que sugiere que la tasa ideal de cesáreas debe estar entre el 10% y el 15%. México se encuentra en el Top 5 de países con más cesáreas y la mayoría se desarrollan en sus hospitales privados, que prefieren las cesáreas programadas.

Dicen por ahí las personas que se dedican al parto psicoprofiláctico, que los días en los que más bebés nacen son los miércoles. ¿Se imaginan por qué? Mi teoría es porque así el doc pasa visita el jueves, el viernes te da de alta y en su fin de semana nadie lo está chingando.

Los médicos pretenden controlar la manera en la que nacen nuestros hijos y eso, para mí, es el origen de todo lo que está mal en este mundo de ser papás. No es posible que ni siquiera les estemos permitiendo nacer, dejar que la naturaleza haga su chamba, entender la importancia que tiene pasar por el canal vaginal, para su cerebro, para sus anticuerpos, para su llegada al mundo.

Un ejemplito tonto es el de las episiotomías innecesarias, que les hacen diciendo: "es que si se desgarran, puede ser superpeligroso". Manas, el desgarre es de piel, es raro que vaya más allá; tampoco es que estés pariendo un camello. Lo que sucede es que para ellos es infinitamente más fácil suturar un corte derechito, hecho con sus tijeritas, que un desgarre que, evidentemente, va a ser asimétrico. La cosa es que, mientras que el desgarre es a nivel de la piel, la incisión quirúrgica corta hasta el músculo y por eso las señoras se pasan la vida haciéndose pipí después de sus partos.

(*Le sale humo por la nariz*).

Cuando estaba embarazada, mi tía Mireille (una de las personas a las que le debo los dos partos de mis hijos y máxima sensei en eso de parir) me dio a leer *Un nacimiento sin violencia*, escrito por el médico obstetra francés Frédérick Leboyer. Publicado por primera vez en 1974, el libro plantea una nueva forma de entender el parto, centrándose en el bienestar del recién nacido. Leboyer promueve una experiencia de nacimiento más suave y menos traumática para el bebé, destacando la importancia de la luz tenue, el silencio y el contacto piel con piel después del nacimiento. Su enfoque revolucionó la manera en la que se concebía el parto en su época.

Me acuerdo de que al terminarlo dije: "Esto es lo que quiero para mi bebé".

No por romántica. Ni por hippie. Más bien entendí la importancia que tenía, las razones de que cada cosa suceda y los riesgos que hay cada vez que te metes con la naturaleza, como, por ejemplo, la tragedia de tantos niños con parálisis cerebral ocasionada por haber nacido dormidos por la anestesia y no haber respirado a tiempo o en la forma requerida. Nadie nos dice que todo lo que te pongan a ti se lo pasas a tu bebé, y que el que va a asumir varias de las consecuencias de tus decisiones, o tus no decisiones, es tu hij@.

Una vez que decidí eso, cambié de ginecólogo, porque me quedaba clarísimo, después de hablar con él y de averiguar un poco su *score* de partos naturales, que él no iba a ayudarme a lograr el objetivo. Ese doctor solo quería controlar mi parto mientras me daba la ilusión del "ya veremos". Y yo decidí que no le iba a dar ese permiso ni mucho menos íbamos *a ver* nada. Me puse a buscar y a entrevistar médicos entre algunas opciones que me sugirió Tere Ludlow (mi otra sensei en ese proceso y lo más cercano a una segunda mamá que tuve en la vida).

¿Se han fijado cómo hacemos *scoutings*, investigaciones y procesos de decisión eteeernos y detallados de la mejor escuela, la mejor clase de estimulación, la mejor terapia, el mejor *camp* de verano, la mejor de las universidades? Investigamos todo, absolutamente todo, menos si el doctor es el que nosotras necesitamos para parir. Y eso probablemente es porque ni siquiera nos ponemos a pensar cómo queremos parir y, pues…, amigas, dense cuenta.

Yo hice ese cambio recién embarazada, pero mi amiga Renata, ¡en su trabajo de parto!, mandó a su doctor a la chingada por haberle querido cambiar la jugada. Chingona.

Lo que les quiero decir es que nunca es tarde. Que es TU cuerpo. TU bebé. Y que sí, obvio hay que confiar en nuestros médicos, pero no hay que permitir que se nos manipule ni se nos agreda constantemente usando el miedo como principal herramienta. Estamos hechas para parir. Tu cuerpo hará un bebé perfecto para tu cuerpo; las peras dan peras, mana. Eso es algo que nos deberían decir.

Hay que ponerse a leer tantito. Hay que formarse un criterio. Hay que prepararse. No podemos llegar al día más importante de nuestras vidas sin tener idea de qué va a pasar y más o menos qué puede esperarse.

Mi abuela paterna, la doctora Eglé Rometti, fue de las primeras mujeres en su época en estudiar medicina en la Escuela de Medicina de París, ahí conoció a mi abuelo, estudiante de la misma carrera, y al casarse y venir a vivir a México no le revalidaron sus estudios. Siendo la mujer que era —disruptiva, con un carácter determinado y cero el prototipo del ama de casa de la época—, decidió que no se iba a quedar sin hacer nada y comenzó a enseñar a las mujeres el método de parto sin dolor (o parto psicoprofiláctico) que había aprendido en la carrera mientras hacía un pequeño internado con el mismísimo doctor Lamaze.

El doctor Fernand Lamaze fue un obstetra francés, conocido por desarrollar el Método Lamaze, una técnica de preparación para el parto que se enfoca en la respiración controlada y en la educación de las mujeres embarazadas para ayudarlas a tener un parto natural, reduciendo el dolor y la ansiedad durante el proceso. El enfoque no solo aboga por técnicas de respiración, sino también por el apoyo emocional de una pareja o acompañante durante el parto, y el uso de posiciones alternativas para facilitar el nacimiento, logrando un parto menos medicalizado y proporcionando a las mujeres herramientas para sentirse más empoderadas y participativas en el proceso de dar a luz.

Así, en el jardín de su casa de Hortensias 135 en la colonia Florida de la Ciudad de México, empezó a dar clases para acompañar a las mujeres a parir. Su teoría era que no te levantas un día a correr un maratón y lo corres (aunque sin duda hay gente que lo ha conseguido); necesitas preparar tu mente, tu cuerpo, tus músculos; necesitas un coach y un equipo. Los primeros meses las clases son eso: gimnasia para fortalecer, información para saber y para entender. Ya en los últimos meses hay teoría y práctica sobre cómo pujar, que obvio se te olvida por completo cuando es hora de hacerlo, pero mínimo sabes —tantito— a qué vas. La doctora, mi abuela, acompañaba a sus alumnas a los partos con una botella de *cognac* ("porque el nacimiento es una celebración de lo que tu cuerpo puede hacer") y un par de huevos gigantescos para enfrentarse a los médicos de los años cincuenta-setenta que todavía seguían dando coctelitos para dormir a las parturientas y arrancarles a los hijos de las entrañas con fórceps.

Tengo entendido que le prohibieron la entrada en varios hospitales. La señora era opinionada y aguerrida, y si alguien se pregunta de dónde vengo y por qué soy como soy, quizá esta sea la mitad de la respuesta; la otra mitad viene de mi otra abuela, Monique (Mamine, pa los cuates), que no vendía piñas y también tenía muy bien acomodadas las ideas.

Me pasa todavía que señoras de la edad de mi mamá —o más grandes— me pregunten qué soy de la doctora Eglé, la de los partos, y me digan maravillas, como que gracias a ella parieron sin dolor. Lo cual es un decir porque parir duele un chingo y eso es algo que nos deberían decir.

A lo que se refiere el término "sin dolor" es a que el dolor del parto es el único dolor del cuerpo que anuncia que todo está bien y, por lo tanto, lejos de resistirlo o quererlo evitar, hay que aprender a abrazarlo y ayudarle al cuerpo a relajar para que pueda hacer mejor su trabajo… Que, la verdad, tendría que ser el *approach* para cualquier tipo de dolor durante toda la vida: permitir, respirar, rendirse ante él en lugar de irnos a dopar inmediatamente y hacer todo lo posible por no sentir.

Son cosas que no nos dijeron. El dolor tiene siempre una razón de ser.

Se podrán imaginar que, antes de aprender a creer en cualquier cosa, en mi familia lo primero que te meten en el tuétano, si eres mujer, es que tu cuerpo está diseñado para el parto y que la cesárea es un recurso *extra-ordinario* que se debe usar solo cuando es estrictamente necesario, es decir, cuando la vida del bebé, o de la mamá, está en peligro.

Dice mi mamá que cuando nació mi hermana, dos años menor que yo, mi abuela no estuvo en el parto porque ya estaba muy enferma, y que dentro de la mala noticia que eso era, la buena fue que, acabando de parir, pudo decir que la llevaran en camilla a su cuarto de hospital, a diferencia de cuando yo nací, que al terminar le dijo a mi mamá: "Levántate y camina, no estás enferma, solo pariste". Un personaje, mi abuela Eglé, me hubiera encantado conocerla. Creo que nos hubiéramos entendido bien.

Mis embarazos fueron muy afortunados. Fuera de mi dolor de espalda permanente, con el que vivo desde hace muchos años (cortesía de un defecto de fabricación en mis vertebras lumbares, que nada tiene que ver con mis embarazos, pero tuvo todo que ver en mis embarazos). Atendí este dolor nadando prácticamente todos los días, incluyendo los dos nacimientos de mis hijos, así que no puedo quejarme de nada.

Decidimos no saber el sexo de nuestros bebés, lo cual ya en esa época era disruptivo, y en esta es absolutamente impensable. Y creo que, de todas las decisiones extrañas que he tomado, esa fue una de las mejores: no hay mejor zanahoria para atravesar un parto que por fin saber qué es esa cosita que lleva meses pateándote la panza.

"Ay, es que ¿cómo vas a adornar el cuarto del bebé si no sabes?, ¿cómo te van a hacer un *baby shower*?, ¿cómo escoges el nombre?, ¿cómo creeeees que no vas a hacer un *gender reveal*, manaaaa? ¿cómo te preparas y le compras toooodo su guardarropa del primer año?". Puras, puras, puuuras mamadas.

La respuesta es: ¡no necesitas hacer nada! No pasa nada si no tienes todo "preparado" y, para su información, el Pantone tiene millones de colores que van más allá del azul o el rosa. Mi hermana había tenido a Lorenzo un año y medio antes y, en cuestión de pijamas, que es en realidad lo único que necesitas al principio, estábamos totalmente cubiertos. Qué necesidad insaciable tenemos los humanos de saber. De tener. De planear. Y miren que soy controladora profesional (en rehabilitación), pero tener hijos se ha vuelto, como todo, un show.

Explíquenme: ¿como por qué diablos un ultrasonido tiene que ser la primera foto de perfil de una cuenta de Instagram del feto en cuestión?, ¿con qué derecho los ventaneamos continuamente en las redes? Un riesgo nada menor considerando los tiempos y el país donde vivimos. Ponemos su carita, su escuela, su nombre, a sus amigos, las cosas que le gustan, los lugares en donde toma clases, t-o-d-o está ahí para que toooodo el mundo, literal, lo vea. Les digo, lo de la pendejez infinita y lo de no informarse mejor. Es increíble que a estas alturas sigamos sin entender el peligro que son las redes sociales y que, lejos de eso, haya tanta gente aprovechando a sus hijos, diría, incluso, explotándolos, para tener *likes* y seguidores. Y ya olvídense de si es o no peligroso: es una absoluta invasión a la intimidad de las criaturas andarlas mostrando en sus momentos más vulnerables, y ni hablar de que les estamos enseñando a que la vida se mide en *views* y *likes*, y que la validación viene de todos lados, menos de uno mismo.

Más de una vez le he pedido a mamis que suben toooda la fiesta de los hijos, o de lugares donde los míos toman clase, que por favor bajen las fotos de los míos, ¿¡con qué derecho (y, claramente, sin ningún criterio) se toman esas libertades!? Si YO no subo fotos de mis hijos, y cuando lo hago, en mi cuenta personal, donde solo tengo a 149 personas que realmente conozco, les he pedido permiso desde que son pequeños, ¡imagínense si me va a parecer que lo haga alguien más! ¿Qué exagerada? Chance, pero ¿saben qué?: me vale totalmente madre. Yo no estoy dispuesta a usarlos de carnada o intercambiarlos por aprobación digital. La gente que necesito que se entere de nuestra vida se entera directamente; la demás, está de más.

Bendito sea Dios, hace veinte años el celular se usaba solamente para hablar por teléfono y chance mandar un SMS. No sé cómo hubiera sido yo. Pero me siento muy feliz por haber usado mis horas para amamantar, para ver a mis bebés, dormirme o, ya en un caso exitoso, leer tantito. Me rompen el corazón los bebés que piden a gritos que sus mamás los vean y las mamás estén clavadas en el celular de manera permanente. Los hijos están perdiendo la mirada de los padres y por eso, según yo, después hacen tantas tonterías.

Nadie nos dijo que los hijos no necesitan cosas; lo que necesitan es atención, mirada... y tiempo.

Mis partos fueron los dos momentos más cabrones, más emocionantes, más terroríficos y más felices de mi vida. Nada puede superar eso de parir. Nada. Y, como me parecería un poco incongruente escribir un libro de los hijos y no contarles sobre mis partos, déjenme compartirles aquí lo que escribí al respecto en mi primer libro (para los que lo leyeron la primera vez y me reclamaron que era demasiada información, como fue el caso de varios de mis amigos: se lo pueden saltar, pero sigo pensando que a todos nos urge que nos digan más cómo es eso de parir).

Mis dos partos fueron experiencias tan profundas, que veinte años después todavía no puedo describirlas muy

Nadie nos dijo
que los hijos no
necesitan cosas;
lo que necesitan
es atención,
mirada...
y tiempo.

bien porque me faltarían palabras. Han sido y serán, sin lugar a duda, los dos eventos más importantes de mi vida.

El primero fue largo y complicado, porque la criatura tenía un cordón corto y estaba enredada. Cuando parecía que ya iba a salir (nada tonta, como es) entendía que no le alcanzaba cordón para bajar y se volvía a subir. La mayoría de los médicos decide sacar por cesárea a los bebés en esta situación. Pero un cordón enredado (que en términos médico se llama cordón nucal) no necesariamente representa un peligro mortal para el bebé, aunque probablemente sí un trabajo de parto mucho más largo... como el mío en donde yo pujaba y ella se volvía a subir. Dos horas después de ese sistema quería matar a todos los presentes y pedía a gritos que alguien me abriera la panza y me sacara a la criatura como fuera posible.

Mis partos fueron en agua para alivianar un poco mi espalda defectuosa y ayudarle a que se relajara. Toda la gente a mi alrededor (mi mamá, mi tía Mireille, mi segunda mamá, Tere, el doctor y mi esposo) me decía que ya se veía la cabeza y faltaba poco, pero "poco" es una palabra muy relativa. Yo, exhausta y desesperada, le menté la madre parejo a mi abuela en su tumba y a todos los demás.

¿Quién chingados dice que esto no duele?

¿Cómo que "parto sin dolor"?

¿*WTF*, abuela Eglé?

¡Háganme una cesárea en este instante y sálvenme de esto, por favor!

Mis horas de preparación en las tres clases psicoprofilácticas semanales se fueron al caño, me desgoberné completamente ante un público que me echaba muchas porras y me veía fijamente con un poco de compasión... ¿o era preocupación?

Tere, con toda su sabiduría y su enorme contundencia, como siempre, se me acercó y me dijo: "Vieja, ya sé que estás muy cansada, pero ya no es hora de hacerte una cesárea. Ni de ponerte una anestesia. Ni de nada. Tu bebé ya está muy abajo y lo único que puedes hacer es ayudarlo a salir para que esto se termine pronto. Así que tómate este jugo de mango —que me eché de hidalgo y me supo a gloria—, cállate la boca y puja con todas tus fuerzas cuando yo te diga". O lo que es lo mismo: *Get your shit together* y gobiérnate, pero de una manera asertiva y empática. Cómo extraño a Tere, por cierto, nadie nos dijo que no importa cuántas acumules, las pérdidas siempre duelen individualmente.

La vi cruzar una mirada con mi tía Mireille que significó algo como: "Ya sabes lo que tenemos que hacer", y cuando llegó la siguiente contracción, Tere me dijo: "Te vamos a ayudar tantito y te va a doler; puja fuerte para que sea rápido". Así que mientras yo pujaba con todas mis fuerzas, ellas hicieron una barrera con sus manos y oprimieron mi enorme panza para que mi bebé no pudiera volver a subir al terminar la contracción. Y en algún momento también me ayudaron a empujar.

Nunca en mi vida he sentido algo así. Doloroso. Intenso. Interminable. Terrorífico. Agotador. La definición perfecta del "ya no juego y sáquenme de aquí" nunca mejor explicada. Y luego, el alivio.

En ese momento tuve uno de los *aha moments* más claros de mi existencia: entendí de dónde venía el dicho de que las mujeres "se alivian", del que tanto me había yo burlado siempre. Y es que, no, no viene de que estés enferma, sino de que solo hay una palabra para describir e-xac-ta-mente ese instante en el que, ¡por fin!, la criatura sale de tus entrañas. Puritito alivio. *Relief. Ojjjjj* (diría mi amiga Adina).

Tampoco había sentido antes la emoción que experimenté cuando su papá y yo recordamos que no sabíamos el sexo del bebé. Francamente, en ese momento yo estaba en un viaje de liberación infinito con una descarga de endorfinas descomunal y lo que menos me importaba era si esa cosita tenía un pene o una vagina. Pero escuché que él le preguntó al doctor el sexo del bebé y él doctor le respondió: "No sé, fíjate tú y dinos". El papá primerizo (y eufórico) nos anunció casi gritando: "Es niña ¡Es niña!".

La niña de sus ojos… y de los míos.

Nadie nos dijo nunca el amor tan inmenso que se siente de manera inmediata e incondicional por algo tan pequeño y tan desconocido, ni cómo, en un instante, la vida entera cambia de sentido y el sentido de la vida se vuelve también algo completamente distinto a lo que siempre habías entendido. O pensado que entendías.

Y es que dar vida es algo tan abrumador como fantástico, y tan primitivo como la humanidad. Como mujer, es surrealista saber que tu cuerpo puede fabricar a otro ser humano con todo y su alimento perfectamente diseñado. Pero lo más abrumador es precisamente eso de la sangre de tu sangre y la carne de tu carne. Tus cachorros. Nadie nunca nos preparó para la inmensidad de ese instante en el que tu vida dejó de ser lo más importante y a partir del cual estarás dispuesto, siempre, a dar la tuya a cambio de la de ellos.

Mi segundo parto fue absolutamente diferente.

Fue casi, casi, un """"placer"""". A ver. Lo digo con un millón de comillas porque "placer" nunca se siente al parir. Pero esta vez no sufrí. O tal vez no sufrí más de lo necesario.

Para empezar, las circunstancias eran distintas. En primer lugar, porque cuando uno ya sabe a lo que va, pues ya sabe a lo que va. En cualquier situación, la incertidumbre siempre es el principal motivo de estrés, angustia y ansiedad. En cambio, la experiencia nos hace serenarnos y saber qué esperar, y aunque cada situación sea distinta y no sepas si esa será mejor o peor que la anterior, al menos ya no eres un novato y eso siempre ayuda.

Ese día, en mi visita de la semana cuarenta, el ginecólogo me hizo un tacto "biónico" que, queriendo decir que fue más fuerte de lo necesario, me dolió horrendo y estoy segura de que me rompió las membranas para desencadenar el trabajo de parto y no tener que estar en eso todo el fin de semana, teniendo como precedente las horas que invirtió en mi parto anterior. Estoy segura de que lo hizo, porque me dolió horrible y porque, pensando que no lo estaba viendo, lo caché cuando le dijo a la enfermera: "Ya estuvo". ¡¿Qué no se suponía que este era uno de esos médicos que todavía dejaban parir en paz sin andar metiendo mano!?

Recuerdo que en ese momento decidí que nunca regresaría con él, pero que por el momento eso era lo que había y no eran ya horas de andar cambiando de planes. Hice mi nota mental y me fui a mi casa.

Eso sucedió a las 3:00 de la tarde; a las 8:30 de la noche nuestro hijo ya estaba con nosotros. No hace falta darles muchos detalles: de un minuto al otro quedó claro que lo que parecía una crisis de diarrea en realidad era un trabajo de parto exprés (cortesía del tacto biónico, evidentemente); que llegué al hospital de milagro, atravesando una ciudad llena de baches por la construcción del segundo piso y en hora pico. El doctor me esperaba afuera porque mi tía Mireille lo llamó desde el coche y le dijo que, por como veía las cosas, existía la probabilidad de que pariera ahí mismo.

Fue un trabajo de parto mucho, ¡pero muuuucho!, más rápido que el primero.

Sí llegué a la tina. Y sí, tuve que pujar. **Pero después de mi primera vuelta pariendo comprendí que en realidad el famoso deseo de pujar solo sucede al final y eso es algo que por misericordia y solidaridad feminista a todas nos deberían avisar. Cuando realmente ya va a salir, uno ya no tiene nada más que hacer que, literalmente, ponerse flojita**

y cooperar. Es exactamente la misma sensación que defecar —para que no digan que no sé hablar sin groserías—, pero elevado a la potencia cien millones. El cuerpo de la madre expulsa casi por sí mismo a los hijos.

¡Hubiera agradecido taaaanto ese tip en mi primer parto!… i¿Por qué nadie nos dice eso?!

Así que este es, mi regalo para todas las mamás que aún no han parido: no pujen hasta que sientan que el cuerpo empieza a pujar solo; todo lo demás es falsa alarma y, en lugar de pujar, hay que relajar porque, de lo contrario, lo único que se consigue es complicar las cosas, agotarse y pasarla muy, pero muy, mal.

El parto psicoprofiláctico es una gran analogía de la vida y lo he aplicado muchas veces en la mía como parte de mi experiencia de campo. Cuando todo esté tenso. Nefasto. Apretado. Difícil. Cuando estés cansado y pienses que no vas a poder. Cuando ya no quieras jugar. Cuando sientas que nunca vas a terminar. Que es muy difícil. Que algo te duele. Que el mundo se va a acabar… Respira.

Permite la situación y deja que fluya en lugar de ponerte duro y hacer que te duela peor. Respira. Espera. Recuerda que va a pasar. Es solo un momento. Respira.

Y suelta.

Nadie nos dijo que justo así se debe enfrentar la vida, para que sea más manejable y para no irnos desgastando a lo pendejo de manera irremediable.

Ese día, en la tina de parto, supimos el sexo de nuestro segundo bebé y lo conocimos ahí, con las mismas personas de la vez pasada. En este parto pude estar más consciente de mi cuerpo, más presente en el momento, con menos miedo y, por lo tanto, pude fluir mejor con el proceso.

Además, ayudó que el cordón no estaba enroscado y, en el momento que bajó, el bebé salió. Con muchísima emoción descubrimos que era niño. Me tardé unos nano-segundos en procesar esa información y aceptarla, porque también en los mismos nanosegundos me di cuenta de que en mi cabeza había decidido que era otra niña. Pero bastó verle la carita para enamorarme a primera vista, nueva-mente, de este niño que —otra vez— llegó a cambiarnos la vida.

Por si la experiencia de parir no fuera lo suficientemente impresionante y perfecta, encima, el cuerpo fabrica el ali-mento perfecto para esa cosita que ahora es nuestra rémo-ra perpetua. Amamantar es el siguiente paso, sin embargo no es de ninguna manera algo que sucede en automático. Una vez que aprendes a amamantar, porque sí, es algo que hay que aprender y masterizar, se vuelve lo más natu-ral del mundo. Pero aprender no es un camino fácil para todo el mundo. Con mi primera hija, los primeros treinta días de darle de comer fueron un viacrucis infernal de prin-cipio a fin. Así, con sangre y todo.

La niña no se pegaba bien, la mamá no la sabía pegar, ni acomodar, y mis pezones resintieron nuestra inexperien-cia. Me acuerdo de que cada vez que mi cuerpo sabía que se acercaba la hora, yo empezaba a sudar frío. No solo los tenía en carne viva, sangraban y ese primer minuto en el que mi retoño succionaba, a mí se me salían las lagrimi-tas y tenía que apretar lo que tuviera junto para no gritar.

Si no desistí fue por cuatro razones: 1. En mi cabeza no había otra opción. Estás hecha para eso también y el ta-maño de mis chichis (que eran más grandes que la cabeza de mi bebé (cada una) lo confirmaba. 2. Tuve una tribu de mujeres a mi alrededor que me acompañaron, ayudaron, enseñaron y apapacharon mientras mi hija y yo aprendía-mos esa nueva danza llamada amamantar. 3. La lactan-cia funciona, básicamente, como la ley de la oferta y la demanda. Me quedaba claro que el problema no era si alcanzaba, era aprender a que saliera. 4. Tuve una pareja que apoyó mi decisión y no me metió presión de ningún tipo, al contrario, hizo todo lo que pudo para ayudarme.

Aquí nuevamente aparece la oportunidad de interrumpir los procesos perfectos de la naturaleza y querer controlarlos. ¿Es que cómo voy a saber cuánto comió?, ¿es que cuánto tiempo?, ¿es que oootra vez va a comer? Eso por parte de las mamás; por el lado de los doctores (¡otra vez!), lo de desinformarnos, meternos miedo y tener hueva de contestarnos el teléfono cada dos horas porque algo no está saliendo bien. Ahí entran los: "es que tu leche no le alcanza, es que haces pura agua, es que no va a subir de peso", es que, es que, es que… Y nosotras, agotadas, con los pezones ensangrentados, sin coaches y nada informadas, doblamos las manos y sacamos las botellas.

A ver, quiero dejar claro que cada quien es libre de hacer lo que quiera, en cualquier parte del proceso. Y que, sorprendentemente, los hijos "sobreviven" a casi todo (eso no quiere decir que no haya consecuencias, pero de que sobreviven, sobreviven). Es real que, muchas veces, las mamás están en eso que llaman una depresión posparto, que efectivamente es un desequilibrio químico en el cerebro, pero que, desde mi punto de vista, tiene muchísimo que ver también con todo lo que pasa, o no pasa, en el parto; con no establecer un vínculo con tus bebés cuando te los arrancan recién nacidos y se los llevan a un cunero para que los veas cada cuatro horas, cuando lo que tendríamos que hacer es tenerlos pegados para que nos reconozcan y nosotros a ellos, como animalitos que somos: olernos, escucharnos, acostumbrarnos el uno al otro. Vincularnos.

Una lactancia exitosa, dicen, depende en gran medida de esas primeras 48 horas, ¿pero cómo carajos lo hacemos si, de entrada, en los hospitales eso no es una posibilidad?

Están los trámites "administrativos" (hay que "ingresar" al bebé en los cuneros "oficialmente"); los trámites "médicos" (hay que revisarlos, pesarlos, medirlos, siendo que eso podría ser si tuviéramos más salas de labor, parto y recuperación); y los trámites "sociales" (hay que bañarlos, siendo que en sentido estricto hay que dejar la capita con la que nacen durante 24 horas hasta que se absorba para fortalecer su sistema inmune, vestirlos y hacerlos taco, cuando todo eso puede perfectamente hacerlo su mamá o su papá en la misma sala LPR (labor, parto y recuperación). La menor de las preocupaciones de los hospitales y los médicos es la relevancia de esas primeras 48 horas para la vinculación de la mamá con su bebé. Les vale completamente madre que de eso dependa que la lactancia funcione mejor o deje de funcionar completamente. La deshumanización absoluta de estos procesos en las instituciones médicas me saca lumbre por las orejas.

La primera cosa que les dicen a las mujeres cuando por fin les traen a sus bebés y les dan su "asesoría de lactancia" (y eso me consta porque he estado presente cuando sucede más de una vez) es que le "tienes" que dar exactamente el mismo tiempo de cada lado, y en caso de que no se cumpla el tiempo le das esta fórmula para "complementar". Así, de saque. Nada de la teoría de la oferta y la demanda, que entre más te lo pegues más leche vas a producir, que los horarios no son importantes, que tomes un chingo de agua, que descanses lo más que puedas, cómo colocar a tu bebé, cómo cuidar tus pezones. Nada. Una fórmula por si no te alcanza. Esa es la indicación. Y, ¡obvio!, al empezársela a dar, tu cuerpo dejará de producir esa toma y ese será el principio del "es que mi cuerpo no tenía suficiente leche", *aaargggghhhhh...*, me hierve el buche.

Nadie nos dice que hay asesoras de lactancia extraordinarias que vale cada centavo contratar. Ni que una vez que

le agarres, será la experiencia más increíble y también la más práctica, ¡y, por mucho, la más barata!; que te olvidas de andar esterilizando mamilas, de buscar la fórmula que no le haga daño y que nada, naaaada en el mundo, por más evolucionada que esté la ciencia, logrará diseñar el alimento perfecto para tu bebé en cada momento y etapa de su vida.

La leche materna es una de las cosas más maravillosas de la naturaleza, pues no solo le dará los anticuerpos necesarios para ser una persona menos enfermiza a lo largo de su vida, también producirá mucho menos células grasas puesto que la leche de su mamá está hecha para él, un humano, en lugar de tomar leche de una vaca que produce la grasa que un becerro necesita. Pero lo más importante que nos tendrían que decir es que no hay arma más infalible para calmar, dormir, reconfortar, despegar o aterrizar, viajar, salir, o vincularte con tu bebé, que la chichi. Ustedes disculpen mi francés.

En el momento en el que mi segundo bebé salió de la tina y me lo dieron, el chamaco se prendió y no me volvió a soltar hasta catorce meses después —muy en contra de su voluntad—. Parecía que le habían dado un propedéutico *in uterus* porque le agarró a la primera y evidentemente también yo ya traía mi propedéutico de catorce meses de amamantar a su hermana, y el equipo físico ya entrenado para la misión. Ni media grieta. Ni resequedad. Ni un *auch*. Esa fue la primera vez que me di cuenta de que cada hijo es una historia totalmente diferente.

Qué tristeza que cada vez menos hospitales permitan que esas primeras 48 horas de vinculación, tan determinantes para mamá y bebé, sucedan. Es increíble que no se den cuenta de la relación que tiene, además, con el índice al alta de las depresiones posparto. Y, nuevamente, qué mal que no le echemos una leidita antes al tema para que sepamos por lo menos lo que está en juego y las razones por las que podría importarnos intentarlo realmente.

¡No tienes que leer una enciclopedia!, hoy en día hay muchas herramientas que pueden ayudarnos a investigar. Esto, por ejemplo, es lo que dice ChatGPT acerca de los beneficios de amamantar (me tardé doce segundos en preguntarle en un mensaje de voz y se tardó trece en responderme):

La lactancia materna tiene numerosos beneficios tanto para el bebé como para la madre:

Beneficios para el bebé

1. **Nutrición óptima:** La leche materna contiene todos los nutrientes necesarios para el crecimiento y desarrollo del bebé, en las proporciones adecuadas.

2. **Fortalecimiento del sistema inmunológico:** La leche materna aporta anticuerpos que protegen al bebé contra infecciones y enfermedades para el resto de su vida.

3. **Mejora la digestión:** Es más fácil de digerir que las fórmulas, lo que reduce el riesgo de problemas digestivos como estreñimiento o diarrea.

4. **Desarrollo cerebral:** Algunos estudios sugieren que los bebés amamantados tienen un mejor desarrollo cognitivo debido a los ácidos grasos y otros nutrientes presentes en la leche materna que son fundamentales para el crecimiento y mielinización de las neuronas, el aprendizaje y la memoria.

5. **Reducción del riesgo de enfermedades:** La lactancia puede disminuir el riesgo de que el bebé desarrolle alergias, asma, obesidad y diabetes tipo 2 más adelante en la vida.

6. **Liberación de oxitocina:** Al succionar, el cuerpo del bebé también libera oxitocina, la hormona del

apego. Esto refuerza el vínculo con la madre y genera sensaciones de calma, seguridad y placer. [¡¿Y quién no quiere un bebé más calmado?!]

7. **Estimulación sensorial:** Los sentidos del bebé se activan intensamente. Siente el calor de la piel, escucha los latidos del corazón y percibe el olor de su madre. Esto estimula el desarrollo de las conexiones neuronales relacionadas con la percepción sensorial y la regulación emocional.

8. **Regulación emocional y del estrés:** La lactancia activa el sistema parasimpático, ayudando al bebé a relajarse y regular sus emociones. Esta experiencia repetida contribuye a que, a largo plazo, tenga mejores habilidades para manejar el estrés. [O sea, perdón, pero… ¡nos urgen personas que sepan manejar mejor su estrés!]

9. **Patrones de recompensa y placer:** Mamar activa áreas del cerebro relacionadas con el sistema de recompensa (como el núcleo accumbens), generando sensaciones placenteras que refuerzan el deseo de estar cerca de la madre. [Los bebés asocian que tú eres su lugar seguro, para siempre.]

En resumen, amamantar no solo nutre físicamente sino que, literalmente, moldea el cerebro del bebé, potenciando su salud emocional y su capacidad de relacionarse con el mundo.

Beneficios para la madre
1. **Vinculación emocional:** La lactancia promueve el contacto piel con piel, fortaleciendo el vínculo emocional entre madre e hijo.
2. **Pérdida de peso:** Amamantar ayuda a quemar calorías y puede contribuir a la pérdida de peso

después del embarazo. [Siempre y cuando no te tragues a cucharadas un bote de Nutella cada tres días, como a mí me dio por hacerle con mi primer bebé...]

3. **Reducción del riesgo de cáncer:** Se ha demostrado que la lactancia reduce el riesgo de cáncer de mama y de ovario en la madre.

4. **Aceleración de la recuperación posparto:** Amamantar estimula la contracción del útero, lo que ayuda a reducir el sangrado posparto y a que el útero vuelva a su tamaño normal más rápidamente.

5. **Ahorro económico y comodidad:** La lactancia es gratuita y siempre está disponible, sin necesidad de preparar biberones ni fórmulas. [No hay nada, naaada más cómodo que ser el restaurante ambulante y no andar cargando kilos de botellas, esterilizadores y leches en polvo.]

Además, cuando una mujer está amamantando, su cuerpo libera principalmente dos hormonas clave: oxitocina y prolactina.

La prolactina es la hormona responsable de estimular la producción de leche en las glándulas mamarias. Pero ¡además! genera una sensación de calma y relajación, lo que ayuda a la madre a sentirse tranquila y conectada con su bebé. Por eso podemos pasarnos hooooras ahí sentadas admirando nuestra creación sin que nos urja pararnos de ahí o salir corriendo, como ahora que veo a una mamá en esa situación y digo: "¿¡cómo puede haberme pasado taaaantas horas de mi vida haciendo eso siendo una desesperada profesional?!". Pues eso es prolactina, que chance debería de llamarse "valemadrina".

Y la oxitocina es la hormona del amor o del vínculo. Es la responsable de la eyección de la leche (el reflejo de bajada), y también promueve sentimientos de felicidad, apego y bienestar. Esta hormona ayuda a que la madre se sienta emocionalmente conectada con su bebé y reduce los niveles de estrés.

Juntas, estas hormonas no solo aseguran que la lactancia funcione a nivel físico, sino que también fomentan el bienestar emocional, ayudando a que amamantar sea una experiencia placentera y llena de conexión.

La sabiduría y perfección de la madre naturaleza siempre me vuelan la cabeza.

La cosa es que amamantar implica tiempo, muuuucho tiempo, y que mientras tú seas el restaurante, no puedes irte muy lejos por mucho tiempo, cuando lo que nosotras queremos es retomar nuestra vida como si nada hubiera pasado, lo antes posible, y eso, manas, les tengo que decir… no es compatible con lo de la crianza a libre demanda.

Queremos ser mamás, pero rápido. Embarazarnos, pero que nos queden nuestros jeans en una semana. Vincularnos pero que alguien más los cuide. Y, evidentemente, seguir nuestra vida profesional a los cinco minutos de haber parido (ojo: estoy a favor de volver al trabajo, pero primero hay que estar ahí). Y obvio, queremos dormir porque "qué cansado", y entonces contratamos a otras mujeres para que atiendan a nuestros bebés en la noche. Por supuesto, puedes hacer lo que tú quieras, pero todo, todo, va a tener consecuencias, en este caso: vas a dejar de producir las tomas de la noche y tu bebé se va a vincular con otra persona para reconfortarlo a esas horas. O sea, queremos tener hijos, que es solamente el evento más transformador de la existencia de una mujer, pero que no cambie nada en nuestras vidas.

Amigas, dense cuenta.

Me acuerdo de que cuando nació mi sobrino alguien llegó a visitar a sus papás al cuarto y les dijo: "Pidan que se lo lleven a dormir al cunero para que ustedes puedan dormir en la noche", y mi cuñado, sabiamente, le dijo: "La última noche que dormimos en la vida fue ayer". Y es que sí, nos dicen que una vez que nacen los hijos nunca vuelves a dormir igual, y es totalmente cierto. Nunca. Jamás vuelves a tener ese sentimiento de absoluta paz; insisto con lo de tener algo siempre prendido en la estufa. Esa es la descripción del puesto.

Yo fui la señora en el hospital que se llevó a sus bebés directo a su cuarto en la camilla después de parir. La que los bañó en el lavabo del hospital. La que no le perforó las orejas a su niña (carajo es SU cuerpo, ¿por qué hacemos cosas en automático sin reflexionar nada, me explican?) y la que no se separó de ellos un segundo ni dejó que se los llevaran jamás al cunero, vaya, ni al *tupperware* ese gigante al que llaman cuna los metí. Los cargué yo todo el tiempo, o su papá, o alguien más (porque una cosa que sí nos dicen y es absolutamente FALSA, es que los bebés se "embracilan", se "chiquean", se "mal acostumbran". ¿A qué? ¿A sentirse queridos y contenidos?, cero. Los bebés son para cargarse, y entre más los cargas, más paz tienen, lo comprobé dos veces). Me acuerdo de que las monjitas del Hospital Santa Teresa (donde nacieron mis dos hijos) venían cada x tiempo por mi niña para cualquiera de esas cosas y yo a todas y a todos les decía: "No, muchas gracias". Escuché en el pasillo que una se quejaba con la otra de que la señora "no quería nada", y cuando la segunda revisó mi expediente dijo algo así como: "Ah, olvídalo, se apellida Stoopen"… El legado de la abuela Eglé seguía latente, y después de eso nos dejaron en paz.

A ver, efectivamente, cada quien es libre de decidir si quiere o no parir, o amamantar, levantarse en las noches o cualquier otra cosa. Es cierto también que en ocasiones simplemente no es posible, hay que saber soltar cuando eso sucede y cambiar rápido la página para no quedarse trabado en que no salió como esperábamos.

Entiendo perfectamente que cada caso, y cada cabeza, es un mundo; lo único que quisiera es apelar a que nos informemos mejor: que decidamos con conocimiento de causa —sabiendo realmente las implicaciones, los riesgos— lo que es mejor para esa personita para la que queremos ¡¡justo eso!: todo lo mejor.

Hay que saber informarse, sí. Y también acompañar. Si quieres parir, elige bien a tu doctor y, casi igual de importante, ¡lleva a tu doula! Por más clases a las que hayas ido, yo no veo cómo pasar por ahí sin alguien que te vaya diciendo qué sí, qué no, y te eche las porras que necesitas. El papá desde luego es un soporte, pero está probablemente nervioso y más perdido que tú. Necesitas llevar a tu coach. Y si quieres amamantar, también necesitas aprender a hacerlo. En la gran mayoría de los casos necesitarás aprender ciertas cosas antes de que te salga bien.

Para quienes no están involucrados en el parto, amigos, amigas, familia y agregados, yo haría un decreto constitucional que dijera: NO HAY QUE IR DE VISITA AL HOSPITAL.

Recomiendo ampliamente que no le avises a tooooodo el mundo; dile a tu gente cercana, no necesitas un desfile interminable de gente, ni que nadie te arme una tienda de *souvenirs* y te deje instalada a la gente todo el día.

Necesitas descansar. Conocer a tu bebé. Estar en paz. El hecho de que toda tu lista de conocidos vaya a verte al hospital solo te va a distraer. Y a agotar. Porque ahora sí viene lo bueno, mana, y para eso necesitarás toda tu energía. Para mí esos dos días, cada vez, fueron como un espacio en el tiempo que se quedó suspendido, en donde solo estábamos nosotros tres. Por supuesto vino nuestra familia. Mis mejores amigas. Mis abuelos. Pero no le avisamos a casi nadie. No necesitas a nadie ahí. Por más feliz que estés, no es nada cómodo que te vengan a ver hinchada, con tus partes floreadas, en pijama y con un bebé que necesita comer cada dos horas y una mamá que necesita intimidad para aprender a hacerlo. Que vayan después a tu casa, cuando estés más acoplada y traigas puesto un brasier. El desfile interminable del hospital solo interfiere entre tú y tu bebé. No tengas miedo de decir "hoy no, muchas gracias".

Mi hija nació a las doce y cacho de la noche, después de un parto largo y agotador; obvio no dormí casi nada durante la noche. Durante el día tienes tal cantidad de hormonas posparto revoloteando, que estás en una especie de *high* de drogas.

Sí, claro, tuvimos la visita de nuestros cercanos. Y ese día, a las ocho de la noche, hora en que el hospital ya no daba acceso a visitantes, y apenas diez minutos después de que mi médico acabara de entrar a pasar visita y darme las explicaciones pertinentes de cuidados y seguimientos, tocan la puerta y entra un amigo de mi exesposo, orgullosísimo porque "¡se había podido colar!", y no conforme con eso, se instaló en lo que el doctor me hacía todas las preguntas más incómodas y personales de la tierra, ¡y encima! comenzó a preguntarle al doctor cosas relativas a su esposa y él, como que no podían embarazarse. La imprudencia y la pendejez infinita personificadas.

Cuando llegó la hora de que me revisaran, el doctor, muy educadamente, le indicó que era hora de irse y le extendió una tarjeta para que sacara una cita en su consultorio si tenía más preguntas. Me acuerdo de que tanto mi esposo como yo nos quedamos totalmente helados durante el episodio sin saber qué hacer. Déjenme decirles algo: ¡díganle a la gente que no vaya!, y si es necesario, ¡díganle también que se vaya! Creo que una de las funciones principales de los papás durante esos días es proteger a su familia y darle los espacios que necesita. Leer a la mamá. Dejarla descansar. Darle aire y ayudarla a que pueda enfocarse, solamente, en aprender a alimentar a esa personita y conectar.

Si nada de lo que te dije te importa y estás empeñado en hacer la visita al hospital, sé breve. Seas quien seas, no te quedes ahí por horas, a menos que la mamá te lo pida.

En el frenesí de la pose, de la red social, de pedir opinión en grupos de Facebook a 3 832 903 mujeres que no conocemos, de tratar de entrar en el molde de lo que debe ser, o no ser, nos hemos desconectado de nosotras. Traemos anestesiado el instinto materno/paterno, se nos ha olvidado conectarnos con nosotros mismos y pensar qué es lo que en realidad queremos, o si queremos ser mamás y papás.

Por supuesto es indispensable tener una tribu y ciertas voces en quienes confiemos para guiarnos y ayudarnos, pero que sean las que realmente te suman, no las que te angustien o te juzguen, y, antes que cualquier cosa, trata de estar en sintonía con tu pareja. Es indispensable que, en tu camino de querer ser mamá, tu pareja esté en el mismo barco que tú; de lo contrario será un perpetuo estira y afloja en este y en absolutamente todos los aspectos.

Por eso, probablemente lo primero que nos tendrían que notificar es que estemos bien claros respecto a: ¿con quién vamos a procrear? Porque necesitas un jugador de equipo excepcional, no uno cualquiera; necesitas alguien que respete las decisiones que tomas sobre tu cuerpo y la manera en la que quieres criar, porque si tu idea es amamantar a libre demanda y la del otro salir de viaje a las tres semanas como si no hubiera pasado nada, amiga, eso nunca va a jalar. Elegir bien con quién vamos a traer gente al mundo es, sin duda alguna, el primer paso antes de ser mamá o papá. Pongan atención. Y tengan la conversación.

Las decisiones de cada quien son totalmente respetables y también comprendo que hay muchos factores que entran en juego. Pero, por favor, permítanme insistir: tomemos decisiones informadas y conscientes, no con base en lo que nos dicen las amigas, las suegras, los doctores terroristas o los grupos de Facebook, por el amor de Dios. Fíjate a quién escuchas. Escúchate a ti. No tienes que parir, lactar, criar como todas las demás, de hecho ¡no tienes que hacer nada, nunca, como los demás!

La información es poder, el poder de entender y decidir en cada paso de tu paternidad y maternidad qué es lo mejor para ti, para tu bebé y para tu familia... y que chinguen a su madre todos los demás.

CAPÍTULO 2

¿Y ahora?

Pues ya está, decidiste ser mamá o papá. Tu criatura ya está aquí. Cumpliste con el "estándar social" de procrear. Extender el apellido. Mejorar la raza. Trascender. Multiplicar el amor. Ya medio estás sacando la cabeza del remolino que implicó esa cosa fantástica que es dar vida y medio entendiendo cómo se hace eso de que sobreviva un pequeño ser humano, cada día, a tu inexperiencia.

¿Y ahora?

Para cuando nuestros hijos llegan a los dos años ya entendimos varias cosas: primero, que ser papás no tiene absolutamente nada de romántico. Es una chinga descomunal. Lo de dormir sin preocupaciones es algo que, probablemente, nunca nos volverá a pasar. Y ahora sabemos que la canción "Ya se casó, ya se amoló, porque sus hijos se hicieron popó" está basada en hechos reales.

Ya comprobamos también que la cuna preciosa carísima nunca se usó porque el retoño prefería dormir en su sillita, o en nuestra cama, o cargado, o en una cuna de absolutamente ninguna alcurnia. Nos dijeron que tenemos que preparar la llegada del bebé, pero nadie nos dijo que quienes nos tenemos que preparar para que llegue somos nosotros. Y una de las cosas más importantes a saber es que, si lo que pretendes es que tu bebé duerma toda la noche a las dos semanas, o dos meses, o seis, o diez, muy probablemente, no va a suceder.

Efectivamente, ahora hay muchas opciones para "enseñarles" a dormir. Muchas personas muy preparadas para darte los *do's and dont's*, remedios, estrategias, ungüentos. También, por supuesto, puedes contratar a una "enfermera" para que duerma con ellos en las noches y tú puedas ahorrarte esa parte que, efectivamente, es infernal. Yo no pegué el ojo una noche completa antes de destetar a mis hijos y todavía después de eso se tardaron un rato… Considerando que a cada uno lo amamanté catorce meses, pues, hagan las cuentas.

Y es que sí, que cada quien haga lo que quiera, pero la idea de querer tener hijos a toda costa, y luego a toda costa querer que alguien más los cuide, los acompañe, los lleve, los traiga, los eduque, los entretenga, me parece la contradicción más grande de la historia y, si me apuran tantito, una de las grandes razones por las que la chaviza está como está.

La realidad es que, durante el primer año, lo que un bebé necesita es reafirmar constantemente que estás ahí para él. Después de estar meses dentro de su mamá, el mundo es un lugar incierto (y habría que empezar a decirles: nunca deja de serlo) y lo que ese bebé conoce y le da paz es el olor de su mamá. El latido de su corazón se sincroniza con el de ella. La voz del papá (o de su otra mamá, porque otra de las cosas que no nos dijeron es que hay muchos tipos de familias) le da seguridad porque es la que escuchó durante esos nueve meses. Los bebés necesitan contención permanente, y entre más les des, mejor va a salir todo.

Por eso dejarlos llorar me ha parecido siempre una aberración. ¿Qué puede sentir ese microser si su única manera de expresarse es llorar para decir "necesito algo" y cuando llora nadie responde? A veces, permítanme decirles, lo único que necesitan es que estés y eso no cambia mucho a lo largo de la vida. Ser papás implica estar dispuestos a estar de tiempo completo. Esa es la descripción del puesto. Yo no sé ustedes, pero yo siempre quise que esa

Ser papás implica
estar dispuestos
a estar de
tiempo completo.
Esa es
la descripción
del puesto.

contención la recibieran de mí y de su papá. Que el olor que asociaran con el lugar seguro fuera el nuestro, y no el de un desfile de personas que pueden ser absolutamente amorosas, pero no somos nosotros.

Esto aplica de igual manera para todo el proceso de crecimiento. Les entregamos a otras personas el privilegio de cuidarlos, desde cambiarles el pañal, bañarlos, acompañarlos a sus eventos, dormirlos, alimentarlos. No tengo absolutamente nada en contra de tener, si puedes hacerlo, la infraestructura para ayudarte, pero, en mi opinión, esa infraestructura debería ser para que todo alrededor suceda mientras tú puedes enfocarte en cuidarlos a ellos, y de vez en cuando tener un poco de vida.

Lamentablemente, es por completo al revés y, pues, #todomal.

Por ejemplo..., ¿cómo es posible que dejemos que alguien más bañe a nuestros hijos?

Sabiendo cómo están los índices de abuso sexual (según datos de la asociación Aldeas Infantiles SOS, México ocupa el primer lugar a nivel mundial en abuso sexual infantil, con 5.4 millones de casos por año, y se comprueba cada vez que los agresores suelen ser, en la primera infancia, padrastros, abuelos, tíos, primos, hermanos o cuidadores), es increíble que no entendamos que cuando acostumbras a tu hijo a que quien sea lo pueda enjabonar, secar, cambiar, ¡t-o-c-a-r!, le estamos quitando la posibilidad de prender su alarma interior cuando alguien lo haga con otra intención.

A nosotros nos corresponde proteger a nuestros hijos y armarlos para la batalla. Con la primera arma de la lista siendo: tu cuerpo es tuyo y nadie más puede tocarlo sin tu consentimiento. Para que, si alguien lo hace, sea ¡de inmediato un foco rojo y sepan echar a andar la alarma!

El de 17 tenía un poquito menos de 4 años cuando, a la hora de meterlo a la regadera y supervisar cómo se enjabonaba (cosa que hace un tiempo yo ya no hacía y le había enseñado a hacer por sí mismo por exactamente la misma razón, y porque si no le enseñas hoy, ¿cuándo?), me dijo: "Mamá, tú *sálete*"; y tantito más de 4 cuando, llegando a su cita con la pediatra y sabiendo que lo iban a revisar (porque sí, siempre hay que decirles lo que va a pasar antes de ir al doctor, o a cualquier lado, en lugar de engañarlos y decirles babosadas), me dijo: "Mamá, yo quiero solo". Me acuerdo de que volteé a ver a la pediatra, asentimos, y le dije: "OK, tú entras solo y yo me quedo afuera, con la puerta abierta para escuchar y saber cuánto pesaste" o alguna cosa similar. ¡Por supuesto que me fui para atrás las dos veces!, ¡claro que mi mamá ortodoxa interior dijo: ¿¡cómo se atreve este escuincle a sacarme así!?, ¡está muy chico!, ¿qué le pasa?, ¡a mí no me va a decir qué hacer!… ¡Obvioooo sí! Mi mamá sensata interior ganó al hacerme ver que, en realidad, era una extraordinaria noticia y un reconocimiento a mi trabajo, porque si mi hijo me podía poner un límite así a los 4 años y demandar un espacio absolutamente entendible para su intimidad, es que, definitivamente, algo había hecho bien. La verdad es que yo tampoco quisiera que nadie entrara conmigo cuando voy a mi papanicoláu ni que viera cómo me enjabono mis partes.

Algo que nadie nos dice es que nuestro trabajo principal es enseñarles a ser independientes desde el minuto en el que son capaces de serlo y que pensar que solo nosotras lo podemos hacer bien es, en realidad, una manera de justificar nuestro rol y de querer controlar absolutamente todo. Bajo la premisa de "es que no se va a tallar bien", los bañamos hasta los 8 años (o más) y, pues…, amigas, les tengo una noticia: no pasa nada si le queda tantita tierra y en cambio pasa mucho si le permites aprender a hacerlo mejor la próxima vez.

O ¿qué tal el tema de las fiestas infantiles?, que son un infierno, sin duda (y una pérdida de tiempo y de dinero descomunal), en donde ahora se usa que a los niños los cuiden las "nanitas" (otro término aberrante) mientras las mamis se empedan porque qué cansado eso de las piñatas. O el chofer (de toda nuestra confianza) que los lleva y trae a todos lados, desaprovechando así el único espacio que queda en el mundo en donde podemos conectarnos con ellos.

Y ni se diga de la saturación de tooooodas las clases y actividades a las que los metemos para que aprendan miles de cosas indispensables en lugar de dejarlos jugar y aburrirse tantito de vez en cuando o descubrir que tienen hermanos. Y luego andamos preocupadísimos llevándolos a terapia porque están "muy acelerados".

Tomamos decisiones y contratamos gente pensando solo en nosotros, en poder ir, venir, viajar, dormir sin entender el efecto a corto, mediano y largo plazo que nuestras continuas ausencias provocan en las personas que más queremos. De ahí la teoría de mi hermana de que ser papás tendría que estar regulado. Los consultorios de los psicólogos están atascados de niños y adolescentes que se sienten solos, perdidos, no vistos, porque no, ninguna cantidad de dinero o *staff* va a sustituir nunca el tiempo y la mirada de los papás. Queremos tener hijos, pero no queremos ser sus papás (más que para la foto del Instagram eso sí #blessed #familytime). Ya ni a las vacaciones sabemos ir sin asistencia y la cosa es que, si alguien más se encarga continuamente de tus chavos, nunca vas a saber encargarte de ellos.

Yo me llevé a mis hijos de viaje desde muy chiquitos, no tenían tres semanas y yo ya estaba en Valle de Bravo. La de 20 fue a Buenos Aires, Panamá y Francia antes de tener 18 meses. Amamantar te permite moverte infinitamente más ligera, no necesitas nada más que tu botella de agua y aprender a que te valga madres dónde te sientas a darle de comer. Me volví una experta en sacar el arma infalible y puedo prácticamente asegurar que nunca nadie me vio la chichi y nunca, jamás, usé la cosa esa que ahora usan para "taparse" y que, desde mi humilde opinión, solo hace que se note más. Fuimos y venimos a todas partes y eso hizo que mis hijos se volvieran, además de expertos viajeros, personas adaptables y nosotros unos papás todoterreno. Hicimos muy buen equipo en eso de crecer y mover personas.

Para los que sí decidieron entrarle, a estas alturas ya se dieron cuenta también de todo lo que somos capaces de hacer con una mano, desde comer, hacer una sopa, o hacer pipí, con tal de que la criatura no se despierte. Que todos los *devices* mamadores, que toooodas nuestras amigas traen, pesan una tonelada, no son tan eficientes y en realidad no nos hacen tanta falta. Nadie nos dice que no necesitamos tantas cosas. Ni tantas clases. Ni tantos coaches. Ni que sí, efectivamente, los primeros años de los hijos son una chinga descomunal y que la mayoría de las veces es cero glamoroso. Pero tampoco nos dicen, y aunque nos dijeran, lo increíble que son esos años con todo y la friega, las no dormidas, la desesperación de que nunca vamos a salir de los pañales (qué asco los pañales, por cierto, ojalá nos avisaran), la delicia de los *toddlers*, lo increíble que es verlos aprender, hacer, moverse; lo adorables que son, la felicidad de los abrazos pegostiosos, de ser su máximo, de recibir amor continuamente y darlo de regreso.

Nadie nos dice que ningún amor se compara con el amor a los hijos.

Pero y entonces, ya que sobrevivimos a los primeros años, ¿qué sigue?

¿Cuándo nos damos cuenta de la responsabilidad que implica esta decisión?

¿Cuándo comienza la formación de estas personitas?

Si me preguntan a mí, desde el primer día.

Creo que uno de los grandes errores actuales es que pensamos que estamos educando niños, entonces, queremos robots —obedientes, precisos, perfectos, predecibles— y no entendemos que la misión, lejos de todo eso, no es educar: es formar personas.

Formar adultos responsables, completos, empáticos, conectados con ellos mismos, responsables de sus emociones, involucrados con la formación de mejores sociedades, capaces de resolver lo que la vida les ponga. De conciliar. De ponerse en el lugar de alguien más. De tomar posturas. De decidir. De pensar. De asumir. De restringirse. De intimar. De ser. Aportar. Conectar.

Eso no sucede solito un día. Nadie se levanta a los 30 años y comienza a ser todas esas cosas. Eso se empieza a construir desde el día que llegan a nosotros. Todas, absolutamente todas, las decisiones que se toman en los años de crianza tendrán repercusiones en la vida adulta de nuestros hijos y tal vez eso deberíamos tenerlo presente cuando estemos por flaquear, o claudicar, ante el berrinche, la insistencia, el momento o la época desgastante en la que nos encontremos.

Pensar qué pasa a largo plazo, si le enseño que si chilla lo suficiente, yo cedo. Qué aprende si le doy permiso de hacer algo ilegal (como sacar una identificación falsa porque, pobrecito, no vaya a ser que no vaya al antro con todos los demás). Qué le estoy enseñando si me ve ir por la vida amedrentando y violentando personas para salirme con la mía. O en qué tipo de familia está creciendo, y qué va a asociar con lo que es el amor. Qué puede suceder si a todo le digo que sí. Si no aprende a decir que no. Si no escucha jamás un: "Eso no se puede".

¿Por qué la imperiosa necesidad de que nuestros hijos sean "bien portados"?, ¿porque es mejor visto?, ¿para ser aceptados?, ¿para que nos califiquen bien como papás y mamás?, ¿para que "no se metan en problemas"?, ¿o no nos estén chingando con sus intensidades? *Inserte aquí su respuesta*. Hay muchas respuestas y todas son bienvenidas. Sin embargo, tengo la teoría de que no serán más que maneras de negar la que en realidad es la correcta.

La realidad es que cuando les decimos a l@s hij@s que se porten bien, lo que queremos, mamás y papás, es que nos obedezcan. Que hagan lo que decimos, cuando lo decimos y como lo decimos. Que se cuadren sin cuestionar y "nos hagan caso" y que por ningún motivo —jamás— desafíen el *statu quo* de nuestra manera de gerenciar sus vidas.

"Pórtate bien" y "obedece" se vuelven parte de la canasta básica de las peroratas que les repetimos sin cesar a nuestros críos y, bajo esas dos premisas, los traemos en chinga por el resto de sus vidas y los hacemos sentirse una basura cuando no cumplen con la expectativa. Nuestra expectativa.

Y es que, efectivamente, es mucho más cómodo ser el jefe supremo y que nadie nos alegue nunca nada, pero lo de educar hijos bajo la premisa del "porque lo mando yo" paga muy mal en la enorme mayoría de los casos, se los advierto.

La segunda razón por la que el "pórtate bien" es tan popular es porque es mucho más práctico que tomarse el tiempo de explicar para que comprendan; responder a todas las preguntas que una personita puede tener y que, además, nos permite eliminar cualquier posibilidad de que alguien lo quiera hacer distinto, nos rompa nuestro *timetable*, o nos haga pasar la vergüenza de una escenita pública enfrente de nuestras amigas (o de gente que ni siquiera conocemos).

Lo malo es que, al educarlos para obedecer, les quitamos la oportunidad de aprender a cuestionar, a conectar con lo que a ellos les hace o no sentido y a encontrar su propio camino. Queremos que hagan "lo correcto", pero la verdad es que no hay caminos correctos y que muchas, muchas veces en la vida, lo correcto será aprender a alzar la voz, decir no, opinar distinto y buscar otras maneras de hacer las cosas.

¡No queremos robots!

Queremos personas capaces de entender las razones por las que no está bien hacer algo (a la edad que sea), pero para eso hay que pasar hooooras dando explicaciones y eso, pues... nos da flojera.

Queremos hijos que puedan entender que sus actos tienen consecuencias, pero somos incapaces de dejarlos equivocarse, porque pobrecitos.

Queremos hijos que cuestionen, pero que ni de broma nos cuestionen a nosotros.

Queremos formar personas que encuentren su propia voz, pero los educamos bajo el cállate y siéntate.

O que usen esa voz, pero nosotros no estamos dispuestos a escucharla, porque aquí mando yo.

Hijos "disruptivos" y "felices" siempre y cuando no rompan las reglas sociales, porque qué oso.

Y que encuentren su propio camino, solo que nosotros ya tenemos trazada su agenda, su carrera, su círculo de amigos, y la ropa que se tienen que poner, de aquí al final de los tiempos, porque es lo "mejor" para ellos.

A ver...

¡Evidentemente pienso que tiene que haber límites y estructuras! (en ningún momento me refiero a dejarlos totalmente a la deriva, pues eso tampoco sirve), pero me parece que la escuela del "porque somos tus papás y te callas" es un accidente esperando a suceder, además del mecanismo de manipulación más demodé de la historia.

Qué tal que los ayudamos a transitar la vida tomándonos el tiempo de estar ahí para explicar, para que observen, para que entiendan las causas, las consecuencias, los ciclos y procesos (en lugar de decir: no toques, no te muevas, no llores, no pelees) para que ellos aprendan a hacer lo mismo.

¿Por qué no los llenamos de porqués? ¿Por qué no puedes pegarle a alguien? ¿Por qué no puedes dejar un papel en el piso? ¿Por qué no puedes comer otro dulce?, ¿o tocar algo?, ¿o gritar en este lugar? ¿Por qué lloras? ¿Por qué tienes que seguir las reglas de tránsito?, ¿o ser amable con la gente? ¿Por qué no puedes tomar alcohol si eres un puberto?, ¿o hacer esto o aquello?

La información es poder a cualquier edad y les aseguro que, si en lugar de amenazarlos constantemente, les explicamos mejor las cosas, los hijos van a ser infinitamente más civilizados.

Recuerdo que mi abuela se sorprendía muchísimo de que cuando la de 20 tenía un poco menos de 2 sabía estar sentada en una mesa "con los adultos" (primer punto indispensable para formar: *children see, children do*, ¿cómo van a aprender cosas si no ven cómo se hacen las cosas y no los dejamos hacer las cosas?) comiendo sola de su plato con cubiertos normales (casi siempre, porque las manos también eran una herramienta recurrente) y tomando agua de un vaso de vidrio "sin romper nada o estar gritando como una salvaje".

Efectivamente, hace muchos años se pensaba que los niños no desarrollaban la capacidad de aprendizaje o raciocinio antes de los 6 años y fue justamente la ídola María Montessori quien vino a romper ese paradigma y a demostrar que los niños son capaces de hacer absolutamente t-o-d-o si les damos el espacio para aprenderlo, imitarlo, intentarlo y "trabajarlo" a su ritmo las veces que sean necesarias, una vez que el niño tenga el interés de hacerlo (esos son los famosos periodos sensibles).

Para formar se necesita confiar. Confiar en que lo que sembramos va a dar frutos. Confiar en que nuestros hijos van a saber elegir bien (pero que, para eso, muchas veces, van a tener que elegir mal). Confiar en que ellos van a poder. Confiar en que nosotros también vamos a aprender a ser los papás que necesitamos ser en cada etapa.

Porque les tengo una noticia: formar va subiendo de grado de dificultad conforme van creciendo y, contrario a lo esperado, es mucho más complicado ser papá de adultos jóvenes que de niños pequeños, porque, ¡¿qué creen?!, resulta que se pueden pasar nuestras reglas por los huevos y que, hasta cierto punto, ya se pueden valer por ellos mismos. Así que la única manera de que las cosas sigan funcionando "armoniosamente" es permitiéndoles que ellos sean los responsables de su vida y proveer un espacio de contención respetuosa en donde elijan "hacernos caso" por convicción y porque entienden razones y no por miedo, ni porque "si no, te quito el coche o el dinero".

No hay otra forma de aprender que experimentando y, si de todas maneras lo van a hacer (porque, créanme, lo de experimentar lo van a hacer), es mejor que lo hagan en un espacio seguro en donde, si les sale mal, puedan venir directamente con nosotros, en lugar de ir a mal asesorarse con alguien más (aclaro que esto nooooo quiere decir: "entonces que aprendan a chupar conmigo porque así es más seguro", noooooo, esa es la pendejada más grande del mundo de las pendejadas de ser papás. Nuestro papel no es por ningún motivo ser proveedores de cosas que no están bien o les pueden hacer daño. NUNCA).

Queremos ser siempre el lugar donde se sientan a salvo con todo y sus cagadas. Queremos que siempre nos digan la verdad, sin importar cuál sea. Queremos que se sientan libres de ser quienes son, de opinar distinto, de no estar de acuerdo con nosotros, de usar su voz, de tomar decisiones y de equivocarse sin tener que cumplir con nuestras expectativas.

Queremos que en lugar de decir "mis papás me van a matar si se enteran", piensen: "necesito hablarles a mis papás".

CAPÍTULO 3

La bruja del cuento

Cuando abro un espacio para preguntas y respuestas en mis conferencias, la pregunta recurrente es: ¿qué opinas de la crianza respetuosa? Mi respuesta siempre es la misma: si por crianza respetuosa se refieren a aceptar y celebrar que nuestros hijos sean exactamente como son; si se trata de permitirles ser ellos, liberarlos de nuestras expectativas, respetar su personalidad, sus decisiones y sus relaciones; si significa tratarlos como seres humanos desde el minuto uno (y no como algo que no siente o piensa y a quien le podemos pasar una toallita húmeda por toda la cara sin avisarle, encuerarlo en frente de todo el mundo, y exponerlo continuamente en nuestras conversaciones, redes sociales y reuniones con críticas o agresión pasiva); si se trata de darles el respeto que le damos a cualquier otra persona y de no invadir su privacidad, o tomar decisiones sobre su cuerpo que no nos corresponden; si estamos hablando de permitirles ser diferentes, aprender a su ritmo, darles chance de experimentar, equivocarse, tomar decisiones y desarrollarse sin estarlos empujando permanentemente al siguiente nivel, u obligarlos a hacer cosas que no quieren, no les gustan, los asustan, o los hacen sentir inseguros, entonces, mi respuesta es: ¡por supuesto que estoy a favor de la crianza respetuosa!

Si se refiere a entender que cada hijo es un ente distinto a nosotros y a los otros que hemos decidido procrear; que no podemos pretender que todos hagan, aprendan, actúen y resuelvan igual y, definitivamente, que no podemos forzarlos a que sean como queremos que sean, coman lo que queremos que coman, hagan lo que queremos que hagan, quieran a quien nos parezca a nosotros y, en general, cumplan con todos nuestros sueños, insisto, estoy totalmente OK con el término.

Pero si por crianza respetuosa nos referimos a que "hagan lo que quieran", que haya que pedirles perdón por todo, que nadie les pueda poner un límite (ni sus papás), y a que crezcan como animalitos salvajes y se conviertan en pequeños tiranos con derecho a todo, entonces, de ninguna manera estoy a favor.

En alguna parte de la historia de la humanidad el discurso cambió y dio el bandazo de unos papás y mamás completamente autoritarios a los de hoy, que más allá de permisivos se han vuelto irresponsables. No sé si es por romper el formato. No sé si es falta de sentido común. Incapacidad de entender las consecuencias de esas malas decisiones en el futuro de sus hijos. Pendejez infinita. Una manera de curarse la culpa del poco tiempo que les dedican. O de sustituir la falta de una buena relación con sus propios padres. O chance… hueva. No sé…, ¿cuál será?

Hay que saber que una de las grandes razones por las que los índices de depresión y suicido están como están, es porque nuestros hijos no se sienten suficientes, porque no los aceptamos como son, porque los presionamos continuamente a que sean distintos o a que sean más de lo que son. O menos. O iguales.

Si además agregamos a la ecuación la cantidad de papás y mamás separados y la complicación que eso trae, en cuanto a que en lugar de seguir siendo equipo y tener una línea común de crianza, ahora cada uno hace lo que quiere (que, normalmente es lo contrario al otro y el origen de que se vuelva un desmadre, los chavos no entiendan nada y se salgan completamente de control), pues la cosa se pone cabrona porque los papás, que solo los ven cada x días, deciden no educar porque "es que no los voy a estar jodiendo cuando me toquen a mí porque los veo poco". Miren, papis: número uno, les sugiero verlos más, les garantizo que la mamá va a estar feliiiiz —en la mayoría de los casos— de verlos participar activamente en la vida cotidiana y no solo de viernes a domingo cada quince días. Número dos, ¿qué crees?... siempre eres el papá de tus hijos. La responsabilidad no se termina porque ya no vives con ellos y cuando estén contigo, lo que más necesitan de ti es saber que sigues siendo uno de los dos adultos responsables a cargo de ellos.

Que cada quien es libre de hacer su regalada gana con su manera de criar a sus hijos, sí, 100 %. Que hay que elegir las batallas, ¡absolutamente! Y que separarse y reaprender a ser papá o mamá solteros está cañón y es un episodio en la vida enormemente dolorosos y complicado familiar y personalmente, sí, lo puedo confirmar en carne propia.

Pero... les tengo dos noticias:

La primera es que los hijos necesitan permanentemente atención, amor, límites y contención de SUS DOS PAPÁS, sin importar si viven juntos, separados, o separados, pero juntos. Sus problemas de pareja y su situación civil son COMPLETAMENTE independientes a la relación y compromiso con cada uno de sus hijos, y su ubicación física geográfica no puede ser, de ninguna manera, una excusa para hacerse pendejos.

La descripción del puesto incluye hacer t-o-d-o lo que se tenga que hacer por la salud mental, física y emocional de estas personitas to-dos-los-dí-as.

¡Explíquenme, por favor, en qué parte nuestros hijos van a estar mejor si los dejamos hacer su chingada gana y lo único que nos importa es que nos vean como sus cuates!

La descripción
del puesto incluye
hacer t-o-d-o
lo que se tenga
que hacer por
la salud mental,
física y emocional
de estas personitas
to-dos-los-dí-as.

No se confundan, uno puede tener una EXTRAORDINA-RIA y muy cercana relación con los hijos y, paralelamente, ser una figura de autoridad, la persona que pone las reglas, toma las decisiones, define los lineamientos de convivencia y, por supuesto, da el ejemplo.

Nos urge ejercitar nuestros NO.

No, no puedes ir. No, no puedes comerte otro dulce. No, no puedes usar más tiempo la pantallita. No, no es tu turno. No, no te compro eso hoy. ¡NO! Es la palabra que más necesita escuchar un hijo porque lo contiene, lo ubica, lo limita, le da la seguridad de que alguien más está a cargo y le pone los pies en el piso haciéndolo sentir protegido.

"No" es la herramienta número UNO para aprender la tolerancia a la frustración y la palabra que queremos que se aprendan de memoria para usarla en el futuro y poder decir: "No, no me subo a tu coche porque estás borracho", "No, no quiero drogas".

"No" es la palabra que más necesitan escuchar para poderla reconocer cuando alguien les diga: "No, no me toques", "no, no me quiero acostar contigo".

¿Cómo chingados nuestros hijos van a aprender a poner límites si nunca les ponemos uno? ¿Cómo aprenderán a respetar que el otro se los ponga si jamás les has dicho que eso no se puede? ¿Qué tipo de adultos serán si no saben tolerar la frustración?

Nuestro trabajo no es caerles bien a los hijos, ni ser la mamá/papá más *cool* de la escuela. Nuestra chamba es cuidarlos. Protegerlos. Guiarlos. Contenerlos. No poner la mesa para que suceda una desgracia o crear unos monstruitos completamente desubicados o unos delincuentes en potencia.

No tengan miedo de ser la bruja o el malo del cuento, ¡asuman que son la bruja del cuento y *rockeen* la descripción del puesto!

No den permisos que tienen una alta probabilidad de acabar mal. No los dejen ir a lugares donde, en caso de emergencia, no sabrían cómo reaccionar. No los hagan vivir cosas que no les corresponden. No los dejen beber mientras no sean mayores de edad. No sean ingenuos. Lo del sexo. Lo de las drogas. Lo del abuso. Lo de la violencia. T-O-D-O eso pasa y pasa todos los días en nuestros "muuy selectos grupos". **No dejes ir a tu hijo (menor de edad) a una fiesta** (o a cualquier plan) si no has hablado con los papás del que invita, si no conoces a nadie en el plan en cuestión, si no sabes quién va a estar a cargo, de qué se trata y cómo es el plan. **NUNCA.** Si eso les cuesta un pleito o cien portazos, ¡no importa!, ¡aviéntenselos todos!

En mi caso, una de las claves para transitar el proceso de separación y cumplir con nuestro acuerdo de "pensemos siempre primero en ellos para no hacer peor las cosas", fue seguir alineados en cuestiones de permisos, compras especiales y situaciones generales. Reconozco y agradezco enormemente que el papá de mis hijos dejó en mis manos los permisos y decisiones importantes (siendo que yo soy la que vive con ellos y tiene mayor contexto de las situaciones cotidianas); yo, por mi parte, lo mantengo al tanto de las cosas que suceden, cuando suceden y que necesita saber. Antes de dar, o no dar, un sí o un no, le informo a él, para que estemos del mismo lado porque sí, los hijos, todos los hijos, son manipuladores profesionales, y si ven que hay media posibilidad de dividir y vencer, lo harán.

Reporto que la misión ha sido exitosa y me atrevo a asegurar que, dentro de toda la mierda que es una separación, nuestra voluntad para seguir siendo equipo, para ser sus papás, es la razón por la que nuestros hijos la han pasado lo menos mal que la podían pasar y que hoy estén tan bien. Porque cambiaron muchas cosas, pero no dejamos de ser sus papás. No se volvió una guerra de quién los deja hacer algo y quién no. No importa a qué casa vayan, las reglas importantes son las mismas, los discursos de límites son iguales. Y eso les ha dado muchísima paz. Las personas encargadas de ellos ya no viven juntas, pero siguen juntas, encargadas de ellos.

La crianza respetuosa, para mí, se trata de permitir que tu hijo sea quien es y que tú seas quien te toca ser, su papá o su mamá. Siempre.

Nuestra chamba es ayudarlos a desarrollar eso que se llama tolerancia, activamente.

En el mundo en el que vivimos es complicado encontrar oportunidades cuando todo es cada vez más inmediato, más rápido, más eficiente, más hecho para no aburrirse, no frustrarse, o —¡ni Dios lo mande!— esperar tantito. Por eso, lejos de pretender que todo el tiempo estén entretenidos o cumplirles todos los caprichitos, lo que tenemos que diseñar y aprovechar son oportunidades que los hagan sentirse frustrados y que aprendan a estar tantito incómodos. Por ejemplo, cuando mis hijos eran chiquitos y me acompañaban al súper (que es una de las actividades más extremas de la maternidad que nadie nos pasó a avisar), además de explicarles lo que iba a pasar y decirles lo que se esperaba de ellos, les anunciaba también qué podían esperar, así, a veces sabían que podían escoger una cosa para ellos que no estuviera en la lista y, otras veces, al revés: les informaba que solo íbamos a comprar lo que estaba en la lista. Me acuerdo de que su papá me preguntaba: "¿pooor?, ¿qué más te da que escojan algo hoy también, o dos en lugar de una?". Y yo siempre pensé que el tema no era lo que les íbamos o podíamos, o no, comprar. El tema era usar ese momento como ejercicio de autorrestricción, elección o, simplemente, de cómo lidiar con la frustración. Suena muy cruel, les prometo que nadie sufrió y que como esto era algo que sucedía regularmente, mis hijos aprendieron a acatar lo que ese día se les decía que iba a pasar y ni una vez me hicieron un berrinche por esa razón. Hoy sigue pasando igual: hay días de comprar, hay otros de pasear, hay otros de participar, hay que saber aprender a adecuarse a lo que hay, y nos toca a nosotros enseñarles cómo.

Y es que, contrario a la corriente de ser papás *cool*, digo, "respetuosos" y desentenderse de todo, ponerles límites es, créemelo, el mejor regalo que les puedes dar a tus hijos. Sin embargo, los límites tienen su truco, no se trata de decir solamente "no" a lo pendejo: se trata de que entiendan por qué no.

Aunque sean bebés, tus hijos entienden todo. Así que la misión es: explica todo. Sí, sí, es mucho más tardado, pero es infinitamente más eficiente y a la larga paga extraordinariamente bien haber formado personas que entienden razones.

El otro truco de los límites, para que funcionen, es que tienes que ser:

a) **Congruente:** practica lo que predicas y dales razones ciertas, no cuentos chinos estúpidos que eventualmente sabrán que son mentira, por ejemplo, en lugar de decir: "Pórtate bien o el policía te va a llevar", di: "Aquí tenemos que estar tranquilos, porque hay mucha gente alrededor y necesitamos respetar su espacio".

b) **Consistente:** lo más valioso de tu figura de autoridad es que tus hijos sepan que lo que dices, lo haces siempre. Y que lo que dices que no, no lo haces nunca.

La razón número uno de los berrinches es que los hijos nos tienen tomada la medida. Saben que, si chillan dos segundos más, vas a decir que sí, o que ayer dijiste que no, pero hoy les dirás que sí a exactamente la misma cosa.

Entonces, **si quieres un arma (casi) infalible para no tener hijos berrinchudos, mi consejo sería: siempre cumple lo que le dices a tu hijo.** Porque si sabe qué esperar, sabrá también a qué atenerse. Esta es complicada porque mil veces vamos a flaquear (efectivamente es de hueva estar en la batalla del "Por fis, por fis, por fiiis", "Maaaa, te prometo que es la últimaaaa", "Te juuuuro que lo limpioooo", "Te prometo que sí estudioooo, poooorfa, maaaa"; no lo hagan. Resistan. Es de hueva pero, a largo plazo, sale infinitamente más barato que ellos sepan que, por más que pataleen (a la edad que sea), no va a pasar eso que quieren que pase cuando ya dijiste que no va a pasar, en lugar de pasarse la vida de un berrinche al siguiente. Esto inicia en cuanto empieza la formación, lo de explicar, lo de ser congruente, lo de no flaquear. Lo de ocuparse de los hijos. Y la formación empieza, el día que nacen (evidentemente con las proporciones guardadas que amerita cada etapa y cada edad).

A los 20 y 17 de mis hijos, sigo haciendo todo eso y puedo decirles que ser absolutamente intransigente en este tema ha sido de las mejores decisiones de mi vida de mamá. Mis hijos saben qué esperar de mí. Saben que cuando digo que no, es no, y no pierden su tiempo en andar rogando porque saben que solo van a desperdiciar baba. Saben que si quieren un permiso, hay una lista de cosas que tienen que saber antes de venir a preguntar y que, sin ellas, sencillamente, no hay permiso. Saben que hay planes a los que ni en sus chaquetas mentales más grandes voy a decir que sí, y esos permisos ya ni me los piden. Un pleito menos para todos.

La ganancia secundaria de todo esto es que han aprendido a armar sus casos para presentarlos y argumentar.

Si quieres
un arma (casi)
infalible para
no tener hijos
berrinchudos,
mi consejo sería:
siempre cumple
lo que le dices
a tu hijo.

Por supuesto que vamos aprendiendo a hacer tratos. Por supuesto que conforme avanzan en edad hay que ir ajustando y hacer ciertos acomodos. Pero los límites siempre están ahí. Son el eje de mi relación con ellos. Su papá y yo somos la autoridad. Siempre.

Y sí, además, también hay espacio para llevarnos increíble. Casi siempre. Y cuando les caigo gorda, en lugar de preocuparme o traumarme, me doy una autopalmada en la espalda recordándome que mi trabajo es ser su mamá, no su alcahueta. Mi chamba es no caerles bien, muchas veces.

Cuando la de 20 tenía 6, una mamá me mandó un mensaje para decirme que su hijo (también de 6) estaba enamorado de la mía, que quería ser su novio y que si por favor le podía yo preguntar de su parte que si ella también quería.

Mi respuesta fue muy sencilla:

Uno, están muy chiquitos para empezar con eso del "somos novios", ya tendrán tiempo para esas cosas y que por ningún motivo yo pensaba adelantar esa etapa. Dos, que si alguien quiere andar con uno de mis hijos (cuando sea), solo habrá una manera de saber si es posible: que el o la interesad@ les pregunte directamente a ellos.

El interesado nunca preguntó y por lo tanto el romance nunca sucedió (por suerte porque, insisto, nadie necesita tener novi@ a los 6 años, qué hueva).

Me voy enterando de que lo de pedirle a alguien que sea tu novia, para muchos adolescentes sigue incluyendo, en muchos casos, la ayuda de la mamá. Me reportan mis fuentes cosas que me cuesta trabajo creer, como que los chavos les piden permiso (sí, permiso) a los papás de la chava antes de llegarle (¡ni que se fueran a casar, por Dios, y la verdad ya ni así!). Que, en las salidas, el noviecito le tiene que estar reportando a la mamá de la susodicha dónde están y cómo va todo (como si la hija no fuera capaz de hacerlo y desacreditándola por completo) y solicitar permiso directo para ir a visitar a la hija a su casa (en lugar de que la visitada sea la que pregunte a sus papás). *WTF*, ¿es netaaaa?

Luego, si ya de por sí lo de dar un anillo se había vuelto un espectáculo absurdo (como todos los demás que hay que hacer para celebrar cualquier cosa), declararle tu amor a alguien, a cualquier edad, se ha vuelto, en muchos casos, también un show que ahora además requiere de la ayuda de la mamá (y muchas veces de un crimen contra el medio ambiente).

Si esto no me lo hubiera contado alguien muy cercano, no lo creería.

Resulta que el muchachito en cuestión preguntó a la mamá de la susodicha en cuestión si podía ir a "adornar" el cuarto de la dueña de su corazón para pedirle que fuera su novia. Mi amiga, haciendo un esfuerzo por cooperar y ser empática con la nueva generación, accedió, y así, el día acordado el chamaco llegó a su casa.

El chavo llegó armado con todos los *props*: globos, regalos, pancartas y además con su mamá.

Mi amiga sale, saluda, conoce a la mamá y piensa, inocentemente, que la función de la mamá fue llevar al puberto a cumplir con su romántica misión y que, mientras, tendrá que platicar tantito con ella en lo que el chavo hace lo que tiene que hacer y se va. Cuál va siendo su sorpresa al darse cuenta de que la mamá es quien lidera la operación y que, agarrando todos los globos y sin ningún reparo, se mete a su casa y, ante la mirada atónita de mi amiga, todavía le pregunta: ¿dónde es el cuarto?, ¿no nos quieres ayudar?

Mi amiga, en shock, los sigue y se pone a seguir instrucciones de la futura consuegra obedientemente hasta que, a la mitad de estar inflando un globo, se da cuenta de la situación y se dice a ella misma: "¡¿qué chingados estoy haciendo?!". Y en ese momento anuncia que "ya, así está bien" y que "ya con eso", invitando a los intrusos a salir, incluso si todavía quedaban miles de globos por inflar.

No digo intrusos a la ligera. Que el chavito quisiera decorar puede o no parecernos bien y podemos o no cooperar con la idea. OK. Pero el tema de que la mamá se meta a tu casa es una intrusión absoluta y un contundente fuera de lugar, en la casa y en la vida de su hijo.

Aparentemente no es la única historia similar y las mamás estamos de más ejecutando, financiando y gerenciando estos eventos y les digo una cosa… #todopinchesmal.

No sé ni por dónde empezar a deshebrar este pollo.

Si por el lado de ¿no tienen nada mejor que hacer?, el de ¿no les da pena?, o, mejor el de ¿qué chingados están pensando, mamis? Pero como no quiero que digan que a mí qué me importa, que qué amargeitor, me voy a ir a lo seguro y voy a preguntar, otra vez:

¿Qué tipo de adultos van a ser estos escuincles?

Porque si pensamos que ayudarle a un hijo a declararle su amor a alguien más es algo que le sirve y para lo que nos necesita, pues creo que no hemos entendido nada.

Y si el escuincle es quien nos pide que lo ayudemos a expresar su amor a alguien más, pues me parece **un enorme foco rojo** que es urgente revisar y que, lejos de ayudarle a hacer este *display*, hay que llevarlo, de emergencia, a una terapia. Porque una cosa es llevarte muy bien con él y que te pida rebotar la idea y otra muy distinta que te vuelvas la productora ejecutiva perpetua de su vida.

No le estás ayudando. Por más amor y buena onda con las que le estés resolviendo los días, lo estás inhabilitando para el resto de su vida.

Lo que hay que replantearse cada vez que nos agarre la tentación de organizar, es preguntarnos a nosotros mismos:

¿esta persona es capaz de hacer esto sola?, ¿me necesita realmente para esto?, ¿me corresponde a mí resolverlo? Sean honestos.

Hay que aprender a decir: tú puedes resolverlo solo.

Mandarlos a resolver su vida a veces duele. Y cuesta. Pero es la mejor herramienta que les podemos dar: aprender a hacerse bolas. Tenemos que aprender a delimitar cuándo es nuestro lugar estar y cuándo la neta es una ridiculez y ya no viene al caso.

Queremos que nuestros hijos sean capaces de enfrentarse a sus sentimientos solos. A pedirle que sea su novia, o se case. O que se quiere divorciar.

La vida amorosa, o amistosa, de nuestros hijos no es, de ninguna manera, nuestro pedo. A ninguna edad.

Se vale ayudar si y solo si: el escuincle en cuestión es quien corre con la idea, los gastos y la ejecución, y la mamá sirve, únicamente, de chofer cuando es algo que el puberto ¡realmente! no puede hacer: llegar al lugar.

No es lo mismo apoyar que resolver en los casos del corazón o en cualquier cosa; dejemos de meternos en lo que no nos corresponde. Somos sus papás, no sus mejores amigos, y eso es algo que nos urge saber, aunque nadie nos lo haya dicho.

CAPÍTULO 4
Sin manual de usuario

Las dos cosas más cañonas que no nos dijeron de tener hijos, si me preguntan a mí, son:

1. **Que no hay manera de prepararse.** Nada de lo que te digan es como te dijeron. Y nada de lo que te dijeron necesariamente va a suceder. Solo hay una manera de aprender a ser mamá o papá: aprendiendo. Y, como en cualquier cosa que se va aprendiendo sobre la marcha, uno se equivoca y las reglas cambian. Muchas veces.

2. **Que mientras vayan creciendo tus hijos, irás creciendo tú también.** Cosa que me parece una de las máximas fallas de diseño en eso del *parenting*, la creación, la evolución y absolutamente todas las teorías de desarrollo humano. ¡¿Cómo chingados se puede formar una persona cuando nosotros mismos estamos en un proceso continuo de construcción, oigan?!

El reto máximo de la paternidad es descubrir quién eres tú, lidiar contigo, con la edad, con los cambios hormonales y con todo eso que nos va pasando en la vida; hacernos responsables de nosotros, mientras somos responsables de alguien más y mientras todo lo que, según tú vas masterizando o teniendo bajo control, se va saliendo de control y te recuerda que nunca acabas de saber nada.

Sí. Tiene un grado de perversidad de quien sea que lo haya diseñado y, al mismo tiempo, es justo ese reto y es justo en esa búsqueda de nuestra propia identidad y de que todo cambie continuamente que los hijos juegan un papel imposible de sustituir en eso del crecimiento personal.

Los hijos, como ya dije, son los maestros, los guías, los espejos. Los que nos muestran nuestros lados más oscuros. Nuestras áreas de oportunidad más prolíficas. Y nuestros retos más importantes a lo largo de la vida. Nadie enseña mejor eso de aprender a ser paciente, o tolerante, que un hijo. Nadie nos pone a prueba como ellos. Nadie nos obliga a ser mejores como lo hacen ellos. O nos levanta de la cama para seguir en la vida cuando tenemos ganas de morirnos.

Los hijos nos enseñan a enfocarnos, a diferenciar lo urgente de lo importante. A bajar el estándar de calidad si lo que queremos es aprender a disfrutar. A hacer —y ser— mil cosas a la vez. Solo un hijo puede hacer que realmente aprendas a poner a alguien antes que a ti. Que dejes de comer para que alguien más coma. Que pongas tus necesidades, tus caprichitos, tu ego, de lado. Y nada mejor para aprender a perderle el asco a miles de cosas que ser papá o mamá de una criatura, *¡maigod!*, las cosas que uno tendrá que hacer, que ver... que oler.

Los hijos hacen que te replantees absolutamente todo: cómo ves la vida, con quién quieres compartirla, qué tipo de personas quieres alrededor de tu familia. En mi caso ser mamá potencializó, además, mi lado ecoansioso y, por lo tanto, trato de ser lo más ecológicamente responsable con mis decisiones de compra y mis hábitos de repensar, reusar, reciclar y reducir mi consumo de cualquier cosa.

Dejé también amigas que tenían una forma de criar radicalmente opuesta a la mía, porque simplemente no había cómo conectar y compartir ese momento de la vida.

Y amigos que lo único que querían era dejar a sus hijos con las nanas y largarse a la peda a la menor oportunidad, sin respetar que yo quisiera hacerlo diferente.

Una rehace su tribu cuando se hace mamá y se pregunta seriamente quién es, y quién quiere ser, después de ser mamá y además de ser mamá.

Lo primero que les tengo que decir es que pueden ser la mamá que quieran ser. No hay "buenas mamás" y "malas mamás". Cada quien hace lo que puede con lo que tiene y, genuinamente, creo que deben de ser muy pocas y muy enfermas las mamás que chingan a sus hijos con intención.

Que todas la vamos a cagar de una u otra manera, es un hecho.

Que el amor de una mamá es suficiente para resolverlo todo, no es cierto.

Hagas lo que hagas, de todas maneras, vas a tener que pagarles la terapia para resolver lo que te faltó o diste de más. Y eso es importante que lo sepas: no hay manera de salir ileso. No hay manera de no sentirse culpable por una cosa, ¡o por un millón de cosas!

Todo lo que hacemos conscientemente influye y también lo que hacemos inconscientemente… Bueno, ¡y más allá de la conciencia!, por si se quieren infartar tantito, hasta nuestra genética influye más allá de heredarles los genes, porque resulta que también les heredamos los traumas o mecanismos de supervivencia.

Déjenme citar el libro *Desde la raíz* (Aguilar, 2025), de mi amiga la doctora Elisa Sacal, para explicarles a la perfección ese tema:

Un aspecto clave de la epigenética (que es el estudio de los cambios en la actividad de los genes que no implican alteraciones en la secuencia del ADN) es lo que se conoce como "herencia epigenética transgeneracional". Este fenómeno sugiere que la información genética y epigenética de un individuo puede estar influenciada por las experiencias de generaciones anteriores. En el caso de las mujeres, este concepto es especialmente interesante porque los óvulos de una mujer comienzan a desarrollarse cuando ella misma está en el útero de su madre, lo que implica que la vida de tu abuela puede influir directamente en tu genética. Esto significa que, cuando tu abuela estaba embarazada de tu madre, no sólo afectaba a tu madre, sino también a los óvulos en desarrollo de tu madre, uno de los cuales eventualmente se convertiría en ti. Por lo tanto, lo que vivió tu abuela: su nutrición, su nivel de estrés, sus experiencias, pudo haber influido en la información genética y epigenética que finalmente llegaría a ti.

¡OOOO MAAAI GOOOD! ¿JUUUUAAAAT?

Un ejemplo fascinante de cómo lo que vive una abuela puede tener un impacto real en la vida de sus nietos es la Hambruna Holandesa, ocurrida durante los últimos meses de la Segunda Guerra Mundial. En ese invierno brutal de 1944-1945, la población de los Países Bajos sufría bajo la ocupación nazi, sobreviviendo con apenas 500 calorías al día. Las ciudades estaban congeladas y los alimentos escaseaban. Las mujeres embarazadas, en medio de esta crisis, no recibían los nutrientes adecuados y sus cuerpos respondían entrando en "modo de supervivencia", transmitiendo mucho más que genes a sus hijos.

Investigadores de la Universidad de Columbia y la Universidad de Ámsterdam descubrieron, años después, que los hijos nacidos de estas madres durante la hambruna presentaban cambios en el gen IGF2, relacionado con el crecimiento y el metabolismo. Estos cambios permitían que el cuerpo del bebé se adaptara al hambre aferrándose a cada caloría, como si estuviera preparándose para una hambruna continua. Sin embargo, cuando estos niños crecieron en un mundo de abundancia, esa misma "programación" genética, que les impulsaba a acumular calorías, les trajo problemas: obesidad, diabetes tipo dos y enfermedades cardiovasculares. Y la historia no terminó ahí: los estudios revelaron que estos cambios epigenéticos también se transmitieron a los nietos, dejando una marca en las generaciones futuras.

Investigaciones adicionales también han demostrado que la ansiedad que una madre experimenta durante el embarazo puede tener efectos duraderos en sus hijos. Piensa en la ansiedad como un mensajero que puede viajar a través del cuerpo de la madre hasta el bebé. Este mensajero puede "dejar marcas" en los genes del bebé ajustando cómo funcionan. Uno de estos ajustes es la metilación, que actúa como un interruptor: puede "encender" o "apagar" ciertos genes. Por ejemplo, si una madre está pasando por mucho estrés, esto podría afectar a un gen relacionado con cómo su hijo maneja el estrés más adelante en su vida. Así, las emociones que una madre vive durante el embarazo no sólo la afectan a ella, sino que pueden dejar huella en sus hijos, influyendo en cómo enfrentarán el mundo.

Estos ejemplos subrayan cómo las experiencias de las generaciones anteriores pueden moldear la salud de las futuras generaciones.

Este fenómeno, llamado herencia epigenética transgeneracional es un recordatorio poderoso de cómo las experiencias vividas por una generación ya sea el trauma de la guerra, el hambre, la migración forzada, o cualquier otro factor estresante, pueden resonar en las generaciones siguientes.

¿No les parece impresionante? A mí me vuela la cabeza y me parece que es una razón más para hacer mejor lo que podemos hacer, de manera consciente, porque lo demás no necesariamente podremos controlarlo. Y para las tantas otras cosas que nos van a generar una culpa tremenda vitalicia, recomiendo, ampliamente... ir a terapia y ahorrar para la de ellos.

No hay manera de blindarse, ni de blindarlos a ellos.

No hay experiencia de vulnerabilidad más grande en la vida que dar vida y acompañar a otra persona a ser persona mientras tú también estás aprendiendo.

Quizá el aprendizaje más importante que nadie nos dijo es que los hijos nos vienen a enseñar que es absolutamente imposible controlar cualquier cosa, empezando por ellos. Cualquier persona que tenga, o haya tenido, un bebé sabe que lo de los horarios fijos es una utopía. Que la mayoría de las veces nada sale como lo planeaste. Y que cada vez que piensas que ya entendiste cómo va y dominas la etapa, ¡tómala!, empieza una nueva de la cual no sabes nada. Ser papás es un trabajo continuo de humildad, donde aprender a fluir es la única manera de sobrevivir y hacer que el camino sea menos tormentoso para todos los involucrados.

Nos dijeron que nosotros les vamos a enseñar a los hijos. No es cierto. Son ellos los que vienen a enseñarnos todo.

Uno de mis peores días de mamá fue ese en el que para la de 20, que tenía 2, llegó el momento de dejar el pañal. Era algún tipo de vacación escolar y decidí que era un planazo irme al club y pasar el día, que estaba resplandeciente, en el jardín y la alberca, pues, en caso de que hubiera algún accidente, este sería menos grave y yo no tendría que ir y venir tantas veces. Total, era pastito y ya.

Me equivoqué.

Cabe mencionar que estaba embarazada. Para las que saben lo que es eso, no les tengo que explicar lo extenuante que algunos días puede resultar caminar demasiado: es como ir a marcha forzada. Como contra ti mismo. Como si tu cuerpo no respondiera. Todo cuesta más trabajo. Bueno, pues para mí era uno de esos días.

A la criatura le dio diarrea.

La primera vez dije: "OK, accidente más grave del esperado, no pasa nada". La llevé al baño, la limpié, limpié el lugar de los hechos, todo bien. Accidente dos, mismo caso. Tres, cuatro, cinco…, ¡¿qué está pasandoooooo?! Así no era la cosa. ¡Ese no era el plan! Lejos de tirarme en una tumbona, verla jugar en el jardín y llevarla al baño de vez en cuando, no hubo un minuto de descanso: fue puro estrés. Súmenle además el "no te muevas de aquí, voy a buscar algo para limpiar" a toda velocidad, esperando que la niña no huyera a la alberca y, encima de todo, se ahogara.

Afortunadamente no hubo accidente escatológico acuático; me hubiera puesto a llorar. Me acuerdo de ir y venir sudando y sintiendo que no lo iba a lograr y de pensar esquizofrénicamente: "Dios mío, ¡¡justo hoy que decido quitarle el pañal! ¿Así va a ser diario? Ya la aleccioné durante una semana, ahora tengo que apechugar… ¿cómo la voy a subir al coche así?, ¿y la noche?, ¿cómo protejo la cama? Híjole, y de dormir ni hablamos. ¿Le daré algo para que deje de hacer caca?". En el accidente seis me iluminé y dije: ¡basta!... Saqué el pañal de emergencia que traía en la pañalera y decreté: "Nos vamos a la casa".

¿Por qué les cuento esto?

Porque ser mamá es así…

No importa lo que hayas planeado, la vida tiene otros planes. **Muchas veces vas a sentir que remas contracorriente y no lo vas a lograr; las 800 mil preguntas en tu cabeza nunca paran y, en más ocasiones de lo que quisieras, hay caca de por medio.** Pero la moraleja principal de este episodio de mi maternidad es esta: siempre te puedes echar para atrás. Siempre puedes cambiar de rumbo. De sistema. Siempre, siempre, se puede recalcular el camino. Nunca es muy tarde para hacerlo diferente. Tener esto presente es importante porque habrá miles de veces en las que en la cabeza tengamos una idea y las circunstancias se impongan distinto y, por el bien de todos los involucrados, hay que saber cambiar el plan y hacer la paz con la realidad.

* * *

Uno de los cuestionamientos (internos y externos) más recurrentes en eso del replanteamiento de quiénes somos después de tener hijos, si eres mujer, es: "¿Trabajar o no trabajar?", y vaya que he ahí el dilema.

Yo empecé a trabajar terminando mi carrera, hace ya varios ayeres, y de ahí en adelante, durante un buen tiempo, me dediqué a eso: a chambear. Terminé haciendo algo que jamás pensé: marketing para una de mis grandes pasiones en la vida, el cine; cuando, según yo, iba a hacer comunicación organizacional (que, con todo respeto: ¡qué aburrición!). Fueron años divertidos, de aprendizaje y crecimiento; la pasé genial, encontré grandes amigos todavía vigentes, muchos maestros, dos grandes mentores y muchas experiencias de las buenas y las no tan buenas... pero, en resumen: ¡la pasé bomba!

Cuando nació nuestra primera hija, mi esposo y yo estuvimos de acuerdo en que el mejor regalo que podíamos darle a esta personita era un papá, o mamá, de tiempo completo y, en nuestro caso, como yo era "el restaurante", fui la afortunada ganadora de la rifa para quedarme en casa.

¡Qué lujo, la verdad, que alguien te patrocine para poder hacerlo! Es totalmente cierto que es agotador, cero glamoroso y por momentos lo único que quieres es sentarte a chillar preguntándote: ¿Dónde diablos quedaron tú y tu vida? Pero con todo y eso, la verdad es que acompañar a mis hijos durante esos primeros años y estar ahí —si puedes hacerlo— fue un privilegio que agradeceré para siempre a mi *sponsor* de maternidad: el papá de mis hijos.

Cuando me di cuenta, mis hijos de casi 10 y 7 ya prácticamente no me pelaban en las tardes. Era yo quien les preguntaba si querían jugar, cuando antes era al revés, y esto sucedía cada vez más seguido. Toda esa energía que antes canalizaba en todo lo que implican los niños chiquitos de pronto ya no tenía adónde dirigirla, y eso, al menos en mi caso, es muy peligroso.

Y entonces se pone bueno: ¿qué haces después de no hacer "nada" durante diez años?, ¿cómo regresas?, ¿a qué regresas?, ¿qué era lo que sabía hacer?, y ¿qué es lo que quiero hacer hoy? Me tardé un buen rato en poder bajar todos esos balones, hubo varias chambitas, varios proyectos fallidos y, sobre todo, mucha, MUCHA, angustia y reflexión.

Tengo una mamá, absolutamente sobresaliente en su ramo y a la que admiro profundamente, que terminó la carrera de medicina acabando de parir a su segunda hija.

O tal vez debería empezar antes… Mi mamá se casó con su profesor de Gastro de la carrera de medicina en la UNAM. Un doctor muy serio, diez años mayor que ella (que, vale la pena aclarar, estaba muy chava, pero era mayor de edad a nivel mundial, porque en estas épocas, más vale aclarar todo). A los escasos seis meses de conocerla, le propuso matrimonio y estuvo (me atrevo a decir) felizmente casada 51 años, cuando su compañero de vida, colega, profesor, decidió pasar a mejor vida (cosa que me sigue teniendo muy inconforme, carajo, qué mierda es que se mueran los papás).

Mi papá fue además, siempre, su más grande fan y su aventador de precipicios de cabecera, o sea, la persona que la empujó a hacer: hacer más, hacer mejor y seguir haciendo. Embarazados de mí, su primera hija, fueron de viaje a Suiza a conocer a un médico local que estaba empezando a usar un equipo nuevo que permitía asomarse dentro del cuerpo de las mujeres y ver a sus bebés por medio de ondas sonoras de alta frecuencia... eso que hoy conocemos como ultrasonido.

Tengo en mi casa, esa, mi primera foto, en donde no se ve absolutamente nada más que negro y una que otra raya blanca (muy probablemente grasa y agua), y algo que, dicen, es mi cabeza. Atrás de la foto está escrito con la letra de mi papá: *il figlio mio;* no le salió lo del *figlio*, porque le tocó una hija en lugar de hijo, pero lo que sí le salió fue decirle a mi mamá: "Esto es el futuro, tú tienes que especializarte en esto". Y así, la aventó al ruedo de congresos, cursos, libros y todo tipo de maneras para que ella se autoespecializara en eso de hacer ultrasonido, porque en esas épocas el tema estaba en pañales a nivel mundial.

Mi mamá, siendo mi mamá, no solo lo aprendió... es la rockstar en este país (aunque seguro me va a regañar por decir esto cuando venga a leer). No solo les ha visto la panza a miles de mamás en la comarca y ha sabido el sexo de todos esos bebés antes que cualquiera (incluyendo a sus nietos). Les ha visto la panza (las piernas, los brazos, los órganos vitales y otros lugares menos castos) a presidentes (así, en plural), celebridades, artistas, deportistas, señoras de Las Lomas y todo tipo de personajes. Les ha salvado la vida con su ojo paciente, experto y obsesivo por el detalle, a miles de personas y les ha dado paz a otras tantas rectificando diagnósticos mal hechos ¡y todavía más *cool!*, a gorilas, pandas y delfines cuando el zoológico ha necesitado ayuda.

Estuvo en las primeras cirugías *in uterus* para labio leporino y paladar hendido, invitada por el célebre cirujano plástico, el doctor Jesús Ortiz Monasterio, para ser la persona que lo ayudara a llegar al lugar exacto y lograr intervenir y corregir esa malformación exitosamente, lo que marcó un avance impresionante en la cirugía fetal a nivel mundial.

Mi mamá no hizo una especialidad en ultrasonido, porque no existía una especialización en ultrasonido. El ultrasonido la especializó a ella. Su pasión. Su tenacidad. Sus horas de trabajo. Su curiosidad. Su obsesión por la calidad total (que, probablemente, era uno de los principales rasgos en común que tenía con mi papá). Sus horas invertidas en aprender. Y seguir aprendiendo. Mi mamá fue una de las piezas claves en la elaboración del examen que ahora existe para especializarse en México en eso del ultrasonido. Y su nombre está detrás de cursos, libros, artículos y muchas formas de información alrededor de este tema que hoy es tan común, pero en el que ella, sin lugar a duda, abrió brecha.

Hoy, a sus 76 años, mi mamá sigue trabajando (me atrevo a decir que el trabajo la salvó de la pérdida de mi papá, lo que hace que sea totalmente independiente y el ejemplo viviente de por qué es indispensable lo del proyecto de vida profesional), sigue viendo pacientes, sigue formando residentes (que siempre acaban siendo *groupies*), sigue dando conferencias (y muriendo del estrés pretraumático cada vez, cosa que aparentemente le heredé), sigue aprendiendo y actualizándose continuamente y sigue siendo perseguida y amada por sus pacientes. No podría contar las veces que la gente me ha dicho "tu mamá me salvó la vida", "tu mamá salvó a mi bebé", "tu mamá me ayudó en un momento horrendo", "tu mamá me formó y me enseñó la profesión", "tu mamá es lo máximo"…

Mi mamá, sí, es lo máximo. Lo agradezco su ejemplo y todo lo que le implicó estar donde está y crecernos a mi hermana y a mí porque solo cuando eres mamá y te paras la chinga que implica trabajar y malabarear todo entiendes los precios que se pagaron; pero, por otro lado, es una cosa abrumadora tener un estándar tan alto de mujer/mamá/profesionista.

A mí me quedaba claro que la prioridad seguían siendo mis hijos, creo que la infancia es agotadora y demandante, pero lo mero bueno viene en la adolescencia, y hay que estar ahí y que sepan que estás. Aquí sigo.

Nadie nos dice que, en realidad, la chamba de una mamá no se acaba a ninguna edad.

En fin, por un buen rato, no encontré dónde trabajar, porque mi lista de requisitos para que me dieran trabajo era imposible. Obvio, todas esas cosas "indispensables" que "demandaba" eran de algún modo maneras de postergar o justificar por qué no lanzarme o, en otras palabras: puro miedo (si quieres saber esta historia completa, puedes ir a leerla en mi primer libro, *Las cosas que no nos dijeron*, en la página 187). Porque, aquí entre nos, llevar a tus hijos a la escuela, ir al yoga, desayunar con tus amigas, pasar al súper y ver con el tapicero lo del sillón, es una cosa deliciosa y dejarlo no es fácil; pero la verdad, es que para mí eso ya no era suficiente. Y entonces, salí a buscar trabajo.

Tener un proyecto de vida profesional ha sido una de las mejores decisiones de mi vida, y sin duda fue lo que me salvó cuando me separé, porque lo único que tuve que hacer fue apretar el acelerador, no ver por dónde diablos empezaba de cero.

Como decía mi abuelo: "El trabajo es la salud" (en mi caso, mental). Reencontrarme conmigo fue todo un descubrimiento; me sorprendió lo desconectada que estaba de mí misma. No me arrepiento ni un segundo de haberles dedicado esos años *full time* a mis hijos (lo volvería a hacer idéntico), pero volver a ser yo, a pensar, a ganar dinero, a acordarme de que soy buenísima para ciertas cosas (¡a ganar dinero!), a conocer gente nueva, a aprender, reaprender, desaprender y volver a ser parte de un equipo (ah, y lo de ganar dinero…, ¿ya lo dije?), fue como meter los pies en unas botas de borreguito después de un día entero de tacones tortuosos… ¡*Uff*…, se sintió delicioso!

También hay mamás que tienen que trabajar todo el día y los niños sobreviven, y, en muchos casos, mejor cuando la mamá les dedica menos tiempo, pero mejor tiempo; contrario a una que está todo el día ahí, pero viendo su celular. Hay mamás que tienen la opción, aunque no quieren dejar su momento profesional y eligen seguir avanzando; hay mamás que simplemente no quieren trabajar y pueden no hacerlo. Hay mamás de todos tipos y la verdad es que lo que realmente importa es que cada quien tenga derecho a ser el tipo de mamá que quiere ser y que las demás, lejos de juzgar, le demos la bienvenida y le permitamos (¡y ayudemos!) a ser lo que ella cree que es lo mejor para ella y SUS hijos.

La clave del éxito para que una mujer pueda balancear una familia y una chamba es una pareja que sea pareja en todo (incluso si ya no estás casada con ella). Que la equidad de género es dentro y fuera de casa, y que si bien hay roles claros —cada quien sus acuerdos—, la responsabilidad de la familia se comparte.

Me dijeron miles de veces: "Ay, es que qué suerte tienes tú, ya parece que mi marido haría eso". Y mi pregunta es: "¿Se lo has pedido? ¡Inténtalo!".

Creo que a los maridos, como a los hijos, los tenemos MUY inhabilitados. Cosas que nadie nos dijo: lejos de cargar con todo, SUELTEN. Se los dice una controladora profesional. **Muchas veces los hombres no cooperan ¡porque no los dejamos!, así que bajen sus estándares de control y calidad obsesiva a cambio de un poco de libertad y equidad.**

Pero ser mamá es, solo, una parte de la vida. Y eso es algo que tenemos ¡urgentemente! que empezar a decirles a nuestras hijas.

Nunca me cansaré de decir que no podemos enfocarnos solamente en criar. Que tenemos que desarrollarnos en otras áreas. Buscar con qué alimentarnos el alma, la cabeza, el cuerpo, el espíritu y sí, por supuesto, la cartera. Que entre mejor nutrida estés tú, mejor vas a poder nutrir a los demás. Que tienes que pensar en ti primero (en la medida de lo posible, evidentemente), que no te dejes a ti para después. Que el principio de la mascarilla de oxígeno debería ser la primera ley de la maternidad: nada va a estar bien, si tú no estás bien. Mana, primero vas tú.

* * *

En el camino de ser papás y mamás tenemos siempre el enfoque puesto en ellos, los hijos. Eso explicaría por qué tantísimos papás mandan a sus hijos a terapia, pero ellos no han hecho ni media hora de trabajo personal pensando que el problema son ellos, los hijos: "que nos los arreglen, por fa, nosotros tenemos todo bajo control" (yeah, sure). Pero una de las cosas más importantes que nadie nos dijo es que, como en cualquier otra relación, siempre se trata más de ti —de uno— que del otro.

Las tres cosas que, consultando con mis amigas psicólogas, ustedes, papás, les preguntan más frecuentemente a los psicólogos de sus hijos (o incluso a los propios si, como yo, son del team "todos tenemos que ir a terapia") son estas:

1. ¿Qué hago para que se quiera y se acepte como es?
2. ¿Cómo le enseño a decir que no?
3. ¿Cómo le hago para conectarme con él/ella?

La cosa, señoras y señores, es que seguimos pensando que formar personas es algo que se puede manufacturar. Que con inscribirlos a todas las clases, estando en las mejores escuelas y dándoles todo lo que quieren, o pensamos que necesitan, se puede lograr. Que la terapia los compone de lo que no funciona y que, en general, somos las que les van a resolver y administrar su vida. Les tengo una noticia: no funciona así. Porque resulta que, para formar personas, lo más importante de todo lo importante es lo que les enseñas a través de lo que haces, no haces, eres, y no eres... tú.

Entonces, cuéntenme...

¿Cómo le vamos a hacer para que se quieran y se acepten como son si estamos en guerra permanente con nosotras mismas? ¿Cómo te hablas? ¿Cómo te ves? ¿Cómo validas tus emociones?

Vamos de un tratamiento a otro. Vivimos a dieta. Hablamos de nuestras insatisfacciones físicas continuamente. Nos hacemos todo lo posible para vernos "jóvenes", vivimos malcomiendo, la mayor parte de la vida muertas de hambre y de malhumor con tal de ser talla 0 y parecer "hermanas" de nuestras hijas.

¿Cómo vamos a conectar con ellos si estamos completamente desconectados de nosotros? Hemos perdido la capacidad de escucharnos. De identificar y validar nuestras emociones y nuestras propias necesidades. De conectar con nuestra intuición. Vamos por la vida como gallinas descabezadas tratando de palomear y cubrir las necesidades de todos y la de cumplir con lo que la Real Academia del Jet Set nos dice que tenemos que cumplir, haciendo lo que nos dice la sociedad que hagamos, en lugar de buscar dentro de nosotros las preguntas y las respuestas o, por lo menos, lo que sentimos ante lo que sucede, lo que nos duele, lo que nos hace, o no, felices.

Las respuestas rápidas a esas tres preguntas serían:

1. ¿Cómo hago para que se quiera? Queriendo, aceptando y celebrando quién eres. Haz la paz contigo, mana, esto es lo que hay, acéptalo de una vez.
2. ¿Cómo le enseño a decir que no? Deja de ser un *people pleaser* de tiempo completo y querer ir por la vida acomodándote a los demás. Hay que dejar de decir que sí por miedo a decir que no en todas las áreas de la vida. Hay que poner a chambear nuestro pensamiento crítico y aprender a cuestionar absolutamente todo, en lugar de pensar que calladitas nos vemos más bonitas.
3. ¿Cómo le hago para conectarme con él/ella? Cállense tantito, mamis y papis, nuestros hijos no necesitan tanto choro, la comunicación no es hablar sin parar... tiene mucho más que ver con escuchar.

Lo que nuestros hijos necesitan para sentirse conectados es sentirse validados, reconocidos. Que conozcamos su mundo. Su música. Sus amigos. Que los dejemos ser. Y hacer. La queja número uno de los chavos en los consultorios es: mi mamá me da instrucciones, me resuelve o me critica, pero nunca me dice lo que hago bien o me deja hacerlo solo porque dice que no voy a poder. No sabe de quién le hablo, no me pela cuando le cuento, no se interesa en lo que a mí me importa.

Pero ¿cómo construir eso realmente?; ¿cómo "resolver" esas tres preguntas de raíz?

El nombre del juego es...

A U T O E S T I M A

¿Cómo se construye la autoestima?

- Conociendo, asumiendo y aceptando quién eres con todos tus lados, estando en continua observación y curiosidad de ti mismo.
- Detectando tus fortalezas y debilidades.
- Haciendo y pensando las cosas por ti mismo.
- Saliendo de tu zona de confort una y otra y otra vez.
- Aprendiendo continuamente.
- Cultivando relaciones positivas y constructivas. La autoestima tiene mucho que ver con el vínculo que tenemos con los demás.
- Poniendo límites. A nosotros y a los demás, como el Palitos 1 del cuidado personal.
- Estando conscientes de nuestro diálogo interno. ¿Cómo te hablas a ti mismo? Y aprender a medirte con la misma vara que mides a los demás.
- Dándonos permiso de equivocarnos.
- Sabiéndote útil y necesario para los demás. Sirviendo.

La autoestima no solo define cómo te sientes contigo, sino que también afecta todos los aspectos de la vida, desde tus relaciones hasta tu capacidad para alcanzar tus sueños. Es el pilar de nuestra salud emocional. La autoestima es autocuidado.

Olvídense de todas las demás tarugadas. Lo que nos urge asegurarnos que tengan no son fiestas, ni planes, ni marcas, ni *likes* en Instagram, lo que necesitamos es autoestima.

Entonces tal vez la pregunta principal hoy es…

¿Cómo están ustedes de su autoestima?

¿Qué áreas pueden mejorar?, ¿con qué tienen que hacer la paz?, ¿a qué tienen que decir no, ni un día más, esto no

La
autoestima
es
autocuidado.

va a pasar?, ¿qué tan independientes son?, ¿cómo se hablan a sí mismos?, ¿se dan chance de fallar?, ¿cuál es su causa?, ¿qué hacen realmente por los demás?, ¿qué relaciones tienen que terminar, cuáles los nutren de verdad?, ¿qué tanto dices que sí por no decir que no?, ¿qué miedo les urge enfrentar?

Chance tendríamos que dejar de ir a preguntar por nuestros hijos y empezar a hacernos estas preguntas revisando nuestra propia autoestima y entonces… tal vez… podamos enseñarles a nuestros hijos a construir la suya. Para que se quieran. Para que sepan decir que no. Y para que podamos, realmente, conectar.

Porque solo alguien que está bien consigo mismo tiene la capacidad de estar bien con los demás, de no dejarse manipular por el entorno, ni aceptar menos de lo que sabe que merece o merecen los demás.

Amigos, dense cuenta…

Todo lo que quieres para ellos… lo tienes que querer y hacer, primero, para ti.

* * *

Regreso al tema del proyecto de vida profesional… Tenerlo no solo hace que crezcas, que tengas temas de conversación distintos al "me come papa, me come poro, me come calabaza"; que veas gente diferente, que te orees un rato de vez en cuando y que disfrutes millones más los tiempos que pasas con tus hijos. Que ganar dinero te pone en otro lugar, y en igualdad de circunstancias con tu pareja, aunque ganes menos. Que permite que te des tus gustitos sin andar pidiendo permiso. Comprarle un regalo con tu dinero a tu esposo. Y antes que cualquier otra cosa: estar en una relación solamente porque quieres estar, no porque estés atrapada ahí o porque no tienes con qué irte.

Importante decir que tener tu lana implica manejar tu dinero, tener tu propia cuenta de banco, tu propia línea de crédito y saber dos rayitas de inversión para hacerlo crecer. Habría que empezar a meter clases de educación financiera en las escuelas en lugar de pendejadas que no sirven para nada. Y nunca es tarde para meterte a un cursito, mana, ¿lo has pensado?...

Pero chambear no solo es para ser libre: chambear puede ayudar a resolver o salir más rápido del hoyo si todo sale mal, porque nada en la vida es estático. Las cosas cambian, los maridos se quedan sin chamba, las empresas quiebran, los esposos se mueren, se van, los dejas. Tener un sueldo hace que tú puedas ser la que salve el reino cuando el rey se quede sin corona. Y si nada de eso te pasa (que, créeme, te lo deseo), tener dos entradas de dinero implica mejores vacaciones para todos y que la calidad de vida general se potencialice.

Dos días después de que mi exesposo se fue de mi casa era mi primer bazar de emprendedoras. No podía ni respirar, me dolían los ojos de tanto llorar y, de todas maneras, tuve que levantarme. Nunca terminaré de agradecer haber tenido tanto trabajo durante esos meses y que me hizo pararme de la cama. Eso, mi red de apoyo y mi terapia fueron sin duda alguna la razón por la que no me morí, aunque tuviera muchas ganas.

El trabajo te hace fuerte, te enriquece y te hace, sin duda, ser mejor mamá. Nadie se organiza mejor que una mamá trabajadora. Los hijos se vuelven mucho más independientes y responsables. Los papás aprenden a entrarle (si les das chance) y tú aprendes que, si bien no existe el balance perfecto, es perfectamente posible. Insisto, cada cosa en su tiempo y en su momento, y cada quien dependiendo de sus circunstancias. Nadie nos dice que los hijos se van muy rápido a hacer su propia vida y eso además duele un chingo. Nunca será fácil dejarlos ir, pero si les dedicaste tu vida solo a ellos, cuando llegue el momento de que se vayan, créeme, será mucho más pinche y probablemente una de las razones por las que tantas se vuelven la abuela metiche o la suegra incómoda o la pareja que no tiene otra cosa en común que los hijos y, pues, ¡ceeero queremos ser esa persona!, ¿o sí?

Manas, hay que tener una vida. Constrúyanla.

Hay que dejar de agarrarnos de nuestros hijos y nuestras parejas y aprender a agarrarnos de nosotras. Cuando le platiqué a mi mana Laura Manzo que me iba a separar, y en mi angustia catastrófica galopante del momento le dije: "Güey, ¿de qué me voy a agarrar, cómo le voy a hacer?". Ella me dijo: "Te vas a agarrar de ti"… y sí. Nadie nos dijo que la vida depende de uno mismo y que, entre mejor te construyes a ti y tu vida, mejores relaciones puedes establecer con los demás.

La razón más importante para tener un proyecto de vida profesional es que tu vida sea tuya y que nunca le peses a nadie, pero especialmente a tus hijos, ni económicamente, ni haciéndoles sentir que sin ellos no eres nada.

Que puedan irse a sus vidas en paz y no estar perpetuamente con el Jesús en la boca por su mamá. Que si enviudas puedas retomar tu vida, como mi mamá. Que si te separas no se te caiga el mundo y puedas salir adelante, como pude yo. Que tu mundo no depende de nadie más, como me prometí que nunca me vuelvo a dejar que se me olvide y para lo cual me compre una pulserita con brillantitos, para recordarme que el compromiso es siempre, primero, conmigo (y que no necesito que nadie me compre nada).

Mana, sirves para millones de cosas más que para ser mamá, aunque ya no te acuerdes; la chamba de ser mamá nos desarrolla miles de talentos ocultos, piensa en cuál te gusta más, cuál te sale mejor, cuál te hace feliz… y mone- tízalo. Te garantizo que será la mejor decisión de tu vida, ¿sabes por qué?, porque trabajar, ganar tu propia lana y sentirte útil es el más grande generador de felicidad y nadie nos lo dijo, pero no hay nada mejor que podamos hacer por nuestros hijos que ser felices.

La otra razón fundamental de tener un proyecto de vida profesional es el ejemplo. Necesitamos que nuestras hijas crezcan viendo a una mamá independiente, que gana su lana y que hace otras cosas para que ellas quieran hacer lo mismo, pero también porque si hay un seguro de vida que les podemos dar es enseñarles a ser financieramente independientes para que estén en pareja única y exclusiva- mente porque quieren estar, con quien quieran estar y no porque estén atrapadas.

Ser financieramente independientes es el ejemplo y el regalo más poderoso que debemos darles a nuestras hijas: no estés con nadie por dinero. No permitas nada por dine- ro. No te hagas chiquita por dinero. Gana tu dinero y elige dónde y con quién quieres estar. Tener tu propio dinero es tu libertad, no se hagan bolas, señoras: el feminismo em- pieza por la cartera.

La independencia económica es la libertad, queremos hijas libres. Y necesitamos que nuestros hijos crezcan viendo que es absolutamente normal que las mujeres trabajen y los hombres se involucren en las labores domésticas y de crian- za; queremos hijos que busquen mujeres independientes que sean parejas y compañeras, no personas a su servicio y su merced. Olvídense de todas las demás razones: nues- tros hijos nos están viendo… ¿qué queremos que aprendan y qué herramientas les queremos dar para el futuro?

* * *

La primera junta para empezar este libro, que habla de los hijos, de ser mamá, de si trabajar o no, de cómo priorizar y de todas esas cosas que no nos dijeron, la tomé en el pinche tráfico de Polanco una tarde de septiembre rumbo a recoger al de 17 que salía de la escuela. Porque escribo libros, tengo un pódcast, una columna en Panorama de *El Heraldo*, doy conferencias por todos lados, paso muchas horas en aviones y aeropuertos, trato de tener vida, pero, sobre todo, soy su Uber Black siempre que estoy en la localidad.

El texto que estás leyendo en este momento lo escribí en mi celular en formato de *mail*, durante una asamblea de condóminos (absolutamente eterna e infernal a la que no podía no asistir) del lugar en donde vivo.

La realidad es que ser mamá, mujer, tener una carrera profesional y vivir en la Ciudad de México tiene muchos grados de dificultad y a veces es complicado malabarear todo sin que se te caigan las pelotas. La otra verdad es que uno aprende a organizarse y que los hijos no solo se adaptan, sino que se vuelven mucho más independientes cuando no estás solo a su merced, si sabes darles la atención y la prioridad necesaria. Y sí, prefiero mil veces vivir así que de cualquier otra manera.

Mi mamá trabajó toda la vida. Mi papá siempre la apoyó. Para mí, nunca hubo otra opción. Y cuando me apendejé tantito y pensé que lo mío era solo "ser mamá", recuerdo que (no mucho después de que nació mi segundo hijo) mi papá me empezó a presionar: "¿y usté qué, mija, ora qué va a hacer, qué sigue?" (mi papá no era ranchero, pero, por alguna razón, le gustaba hablar como uno cuando hablaba en serio). Ante lo cual yo respondía: ¿De? ¿Por? ¿Quééé?... ¡Yo soy mamá! ¡Eso solito es una chamba! Y su respuesta era: "Sí, pero usté da para mucho más que eso, no se quede ahí, mija bonita, piensa qué más va a hacer". Muy poco antes de que muriera mi papá, mi ex y yo tuvimos una gran crisis y cuando le fui a pedir consejo frente a la posibilidad de separarme, lo primero que me preguntó fue: "¿cuánto ganas?". No: "¿qué pasó?", no: "¿cómo te sientes?", no: "¿cómo se puede arreglar"… *¿Cuánto ganas?*

Yo ya había echado a andar este proyecto llamado L'Amargeitor (o el proyecto me había echado a andar a mí), pero ni en mis sueños más guajiros estaba donde estoy ahora. Y gracias a que ya tenía alguito cuando por fin me separé, lo "único" (y lo digo entre mil comillas) que tuve que hacer fue pisar el acelerador, a diferencia de si hubiera tenido que empezar de cero que, me parece, debe de resultar mucho más difícil.

Por eso siempre voy a insistir en que hay que tener algo, un proyecto profesional que te haga feliz, que te dé, aunque sea, un poco de dinero y te permita hacerlo crecer frente a una crisis, o crecerlo solo porque sí. Porque la vida no siempre sale como planeamos, manas; porque los maridos se van, se mueren, se quedan sin chamba, los negocios truenan y porque, incluso si todo sale bien, tú tienes que tener tu lana. Tu vida. Tu plan. Y así, decidir estar con quien quieras estar, o irte el día que ya no sea tu lugar. Y, si todo sale bien, ¡mejores vacaciones para todos!

Cubrir todos los roles de una mujer del 2025 es, por decir lo menos, extenuante. Pero es también muy, muuuuy gratificante saber que solo me necesito a mí. Y que sí, yo solita puedo (casi siempre).

Cuando la cabeza se me hace bolas y me da la angustia catastrófica galopante, lo cual me pasa bastante seguido, procuro recordarme a mí misma que siempre voy a poder, como me dijo mi papá que siempre está conmigo en mi cabeza, en mi corazón y acompañándome en todas mis decisiones. Siempre que no sé qué hacer, pienso: ¿qué haría mi papá?, ¿qué diría él?, ¿cómo lo resolvería?

Me encantaría que pudiera verme hoy; creo que estaría muy orgulloso de mí, y aunque mi síndrome del impostor se intente apoderar seguido de mí, estoy segura de que mis hijos también pueden ver que su mamá, lejos de quedarse sentada llorando cuando la vida se le rompió (porque vaya que lloro), decidió tomar la oportunidad de salir a crecer porque sí, como dice la amiga Shakira... "las mujeres ya no lloran, las mujeres facturan".

CAPÍTULO 5

La cueva ñacañaca

... Así le decía mi profesor de psicología de prepa a la adolescencia. Y sí, así es.

La adolescencia es la etapa más temida y con peor marketing a nivel mundial en cuestión de hijos. Los pobres chamacos tienen muy mala fama y yo, francamente y aunque por supuesto también padezco por momentos de las hormonas de mis hijos, opino que ellos tienen poca culpa de lo que sucede durante esos años y el "problema" tiene mucho más que ver con dos factores. El primero, que efectivamente es un tema biológico y neurológico que va mucho más allá de su control. El segundo, nosotros, sus papás.

Los hijos, salvo algunas muy pocas excepciones en donde hay alguna enfermedad mental o física involucrada, prácticamente siempre serán el resultado de sus padres; el niño "problema" solo es el reflejo de lo que está sucediendo en casa y lo que hace, o no hace, es la manera de externar que algo lo está lastimando, alterando, desprogramando; que lo vemos, o no lo vemos.

Lo primero que nos tendrían que decir cuando tenemos hijos es que todo, absolutamente todo lo que hagas (o dejes de hacer) desde el minuto en el que nace tu bebé, va a contribuir a formar a la persona en la que se convertirá. Que no importa cuántas cosas le digas, va a aprender sobre todo de tu ejemplo, y que sí, como en todo lo demás, vas a cosechar lo que siembres y la primera de esas cosechas es, sin lugar a duda, la adolescencia.

Es una chingadera tremenda de la vida que casi de un día para el otro nuestros hijos dejen de ser nuestros *groupies*, ¿a poco no? Es físicamente doloroso el *statement* que hace un puberto de tú no eres yo y hazte para allá porque qué pena me das —pero claro, "dame dinero, quiero un celular, llévame a la fiesta y cómprame ropa porque toda la que tengo está espantosa y es de teto"—. Esta dualidad entre que no pueden vivir sin nosotros todavía, pero no nos soportan, es francamente desquiciante, ¡y muy peligrosa!, porque basta que estés tantito fuera de tu centro en *ese* momento preciso, para engancharte con ellos por cualquier tontería y que arda Troya.

Porque la otra cosa que no nos dijeron es que cuando a tu adolescente le llegue la montaña rusa hormonal a ti también te llega la tuya. La peri/menopausia es en la vida de las mujeres un cambio hormonal igual de fuerte (e incluso más) que la adolescencia y, en una muy mala broma de la madre naturaleza, ambas cosas suceden al mismo tiempo. A nadie que esté pasando por esto (hombres o mujeres) le tengo que explicar lo cero divertido que se pone por momentos eso de la convivencia mamás e hij@s con hormonas alebrestadas. A las y los que aún no llegan ahí, me parece que es mi obligación decirles: abróchense los cinturones.

Hay que empezar a decirles a las nuevas generaciones de papás que no solo se informen de adolescencia, también hay que empezar a saber —mucho— de menopausia, porque no solo se trata de las hormonas de ellos, se trata también de las de nosotras. Chance así el combo sería menos explosivo porque, insisto: la información ES poder. Chance así nosotras estaremos mejor preparadas física y mentalmente para navegar la transición hormonal. Y chance así, los señores entenderán mejor a sus señoras, para poder navegar con ellas ese momento de la vida sin encasillarlas en el "está histérica"; saber qué esperar de ambos lados y poder ser un mejor facilitador, en lugar de un elemento más en contra de las circunstancias.

La cosa es que hace cinco minutos eran unas extensiones de nosotros, unas rémoras dependientes y amorosas y ahora, sin previo aviso, resulta que no. Que son ellos, pero como no saben quiénes son, entonces necesitan encontrarse y para que eso salga bien nosotros tenemos que hacernos para atrás.

Es como llegar a tu oficina a trabajar después de catorce años y que te reciban con un policía, una caja, un aviso de que a partir de ese momento tus servicios ya no son requeridos y, además, no te liquiden por falta de fondos.

Sí, sí es un duelo. Y sí, sí se vale llorar, tantito.

Está muy cañón desprendernos de la infancia de nuestros hijos. De los roles que jugábamos como papá y mamá. De la enorme satisfacción que daba tener todo "bajo control", de que existieran los horarios de dormir, de comer, de jugar y nadie los refutara. Y de que, sobre todo, estar con nosotros fuera el *highlight* de sus días y eso hiciera que todo valiera la pena.

Me parece que es muy importante validarnos y darnos chance de sentir ese miniduelo, y después necesitamos limpiarnos los mocos y aceptar que el juego ya no va a ser el mismo, que las reglas van a tener que cambiar, que la dictadura perfecta se acabó y tendremos que dar pie a una democracia y que todo eso que tan bien nos había funcionado ya-no-a-pli-ca.

Tendremos que aprender, otra vez, a ser papás y mamás de estos nuevos entes… Por supuesto, los principios, las leyes fundamentales y las bases serán las mismas. La autoridad seguiremos siendo nosotros y siempre tendremos el derecho de veto y la última palabra en cuanto a su seguridad y sus límites.

Peeeeero…

Necesitaremos reinventarnos como papás y mamás. Nuestros hijos van a necesitar otras cosas de nosotros y deberemos estar listos para adaptarnos, saber dárselas y encontrar otras maneras de comunicarnos, otros métodos para conservar, reinventar y fortalecer el vínculo que tanto cuidamos cuando eran niños, otros sistemas para establecer relaciones cercanas, respetuosas, duraderas.

Otros modos de disciplinar, de ser el jefe, de contener y de guiar porque, que quede claro, no se trata de abandonarlos a su suerte y desentendernos, ¡todo lo contrario! Solo que ahora habrá que hacerlo con sistemas diferentes y personitas opinionadas y con su propia agenda (por si se andaban sentando en su zonita de confort y para que no se aburran).

Re-conocerlos, aceptarlos y respetarlos, no como nuestros…, como ellos. No como quisiéramos que fueran o hicieran, sino como ellos van aprendiendo a ser.

Tendremos que abrir espacios para permitirles decidir, asumir, opinar, arriesgarse un poco, equivocarse mucho y experimentar bocanadas de libertad tratando de que no se pongan (demasiado) en riesgo. Ensayos, errores, corazones rotos y mecanismos de reconstrucción y resiliencia para seguir construyéndoles el alma y ayudarles a encontrar herramientas para aprender a resolver lo que la vida les mande.

Ese es el objetivo y lo que hará que la friega, las discusiones, las puertas azotadas y las malas contestadas valgan la pena. No hacerlo hará que esta nueva etapa sea un viacrucis para todos los involucrados; la tensión hace que las cosas se rompan y ¡lo que menos queremos es romper con nuestros chavos!, porque, ¿qué creen?, si rompemos ahorita, no podremos volvernos a acercar cuando sean adultos; la relación de hoy será la de mañana y la única manera de lograr una saludable es aprendiendo a ser flexibles y *updatear* nuestros sistemas y tal vez así, de pasada, nuestros chavos no tengan la necesidad de rebelarse con tanta vehemencia, y transitemos todos una adolescencia más pacífica.

Esa es la apuesta.

Pero ¿cómo chingados se hace todo eso?...

La respuesta oficial no la tengo porque, acuérdense, no soy psicóloga. Pero sí soy mamá y, al día de hoy, mis hijos me han salido bastante bien y son uno de mis mayores orgullos. Me queda claro que son ellos, por ellos y no por mí, pero creo que hay algunas cosas de mi parte que les han ayudado a construirse y que por más flojera que me dé o por más grandes que los vea, sigo regresando a estos cinco puntos fundamentales para apalancar mi maternidad y construir mi figura ante ellos desde el día que nacieron:

- La constancia. Que lo que digo, se haga, o no se haga, como dije y cuando dije, cada vez que lo digo.
- La congruencia. Que lo que digo haga *match* con lo que hago.
- La contención. Que los límites se ponen y se respetan sin importar las circunstancias.
- La claridad. Que su papá y yo somos los adultos responsables a cargo de ellos. Siempre.
- La calidad. Que siempre que tengo duda en el presente y algo me hace flaquear pienso en el resultado a largo plazo que quiero en este proyecto de formar a estas dos personas, y me pregunto: ¿qué tipo de adultos quiero que sean? y ¿cuál es la consecuencia a largo plazo de permitir A o B; de enseñar esto o aquello; de actuar de esta o esa forma?, y, entonces, decido y actuó acorde.

La adolescencia nunca ha sido más fácil, y no, los adolescentes no están fuera de control, los que estamos absolutamente descontrolados somos nosotros, sus papás. En alguna parte del cuento nos salimos del camino y empezamos a creer que nuestra chamba es la de ser sus cuates y, pues, no sé si ya se dieron cuenta, pero el resultado es bastante insatisfactorio. Me atrevo a decir, catastrófico.

La hormona es la hormona, pero sí pienso que hoy el factor "la estúpida sociedad en la que vivimos" y, por supuesto, la maldita pantallita que les ponemos (¡nosotros!) en sus manitas, le sube varias rayitas al grado de dificultad que ya de por sí representaba. Los escuincles están más sobrados que nunca. Y los papás absolutamente confundidos en cuanto al rol que les toca.

Las cosas no pasan de repente.

Los niños no se salen del huacal estrepitosamente, los empujamos, o no, nosotros: sus papás, todos los días, con acciones pequeñas e insignificantes que se van sumando y que van permitiendo que el niño gane terreno o se quede donde le corresponde. Las cosas salen mejor, o peor, dependiendo de la congruencia que tú, su adulto responsable a cargo, sepas transmitirle con tu ejemplo y con tus decisiones.

Por alguna misteriosa razón, los papás modernos creen que cuando los niños se vuelven adolescentes ya son grandes y no necesitan estar, y la realidad es que la cosa es totalmente al revés. ¡La adolescencia es cuando MÁS hay que estar! Cuando necesitan ser vistos por sus papás y *apapachados* por sus mamás, cuando necesitamos estar a las vivas, conocer a sus amigos, tener conversaciones y estar disponibles para lo que sea. Solo que esta vez con un mayor grado de dificultad porque hay que hacer todo eso, pero sin que se note. Y en lugar de eso, nosotros estamos interpretando la adolescencia como: "¡perfecto, ya es grande, mi chamba aquí está hecha y ahora solo me queda 'apoyarlo' para que sea feliz".

#TodoMal.

El que tenga tienda que la atienda, ¿no? Pues idéntico con los pubertos. Este es el momento de la vida en el que van a hacer todo lo posible por confirmar que, no importa lo que hagan, nosotros seguimos ahí. Firmes. Congruentes. Bien plantados.

Van a hacer toooodo lo posible por brincarse las trancas, "luchar por sus derechos" y rebelarse contra la autoridad que, se supone, somos sus papás. Y tu trabajo, papá, mamá, es *apechugar*.

Saber que eso va a pasar y prepararte para la batalla.

Lo que hará que transiten por la adolescencia más o menos tranquilos es la contención que les des. En la medida que ellos sientan que son vistos y contenidos por ustedes tendrán menos necesidad de hacer idioteces y, con tantita suerte, serán un poco más sensatos.

La mejor manera de apoyarlos es que sepan que pueden confiar en ti y contar contigo para todo, que cuando tengan un problema seas la primera persona a la que quieran llamar, pero sabiendo que no les vas a resolver la vida y que, si la cagan, van a tener que asumir las consecuencias. Eso los hará personas responsables de sus actos. No unos niñitos que cada vez que "rompan" algo esperan que lleguemos a salvarlos.

El problema principal de los adolescentes somos nosotros. Los adultos "responsables" a cargo de ellos, que no estamos siendo responsables.

Eso y por supuesto el nuevo factor que viene en combo: la ya mencionada pinche pantallita y las redes sociales. Sugiero que empecemos por gobernarnos nosotros en esta área.

¿Se han dado cuenta de todas las pendejadas que ponemos ¡nosotros! todos los días? ¿Cuántas fotos en bikini subes cada vacación, mana? ¿Cuántas con *duck face*? (que, insisto, es la antítesis del *sexyness*), ¿cuántas enseñando casualmente las chichis? ¿En la peda con los cuates? ¿En la F1? ¿En el partido de México? Y en básicamente cualquier evento o viaje al que asistimos. Estamos enseñándoles que está perfecto estarse publicando *sexosamente* y que *pederear* lo que tenemos, comemos y hacemos nos hace relevantes. Pero, sobre todo, les estamos enseñando que la autovalidación viene de los *likes*, y que la autoestima depende de cuántos seguidores tenemos. Qué peligro.

No hay manera de hacer bien la chamba de papás si estamos haciendo tan mal la de personas. Las redes sociales son un ejemplo muy rudimentario, pero sirven para explicar muy bien que nuestros hijos, esos que tanto padecen, están simplemente imitando nuestras propias conductas.

La adolescencia no es el enemigo. El enemigo somos nosotros, que estamos más preocupados por ser *cool* y ser socialmente aceptados sin tener ninguna conciencia de las implicaciones que va a tener en el futuro de nuestro país esta generación de niñitos bien, que no tienen idea de lo que va la vida sin filtros y sin consecuencias.

Queremos que estén en "las mejores escuelas" (que, perdón, pero: ¿cuáles son esas?, ¿las más caras?, ¿las más bonitas?, ¿las que "hacen relaciones buenísimas para toda la vida"?, ¿la internacional?, ¿la de la esquina de tu casa?, ¿la incluyente?, ¿la religiosa?, ¿cuál?... y ¿según quién?). Que tengan una vida social (abrumadora y ridícula), que "no se dejen", que "no sean los únicos que no tienen x o y porque pobres". Que vayan a clases de todo para que sepan defenderse, relajarse, hablar inglés, dominar las matemáticas, nadar, estar en una liga de fut, en un club de jazz, en clases de costura, en el catecismo..., *you name it!*... No importa que coman en el coche, ni que sus niveles de estrés estén a tope: el chiste es que estén en todo porque así dice la Real Academia del Tren Mame que tiene que ser.

Tampoco importa que el costo de eso sea altísimo —obvio en cuestión de lana—, pero sobre todo para nosotros, que nos gastamos la vida siendo el chofer, histéricos, cansados, gritando que se pongan el uniforme en chinga en lo que se comen su sándwich en el coche o mandándolos tranquilamente con choferes porque el niño "está feliz en sus ocupaciones", viendo su pantalla entre un trayecto y otro con una persona que, por más de confianza que sea… es un desconocido.

Total que somos mamás/papás "muy al pendiente de nuestros hijos, porque todo el tiempo estamos en contacto por WA" y, sin embargo, el índice de depresión, suicidio, miedo y ansiedad en los niños, adolescentes y jóvenes es el más alto en la historia de la humanidad, desde que se tiene registro.

¿Qué estamos haciendo mal, mamá, papá?

Todo.

Nadie nos dijo que lo más importante era formarles el alma. Construirlos por dentro. La Real Academia del Tren del Mame nos dice que se trata de producirles una vida diaria espectacular y perfecta, libre de cualquier contratiempo. No es cierto. Eso no les va a servir para nada, y si lo seguimos haciendo, los índices de depresión, ansiedad y suicido solo irán al alza.

¿Sabían que, de acuerdo con el INEGI, el suicidio es una de las principales causas de muerte en jóvenes de 15 a 23 años?

Esto, discúlpenme que les diga, tiene que estar directamente relacionado a cómo los estamos construyendo y de qué los estamos "armando" para enfrentarse a la vida.

Nos enfocamos (y les enseñamos a enfocarse) no en lo que tienen, sino en lo que les hace falta. Siempre más, de lo que sea, e inmediatamente; eso de enseñarles a esperar ya no se usa. ¿Dónde quedó la parte de practicar la tolerancia a la frustración que les permitirá ser adultos contenidos y resilientes?

Nos enfocamos en que tengan, en que estén, no en que sean y puedan.

Creemos que se pueden "traumar" si son los "únicos" sin *ESO* tan importante que "si fuera por ti, no permitirías. Pero es que pooobre...", aunque eso implique darte un balazo en el pie.

No les damos responsabilidades en casa porque "están chiquitos" (pero saben prender y buscar absolutamente cualquier cosa en una pantalla) o porque "se nos hace tarde" y entonces mejor lo hacemos por ellos para que sea más rápido; los dejamos hacer planes nefastos en muchos sentidos "porque no lo puedo dejar fuera" y ni hablar de que algo les cueste tantito trabajo, como que él le hable a su amigo para invitarlo porque "más rápido yo le mando un WA a la mamá"; ni mucho menos dejarlos resolver una situación o cuestionarse qué podrían hacer ante cualquier cosa.

O aprender esa habilidad tan indispensable en la vida que es saber pedir ayuda si la necesitan... ¡Vaya, ni siquiera los dejamos tener el problema!

Creemos que nuestro trabajo es ahorrarles todo, hacer todo por ellos, que no sufran, que no se desesperen, que no se enojen, que se sientan los campeones y las princesas del mundo y pensamos que con mandarlos a terapia ya *palomeamos* lo de la parte emocional.

Y la pregunta es: ¿de verdad piensas que un día se va a levantar y mágicamente va a ser responsable, empático, con causa y preocupado por el país en el que vive? ¡Por Dios! La gran mayoría de la élite mexicana conoce todos los rincones del mundo (¡y qué increíble!, no tengo nada en contra de eso), pero jamás han viajado por México;

van a playas en hoteles de lujo, pero no se asoman a sus caminos, sus pueblitos, sus paisajes, su gente, su pobreza, su espectacular riqueza: su realidad. Y, por lo tanto, esos niños no pueden entender lo privilegiados que son. No tienen punto de comparación, creen que la vida es así, fácil, en barcos espectaculares y comprando bolsas que valen lo mismo que el ingreso trimestral de algunas familias y que el único verdadero problema es no tener wifi disponible.

No hay manera de que México mejore si tenemos a nuestros hijos en una burbuja.

Lo que necesitamos hacer es formar personas que crezcan sabiendo que son agentes de cambio. Que somos la clase privilegiada y que eso implica una gran responsabilidad. Personas a las que el privilegio no les nuble la empatía.

Personas resilientes que se engrandezcan ante la adversidad. Hay que dejarlos tener problemas y resolverlos. Hay que enseñarles a S-E-R-V-I-R (en toda la extensión de la palabra), a actuar, a resolver, a reflexionar, a buscar soluciones y a ser conscientes de las consecuencias de cada cosa que hacen y que dicen. A aportar.

A saber que la única manera de aprender es equivocándose. Permitiéndoles equivocarse. Viéndolos equivocarse. Nadie nos dijo que era al revés, dejarlos perder y fracasar para que aprendan a triunfar.

Estamos educando para TENER más y no para HACER más. Ese es el problema. Y es que el trabajo de educar no es responsabilidad de las escuelas, es nuestro.

Como dice mi sensei favorita, y autora del prólogo de este libro, Julia Borbolla: "Piensa primero en construir las fortalezas de tus hijos, antes que en proteger su comodidad y sus miedos".

No les ahorres los malos ratos. Tu trabajo es ser paciente y permitirles aprender, aunque tengas prisa. No hay

Estamos educando
para **TENER** más y
no para **HACER** más.
Ese es el problema.

manera de aprender a valorar si no sabes lo que cuesta hacer. Dales tiempo para aprender o vas a pasarte el resto de la vida haciendo las cosas por ellos y encima te van a *pendejear* porque no fue como ellos querían.

Necesitamos construir personas capaces de resolver lo que la vida les mande, solos, sin necesitar de nosotros para poder sobrevivir.

Es hora de hacer las cosas diferente.

CAPÍTULO 6

La cueva ñacañaca, *reloaded*

Si bien la adolescencia siempre ha sido uno de los más grandes retos en la vida de los padres, ser papás y mamás ahora, en la era digital, implica un grado extra de dificultad que no hace más que complicar eso de crecer personas.

La Organización Mundial de la Salud (OMS) recomienda no exponer a las pantallas a los bebés menores de 2 años, y no más de una hora de tiempo de pantalla al día para los de 2 a 4 años. Y nosotros, claro que sí, les plantamos una enfrente probablemente antes de los seis meses de vida. Dizque es una cosa muy didáctica, quesque es un programa hecho para ellos, bla, bla, bla. La realidad es que la pantalla se ha vuelto, en gran medida, nuestra nana favorita y que no averiguamos ni medio segundo las implicaciones que tiene en el desarrollo de su cerebro y en sus habilidades. Le ponemos *play* sin límites y sin criterio, con tal de que nos dejen en paz por un rato.

La terrorífica realidad nos la explica de manera perfecta Carlota Nelson en un artículo de la página de la OMS Costa Rica:

Las pantallas secuestran la capacidad de atención

Para que los niños tengan éxito necesitan aprender a concentrarse y enfocarse. Esa capacidad comienza a desarrollarse durante sus primeros años, cuando sus cerebros son más sensibles a los entornos que los rodean. Para que un cerebro se desarrolle y crezca, necesita estímulos esenciales del mundo exterior. Más importante aún, necesitan tiempo para procesar esos estímulos. Mientras que leer libros de cuentos en voz alta les da a los niños tiempo para procesar palabras, imágenes y voces, la absorción constante de imágenes y mensajes en pantalla afecta su capacidad de atención y enfoque.

Las pantallas reducen la capacidad de controlar los impulsos

Los niños pequeños necesitan su dosis de aburrimiento. Les enseña cómo lidiar con la frustración y controlar sus impulsos. Si los niños pequeños están siendo estimulados constantemente por las pantallas, olvidan cómo confiar en sí mismos o en otros para entretenerse. Esto conduce a la frustración y dificulta la imaginación y la motivación.

Las pantallas reducen la empatía

La investigación ha demostrado que el tiempo frente a la pantalla inhibe la capacidad de los niños pequeños para leer caras y aprender habilidades sociales, dos factores clave necesarios para desarrollar empatía. Las interacciones cara a cara son la única forma en que los niños pequeños aprenden a entender las señales no verbales y a interpretarlas.

"Hasta que los bebés desarrollen el lenguaje", dice Charles Nelson, un neurocientífico de Harvard que estudia el impacto de la negligencia en los cerebros de los niños, "toda la comunicación es no verbal, por lo que dependen en gran medida de mirar una cara y derivar su significado. ¿Esta persona está contenta conmigo o está molesta conmigo?". Esa interacción bidireccional entre los niños y los cuidadores adultos es de importancia crítica para el desarrollo del cerebro.

La exposición a pantallas reduce la capacidad de los bebés para leer las emociones humanas y controlar su frustración. También resta valor a las actividades que ayudan a aumentar su capacidad cerebral, como jugar e interactuar con otros niños. Los beneficios de limitar e incluso eliminar el tiempo de pantalla en estos primeros momentos durarán toda la vida.

… Y yo agregaría que los daños por no poner estos límites también provocarán consecuencias que los marcarán para siempre.

Conforme van creciendo, vamos cediéndole todo el poder a la pantalla. Las pantallas se han apoderado de nuestro tiempo y de nuestro cerebro. Nos roban las horas de sueño. Nos quitan la capacidad de concentración. Nos ponen incluso violentos cuando nos encontramos sin buena señal o cuando alguien nos impide usarlas. Estar permanentemente conectados nos ha desconectado completamente.

La epidemia es mundial y no discrimina edad ni género. Pero en el caso de niños y adolescentes, el tiempo de exposición desmedido frente a la pantalla es una de las dos causas principales relacionadas a la depresión y ansiedad en menores de edad y, por "desmedido", el estudio en cuestión se refiere a más de dos horas diarias, que es, hoy en día, el tiempo promedio que pasa un bebé de menos de 2 años frente a una, échense ese trompito al dedo (solo para que sepan, la segunda razón son los hijos de papás que hacen todo por ellos… y es que sí, nada lo hace sentirse a uno peor que sentirse un pendejo. Y cuando tú le dices a tu hijo "yo lo hago, así no es", lo que en realidad está escuchando es: tú no puedes, eres incapaz. Échense ese otro trompito al dedo).

Y es que, si bien la era digital tiene millones de ventajas y ya nunca nos vamos a librar de ella, es un hecho que no la sabemos manejar. Somos la primera generación de papás educando hijos en la era digital y, pues, tampoco les tengo que explicar lo pésimo que está saliendo. Porque la pantalla resuelve millones de cosas, pero también nos aísla. Y aunque sea una de las principales maneras de socializar de nuestros hijos ahora, nuestra chamba es jalarlos al mundo real, obligarlos a aprender a conectar en persona sin un teléfono en la mano. **A vernos a los ojos.** A aburrirse un rato. A mirar por la ventana y aprenderse el camino a casa. A escuchar. A estar. A jugar. A imaginar. A inventar.

Imagínense si siempre fue difícil ser puberto, lidiar con la escuela, el que te *bulleaba*, la niña que te caía mal, el que te gustaba. Pero por lo menos llegabas a tu casa y te podías olvidar de todo. Ahora, cuando llegan a su casa siguen viendo a la niña que les cae mal, en bikini, espectacular (porque lo de los filtros es algo que no nos dicen lo nocivo que es para el alma, la autoestima y la salud mental), con el niño que te gusta, en la fiesta a la que no te invitaron, ¡y además!... nadie le puso *like* a tu foto y no hay nada en el mundo mundial más humillante que un *post* sin *likes*. Se sabe.

Ser adolescente hoy debe de ser infernal.

La pelea que no podemos dejar de pelear jamás como papás es contra el aparatito. Retrasar lo más posible. Controlar el tiempo. Regular el contenido. Compensar con tiempo y actividades de juego y sociabilización personal. Es increíble que los niños ya no juegan ni conviven.

Al elegir dejar que se abandonen a la pantalla, estamos haciéndoles un daño irreversible para el resto de sus vidas. Abandonarse a la pantalla se traduce en dejar de convivir, de moverse, de hablar, de socializar, de reír y saberse relacionar o reflexionar. Estar como zombi frente a un jueguito o *escroleando* en Instagram hace que uno se aletargue, se ponga violento o se compare con vidas y circunstancias, en su mayoría falsas, que nos hacen sentir insatisfechos con nuestra propia vida y es uno de los orígenes de la depresión. Además, demasiadas horas ahí pegados hace que después no sepamos qué hacer sin una pantalla y no sepamos esperar, observar, ¡¡jugar! o simplemente no hacer nada y solo pensar y hacer un poco de introspección.

Me parece gravísimo que la batalla que estamos eligiendo no pelear sea esa y gravísimo también que no entendamos que **la descripción del puesto incluye hacer t-o-d-o lo que se tenga que hacer por la salud mental, física y emocional de estas personitas to-dos-los-dí-as mientras seamos el adulto responsable a cargo.**

Lo que tenemos es hueva.

Porque sí, pelear contra la pantalla es una guerra permanente, agotadora y, por decir lo menos, desesperante. Y sí. Es un millón de veces más fácil hacerse güey y no tenernos que ocupar de nuestros hijos por horas, o que hagan lo que les dé la gana y no debamos tener diálogos, ni negociar nada.

Pero… ¿eso es lo que queremos?

¿No conocer a nuestros hijos? ¿Permitirles que se aíslen? ¿Que no sepan conversar?, ¿hacer amigos, adaptarse, estar?, ¿defender sus opiniones?, ¿respetar a la autoridad? ¿Que dejen de aprender a ser tolerantes, resilientes, empáticos, creativos?

¡Claro que no!… pero qué hueva…

Y así nos vamos buscando excusas, postergando límites, dejando que el monstruo se haga cada vez más grande, permitiendo que nuestros chavos se vuelvan unos pelados, que ignoren absolutamente a cualquier ser humano que no esté dentro de su maquinita, que no contesten, no interactúen, no se interesen por nada ni nadie ni les importe conectar con nada que no tenga wifi.

¿Cuántas veces les ha pasado que llegan a un plan en donde hay muchos niños y nadie se hace caso porque cada uno está con la nariz metida en su aparato? Incluso en casas de fin de semana con alberca y un jardín espectacular me ha sucedido que los niños y los chavos ya no hacen nada prácticamente en todos los planes familiares.

Es una tragedia.

¿Cuándo van a aprender estos chavos a convivir si no lo estamos fomentando?

¿A relacionarse? ¿A salir de su zona de confort? ¿A probar cosas distintas? ¿A estar incómodos y conocer gente nueva? ¿A profundizar sus relaciones? ¿A abrir sus círculos? ¿Cuándo van a jugar estos niños con otros niños en el jardín? ¿A hacer galletas o hacerse peinados? Ya olvídense del resorte y las matatenas, que nosotras a los 14 seguíamos jugando…, lo de verse a los ojos… ¿cuándo?

Pueden buscar todas las excusas que quieran y hacerse todo lo mensos que les guste, pero lavarse las manos ante este tema es simplemente irresponsable y el costo va a ser alto: ¿ya escucharon a su alrededor cuántos chavos están con temas severos, medicados y completamente deprimidos? ¿Ya vieron los índices de suicidio en jóvenes? La Organización Mundial de la Salud identificó la depresión como la primera causa de discapacidad a partir del 2020.

Esto no es un virus contagioso en el aire. Es una decisión que hemos tomado como padres de familia: *dejar de pelear batallas y ser muy "alivianados"*.

Es un error.

De todas las batallas que representa tener hijos, esta es una que yo no estoy dispuesta a dejar de pelear, incluso si incluye incomodar a mis amigos y darles pena a mis hijos siendo la bruja que los obliga a desconectarse y estar presentes, aunque sea de malas.

Por si eso no fuera suficiente, tenemos que lidiar, aprender y enfrentar muchos otros obstáculos y peligros, como la posibilidad de acceder a cualquier tipo de drogas con un solo clic o en el baño de casi cualquier antro o restaurante si quieren hacerlo por propia voluntad. Y al peligro mortal del fentanilo, que en cualquiera de sus presentaciones pueden ingerir, oler, embarrarse sin enterarse la primera vez y quedar atrapados *forever* o morirse de una sobredosis a la primera. Dejar salir a los chavos en esta época a cualquier parte es un deporte extremo, un acto de fe y un no parar de sufrir hasta que los ves regresar.

Por supuesto, la droga más accesible, *in*, deliciosa, del momento es el dichoso *vape*.

Estaríamos todos locos si les compráramos cigarros a nuestros chavos, los ayudáramos a inyectarse cocaína a los 13 años porque "todos mis amigos usan", les diéramos unas fumaditas de mota porque "mejor que aprendan conmigo" y, en general, nos pareciera *"no big deal"* que estuvieran enganchados a cualquier cosa, ¿verdad?

Pues les tengo una noticia… los vaporizadores son la mentira más grande de todos los tiempos en cuestión de adicciones.

Es cierto que el cigarro electrónico puede ser un objeto útil —temporal— de transición para dejar de fumar y que —en ese caso— es mejor que un cigarro normal porque elimina el factor "combustión". Antes de que se me echen encima: ¡Sí!, mucha gente ha dejado de fumar gracias a ellos, pero también muchos se quedan enganchados y simplemente cambiaron de objeto del deseo o incluso ¡fuman las dos cosas, dependiendo el momento y el lugar, y solo duplicaron su adicción!

Sin embargo, lo que un adulto haga con su vida no es mi problema, cada quien es libre de tomar todas las malas decisiones que mejor le parezcan.

Lo que me ocupa son nuestros hijos, porque resulta que los famosos cigarros electrónicos son todo... menos inofensivos.

De acuerdo con un estudio hecho por los Centros para el Control y Prevención de Enfermedades de Estados Unidos, el 99 % de los cigarros electrónicos vendidos en ese país en 2015 —en tiendas de conveniencia, supermercados y lugares similares— tenían nicotina (aunque en ocasiones no lo dijeran), y no solo eso, según la OMS:

> [...] dependiendo de la marca, el vapor puede contener sustancias tóxicas y compuestos carcinógenos (como acrilaldehído, formaldehído, acetona y otros carbonilos) en menor o igual magnitud que en el humo de cigarro. El vapor también transporta partículas muy pequeñas (ultrafinas) que pueden afectar a la salud, estas partículas son de las mismas magnitudes que el humo de tabaco, pero en menor cantidad. Otras investigaciones han encontrado en el vapor partículas de estaño, plata y níquel, principalmente; así como de hierro, cerio, lantano, bismuto y zinc.

También está la preocupación de los especialistas por el uso de saborizantes considerados seguros en los alimentos, pero que, al ser inhalados, se desconoce su potencial riesgo a la salud. Y, aun cuando no existe combustión, el vapor de un *e-cig* contiene una combinación de sustancias químicas —algunas incluso presentes en los cigarros convencionales—, entre las que se encuentran nicotina, propilenglicol, glicerina vegetal, polietilenglicol, agua y, como ya se dijo, saborizantes artificiales.

¿En resumen?

¡Son una mierda!

Una mierda que, obvio, le están vendiendo a la población más vulnerable: los chavos.

El incremento en el consumo de estas cosas en adolescentes en el mundo es ALARMANTE. Para que se den una idea, en Estados Unidos en el año 2011, el uso en adolescentes era de 1 % en niñas y 2 % en niños. Para el año 2015: 13 % en niñas y 19 % en niños.

No quiero pensar en qué números vamos hoy, pero según la Administración de Alimentos y Medicamentos de Estados Unidos (FDA, por sus siglas en inglés) está alcanzando "proporciones de epidemia".

En México, al "estar prohibidos", no hay regulación ni datos duros todavía, pero les aseguro que estamos bastante cerca de eso, si no es que más. Y no, no estoy a favor de que los prohíban, eso solo fomenta el mercado negro que en un país con el narco metido por todos lados ¿adivinen quién maneja? Y, además, vayan ustedes a saber, muchas veces, qué tipo de mierdas tienen si no son productos regulados no solo en cuestión de droga, sino de químicos venenosos.

Les voy a decir lo que sí sabemos y está científicamente comprobado:

- El cerebro sigue desarrollándose hasta los 25 años.
- Mientras el cerebro está en desarrollo es más susceptible a las adicciones.
- La nicotina es una de las sustancias más adictivas que existen y puede dañar los procesos de crecimiento del cerebro y, por lo tanto, de todo el cuerpo.
- El uso de la nicotina a edades tempranas puede dificultar las capacidades de aprendizaje, concentración y control de impulsos.
- La nicotina puede hacer que el cerebro sea más propenso a engancharse con drogas como la cocaína y las metanfetaminas.

- Un cartucho de la marca Juul tiene el equivalente de nicotina de veinte cigarros.
- El vapor de los cigarros electrónicos está lleno de químicos dañinos para los pulmones.
- El uso de los cigarros electrónicos por adolescentes hace a estos cuatro veces más susceptibles al uso del cigarro de combustión y, en muchos casos, a otras drogas.
- Los cigarros electrónicos tienen un alto riesgo de explotar al recargarlos y han causado accidentes graves.

Me di a la tarea de preguntarles a todos los pubertos que se me atravesaron si sabían qué era un *vape*, si sus amigos los usan, si ellos han probado, quién se los compra, cómo se consiguen…

¡Todos saben! ¡La mayoría ha probado! Y a partir de tercero de secundaria son raros los que no tienen "por lo menos uno". Los venden los mismos chavos en las escuelas, algunos incluso tienen papás o mamás *"supercool"* que les traen cargamentos de Estados Unidos para que los puedan vender —o regalar— a sus cuates, *qué tipazos*, ¿no? —se quiere defenestrar—.

Déjenme decirles que la venta de estas chingaderitas en México está p-r-o-h-i-b-i-d-a, así que no solo al venderlas están cometiendo un acto ilegal, además les están abriendo la puerta a los chavos a cualquier otra adicción en el futuro. Y, obvio, provocan también que la posibilidad de que se les cristalicen los pulmones se convierta en realidad.

Evidentemente, también muchos no sabemos que nuestros hijos están *vapeando*, o que compran y venden estas monadas. Igual que nosotros fumábamos a escondidas ellos hacen esto y muchas otras cosas más. Pero nuestro trabajo aquí es ¡otra vez! ponernos la pila. Estar a las vivas.

Empezar a leer. Iniciar estas conversaciones con ellos. Darles información clara y verdadera para que tomen mejores decisiones.

NO-QUITAR-EL-DEDO-DEL-RENGLÓN y hacer dos cosas fundamentales:

1. Dar el ejemplo.
2. Tener un discurso de CERO tolerancia.

Y, finalmente, ¿qué onda con los chavos y el alcohol?

Miren, no vamos a hablar aquí de la desproporción absoluta de los festejos —para eso habrá un capítulo especial—, o del derroche y la necesidad de que no sea suficiente UN evento y cada graduación implique tres eventos: el pre, el evento y evideeeentemente un *after* porque ¡cómo crees que las 5:00 a. m. es hora de que cada quien se vaya a su casa! Ni muchísimo menos que después de toooodas esas mamadas, perdón, *"gastos indispensables"* tengan, sí: t-e-n-g-a-n, que irse a Europa porque: ¡guau, el esfuerzo y el mérito que implicó acabar preparatoria! (ay, ajá… voltea los ojos al cielo), sin ninguna otra intención que irse a la nueva versión de Sodoma y Gomorra (pero *nice* con la *Amex Black*, porque… ¿hay otra?).

No. No vamos a hablar de todo eso. Qué hueva.

Mejor vamos a hablar de cómo todas, todas las anteriores tienen como hilo conductor: el chupe. Todo. Implica. Chupar. Y, lo preocupante no es que los escuincles chupen. Los escuincles siempre han querido y querrán chupar. Lo preocupante es que nosotros, los que se supone estamos a cargo, les estamos poniendo todo en la mesa (literalmente) para que lo hagan y lo que es más… nos parece que ¡es mejor que lo hagan con nosotros que solos!

"Dios de bondad…", diría Chumel Torres; yo digo: #todopinchesmal. Y pregunto: ¿¡estaaamos pendejos!?

Un día recibí un WA de un papá invitando al de 17 (que tenía 16) a pasar unos días en su rancho con su hijo y otros amigos de la escuela. Siendo que estaba en el plantel sur de la misma escuela hasta hace un año y que el plantel actual es significativamente más grande, estábamos los dos en un nuevo y desconocido universo (sobre todo para mí). Nuevos amigos. Nuevas familias. Nuevo todo. Y ante eso, cuando recibí una invitación a un nuevo lugar, no tuve empacho en hacer mi interrogatorio. A mis hijos obvio eso siempre les dio oso, pero como sabían que si querían ir al plan ese era el único camino, siempre asumieron el proceso.

A este amable papá (que de entrada aplaudo por haber mandado el mensaje personalizado a cada mamá antes de abrir el chat para la ocasión) le agradecí la invitación y acto seguido procedí:

"Oye, ¿y cómo es el plan? ¿Quiénes van? ¿Cómo se van? ¿Quién maneja? ¿Tú estarás ahí todos los días? ¿Hay plan de antros? Y... la de los cincuenta y cuatro mil... ¿Cuál es tu filosofía en cuanto al alcohol y los chavos?".

El papá, superamable me dio respuesta a todas mis preguntas, probablemente pensando: "mmmta, esta viejaaa"... Y cuando llegamos a la del alcohol, me dijo: "Mira, yo no estoy de acuerdo en que los chavos tomen, pero sé que en las fiestas lo hacen y es inevitable. Mi hijo es tranquilo y yo soy muy respetuoso del tema, así que, si te parece bien, solo les daré chance de tomar una o dos cervezas por día".

Yo: "OK, gracias por tus respuestas. Todo me parece perfecto. Menos lo del chupe. No quiero de ninguna manera decirte qué tienes que hacer, pero precisamente me parece que sí, ¡sí podemos evitarlo! Y que una cosa es que vayan a fiestas y beban (que nunca dejaré de pensar que es una pésima idea) y otra muy distinta es que nosotros les demos de beber. Justo sí podemos decirles que no. Pero, insistiendo en que cada quien hace lo que piensa que es mejor, y que yo tengo que pensar si doy este permiso o no… una última pregunta: "¿el chupe va a estar a la mano o tú lo vas a administrar?".

De eso dependía mi decisión: ya fuera hablar con el de 16, hacer un acuerdo y confiar, o si era un *open bar*, definitivamente declinar. Y es que, pienso, no es lo mismo ir a una fiesta cuatro horas, recogerlo y estar…, a que se vayan cuatro días a un plan en donde tengan acceso permanente y quién sabe qué pueda pasar.

Puntitos, puntitos, puntitos…

El papá tecleaba su respuesta, el de 16 sudaba frío y yo pensaba… ¿seré una pinche exagerada?

¡DING!

Entra el mensaje con el siguiente texto: "¿Sabes qué? Me quedé pensando. No voy a darle chelas a nadie. Aunque tenga autorización de sus padres. ¿Para qué?".

En mi cabeza escuché como un coro celestial unánime: "ooooooooooohhhhhh", y contesté algo tipo: "Me parece buenísima decisión, te agradezco enormemente. Te llevo al niño, gracias por la invitación".

¿Por qué ventaneo todo esto?

Porque me parece IMPERANTE que entendamos que darles alcohol a menores de edad es: ilegal, peligroso para su salud física, mental e integral y es a-b-s-o-l-u-t-a-m-e-n-t-e innecesario. Aunque otros lo hagan. Aunque los escuincles presionen. Aunque sean "dos o tres chelas". Nada, absolutamente naaaada justifica que nosotros, los adultos responsables a cargo, les demos algo que los pueda poner en riesgo. O les demos "autorización" de hacerlo.

Nadie diría jamás: "Mira, si acaso les doy solo una o dos rayitas de coca, uno o dos churritos de mota, una o dos tachitas; no te preocupes, es normal, es inevitable, de todas maneras lo hacen" ¿O a poco sí?

¡Claro que no!

Entonces ¿por quéééé chingados somos tan laxos? (diría irresponsables o idiotas, pero no se me vayan a ofender).

Probablemente hay muchos por ahí que opinen que soy una exagerada (mi hijo, de entrada), pero me parece que no hay nada más importante que proteger la salud de tus hijos. Y darles alcohol, permiso para tomar alcohol, dinero para comprar alcohol, es hacer completamente lo contrario.

¿Quién quiere un hijo con adicciones? ¿Con una enfermedad mental? ¿Deprimido?

¿Ansioso permanentemente?

¡POR SUPUESTÍSIMO QUE NADIE!

¿Por qué quisiéramos ser cómplices de que tuvieran alteraciones en sus relaciones personales, de rendimiento escolar, comportamientos violentos y conductas peligrosas para la salud, como prácticas sexuales de riesgo o conducir bajo los efectos del alcohol (que es la causa número uno de muerte en jóvenes, por cierto)? ¿Por qué ¡además! ponernos en riesgo a nosotros, que seremos las personas legalmente responsables si, en nuestra casa o fiesta, un chavo se empedó y le pasa algo en nuestra casa?

¿Por qué nos da pena preguntar en los chats cómo es la política del alcohol? ¿Por qué nos da pena decir que no vamos a servirlo?

No hay una sola razón para decir que sí. Ni una. Ante el "pues es que mejor que aprendan conmigo", insisto: también van a estar expuestos a drogas, sexo y miles de otras cosas…, ¿les darías permiso de probarlos contigo a los 16 años? Dejemos la doble moral. Hagamos nuestra chamba, que es protegerlos. Decir que no cuando es no, y sí cuando es sí. No seamos cómplices ni responsables de desgracias.

Efectivamente, como la falta de sentido común es infinita, esto va a seguir sucediendo. En las fiestas van a seguir bebiendo. Y habrá casas en donde no habrá adultos responsables a cargo, ¿qué hacemos con eso?: ¡encargarnos de nuestros hijos!

¿Van a probar? ¡Claro que sí!

¿Se van a equivocar? ¡Probablemente más de una vez!

¿Van a querer experimentar y salirse del huacal? ¡Oooobvioooo sí! ¡Es la descripción del puesto de ser adolescentes!

Todo eso va a pasar. Todos lo hicimos. Todos lo harán.

En una sociedad que insiste en hacerlo todo mal, se trata de atreverse a hacerlo bien.

A decir que no. A no tener miedo a "traumar" a tus hijos por dejarlos fuera del plan (o soplarse las jetas que eso posiblemente conlleve). Y a rectificar el rumbo en cualquier momento del camino, en pro de su salud y la responsabilidad.

Como este papá que, al final, le regaló a un grupo de chavos unos días increíbles de fut, de risas, de ejercicio, de excursiones, de helados en la plaza, comida deliciosa, aire libre y diversión. Los chavos no necesitan alcohol para pasarla bien.

Necesitan papás que tengamos eso claro y oportunidades para comprobarlo.

Paradójicamente, cuando alguien nos pregunta: ¿qué es lo que esperamos de nuestros hijos?, ¿qué queremos de ellos?, ¿qué deseamos para sus vidas? Todos, en automático, respondemos: que sean felices. ¡Qué tontería! Como si la felicidad fuera algo que les pudiéramos dar. Como si fuera nuestra responsabilidad hacerlos felices. Como si ser feliz fuera el nirvana. O algo que se pudiera siquiera lograr de manera permanente.

Como mencioné unos párrafos antes, el cerebro se termina de formar y alcanza la madurez entre los 23 y 25 años en la mayoría de los casos (me apena informar que, lamentablemente, en algunos eso nunca sucede), y lo que pasa cuando los menores de esa edad consumen cualquier tipo de sustancias es que alteran el proceso de desarrollo y lo dañan irreparablemente, haciéndolo infinitamente más propenso a necesitar de sustancias por el resto de su vida para sentirse bien: en otras palabras, entre antes consuman alcohol (o cualquier tipo de droga) más probabilidades de que nada les alcance. Tendrán también más probabilidades de depresión, disfuncionalidad social, insatisfacción general y, eventualmente, eso que nadie nunca quisiéramos para nuestros hijos… el suicidio.

Por eso jamás voy a entender que estemos ¡fomentando!, ¡permitiendo! y, por si todo eso no fuera suficiente, pensando que empedarnos con ellos es *cool* y formativo, *¡aaaaaargggghhhhh!* (se mece de los cabellos).

- "Todos chupamos antes de los 25"… Sin duda.
- "Satanizarlo puede ser contraproducente"… Es correcto.
- "Mejor que vayan aprendiendo"… Híjole, pero ¿cómo?, ¿cuándo?, ¿cuánto?

Y es que el problema no es que nosotros lo hayamos hecho o no. El problema es cómo lo están haciendo hoy. Y cómo estamos permitiendo que suceda. Ambas cosas completamente sin precedentes y, por decir lo menos, alarmantes.

Déjenme aventarles un poquito de data para que no crean que soy nomás una señora loca mentando madres (o sea, sí soy una señora, estoy medio loca, y miento madres regularmente, pero con fundamentos):

Según la *Revista Internacional de Investigación en Adicciones* (RIIAD):

> [...] una conducta que ha llamado el interés es el precopeo, que consiste en ingerir bebidas alcohólicas antes de asistir a algún evento social o deportivo. En los resultados

del estudio de Bustos y colaboradores en prensa, se encontró que esta conducta fue igual de prevalente en los hombres (20.2 %) y en las mujeres (22.5 %) de 12 a 17 años, con un promedio aproximado de seis copas por ocasión. Además, se identificó que, entre quienes lo practican, la cuarta parte continúa bebiendo en la fiesta o en el evento al que asistirán.

¡Doce años! ¡Los chavos están empezando a beber a los D O C E!, y no solo están bebiendo en los eventos, están bebiendo ANTES de los eventos. Y hay eventos después del evento. Para seguir bebiendo. *What the fuckety fuck,* papis y mamis!?!?!?!?

Otra cosa MUY preocupante es que evidentemente no regulan el consumo. El cuerpo solo puede procesar una bebida por hora y los escuincles están tomando enormes cantidades de alcohol en muy poco tiempo. Olvídense un ratito de los eventos de graduación, hablemos de las pinches reus, en donde se avientan un *drink* tras otro en un lapso de tres horas… el famosísimo *binge drinking* (o consumo excesivo) que tantas veces acaba en *blackouts* porque el hipotálamo, al no poder procesar todo ese chupe, se apaga y por eso las criaturitas hacen un sinfín de estupideces y después no se acuerdan de absolutamente n-a-d-a. Se les apaga el cerebro. Literalmente. Y esto no solo puede terminar en un panorama infinitamente más grave, como morirte de una sobredosis etílica, sino que a largo plazo puede generar problemas graves de salud mental.

Miren, lo recomendado para un adulto es no pasar de cuatro copas por ocasión para los hombres y una por ocasión para mujeres (no es cuestión de discriminación, es simplemente que metabolizamos el alcohol diferente), y no exceder catorce chupes por semana. Insisto: para un adulto.

El origen del problema es la aceptación social que tiene beber. El ejemplo que les estamos dando nosotros mismos consumiendo mucho, pero muuuucho más de eso en cada sentada. Y la premisa de que no hay un evento que pueda suceder si no hay alcohol de por medio. No nos sabemos divertir sin chupe. O celebrar sin chupe. O convivir sin chupe. O relajar sin chupe. Bebemos continuamente por cualquier razón, y en muchos de los casos sin ninguna razón, enfrente de los hijos.

Aclaro que yo soy la primera que disfruta una cerveza helada y un buen tequila. Por supuesto que sí. Y desde luego que hay ocasiones en donde uno le dice a su hígado: "con permiso". Sin duda. Pero eso no quiere decir que les dé permiso a mis hijos de hacer lo mismo. Ni que yo me exceda cada vez.

Soy un adulto que sabe autorregular su consumo de alcohol y, si de pronto me excedo, mi cerebro no lo va a resentir tan dramáticamente. Ellos son menores. Su cerebro está en crecimiento. Mi responsabilidad es cuidarlos. No permitirles, ni fomentarles, que se balaceen la cabeza y la vida.

¿Qué factores están asociados al consumo de alcohol? En un artículo reciente publicado en la *RIIAD*, Mondragón y colaboradores (2022) señalan que:

> [...] si alguno de los padres o ambos tienen un consumo problemático, la probabilidad de que los hijos e hijas presenten un consumo excesivo se incrementa en un 35 % si es el papá, y en 120 % si es la mamá, o si son ambos padres. Además, encontraron un consumo excesivo mayor en personas con niveles socioeconómicos más altos, que viven en comunidades urbanas, y entre quienes tienen un empleo.

Children see. Children do.

Repito: **¡no van a hacer lo que les digamos que hagan, van a hacer lo ven que hacemos! Así de fácil**. Y así de alarmante en una sociedad en la que no tomar está mal visto. No mamen la pesadilla que es decidir no tomar un día en un evento porque te crucifican. Eres de hueva. No "confían" en ti. Eres gay. Ya estás ruco.

Again #todomal.

Según la RIIAD:

> [...] los estudios en México han indicado que el alcohol es la sustancia principal que causa más problemas en nuestro país y en el resto del mundo. El *binge drinking* en adolescentes de 12 a 17 años creció de 2011 al 2016 del 12.1 % al 15.2 %, siendo más notoria en las mujeres (8.6 % a 14.9 %). Mientras que en jóvenes de 18 a 29 años subió de 19.7 % a 46.4 % (hombres de 23.8 % a 59.1 % y mujeres de 15.7 % a 33.8 %).

¡ME QUIERO DE-FE-NES-TRAAAAARRRRR!

¡¿Me están entendiendo la gravedad de este pedo (valga la redundanciaaaaa)?!

Cómo puede ser que sigamos llegando a las mentadas graduaciones con catorce, catorceeee, pomos para una mesa de ocho. Que los incitemos a echarse *shots* con nosotros porque ya acabaron prepa y ya son "grandes". O que demos permiso de hacer reus en nuestras casas con menores de 18 con barras llenas de botellas, nada de supervisión de adultos y, ya en el colmo de la pendejez humana, ¡sin darles naaada de comeeer más que pinches Takis! (todo esto visto y vivido en carne propia).

No, en serio, me va a dar un síncope.

Es increíble el nivel de estupidez e irresponsabilidad al que hemos llegado. Porque si bien todos bebimos antes de los 25, la gran mayoría de nuestros papás no permitían que lo que les tocaba a ellos "controlar" se descontrolara a este grado, ni mucho menos eran los facilitadores.

¿Qué podemos hacer?

Pues miren, para empezar, educarnos. Leer. Informarnos. Tomar cursos. No irse por el camino que la Real Academia del Mame y el Jet Set se va. Y no pretender arreglarlo cuando ya es muy tarde. La primera medida para prevenir cualquier cosa es estar bien informados.

- Dar el (buen) ejemplo. Desde el día uno. Hay lugares para enfiestar, otros para ser familia. Sepan bien cuál es cuál.
- No ser facilitadores: ni con dinero, ni con permisos, ni con 14 botellas.
- DECIR NO. No, no puedes ir. No, no habrá alcohol. No, no te doy lana.
- Conocer el círculo de tus hijos y hacer equipo con otros papás. Es infinitamente más fácil educar en tribu, pero si tú eres "el úúúúúnico que no lo deja", *so be it*. Otra vez: nuestro papel no es el de ser sus amigos. Es ser sus papás.
- Prepararlos. Nuestro discurso y toda la política interna familiar tiene que seguir siendo no al alcohol a menores y personas en proceso de desarrollo, pero si llega el momento en el que lo van a probar, mejor que sepan qué hacer y qué no hacer, empezando por:
  » Tomar despacio. No *shots*. No tres cada hora. Saberse regular.
  » Comer antes de salir por si la mami o el papi de la noche solo puso papitas. No necesitas decirle a tu chamaco de 12 que cene por si va a beber,

pero puedes inculcarle que comer algo antes de salir es siempre una buena idea.

» Un vaso de agua x chupe. Enséñales a tomar agua siempre que tomen alcohol. Estar hidratados es indispensable.

» **Pedir ayuda si les sale mal. A nosotros. No a alguien más.**

Nuestros hijos se van a equivocar, es obvio. Y cuando eso suceda tienen que saber que nosotros somos el número al que quieren marcar y estaremos ahí para ayudar y sí, también después para revisar.

Cuando se equivoquen, el remedio no es castigarlos cinco meses sin salir… es confiar en que la próxima vez lo van a hacer mejor, y darles la oportunidad de aprender de la mala experiencia. Evidentemente, si la conducta es recurrente, busquen ayuda por favor. No hay manera de tener todo bajo control, mucho menos a un adolescente. Y no se trata de satanizar nada. Se trata de no volvernos el diablo del que nuestros hijos no se puedan escapar.

Si lo que queremos es "lo mejor para nuestros hijos", tenemos con urgencia que cambiar el sistema.

Hay dos episodios de *La Burra Arisca*, con Regina Kuri (@reginakuri), psicóloga, chingona, especialista y conferencista en adicciones y codependencia (para chicos y grandes), que pueden darles más información en cuanto a qué onda con los chavos, el alcohol y la mota. Vayan a escucharlos y sigan a esta rockstar para informarse mejor.

Y hay también que poner a nuestros hijos a escuchar —o leer— su librazo *Girando en un tacón*, como ejemplo de vida valiente e inspirador. Yo se lo puse a mis hijos en una carretera y créanme cuando les digo que los marcó.

Este otro episodio de *La Burra Arisca*, con Miguel Ángel Toscano y Manuel Sánchez, es una fuente valiosa de información: *Vapes* + Menores de edad = Todo mal. 

Nuestro discurso tiene que ser de cero tolerancia a las drogas, al alcohol, al *vape*, al delito. Probablemente van a probar la mayoría de todos, sí, como lo hicimos nosotros, pero no podemos ser los facilitadores, los que hacemos como que no vemos, los solapadores. Nunca, de los nunca, jamás.

Frances E. Jensen y Amy Ellis Nutt lo explican a la perfección en su libro *The Teenage Brain* (que todos deberíamos leer para entender de qué se trata la cueva ñacañaca y no pensar que nuestro puberto solo nos quiere llevar la contraria). Aquí les hago un miniresumen:

El cerebro del adolescente es una maquinita sorprendente trabajando a toda velocidad. Es capaz de hacer millones de cosas igual o mejor que el de un adulto. Su capacidad de memoria es asombrosa y su elasticidad es impresionante. Pero es incapaz, sí, así como lo oyen: NO ES CAPAZ de ver más allá del momento presente.

En otras palabras: **el cerebro adolescente no sabe medir las consecuencias.** Y en más del 60 % de los casos NO SABE REACCIONAR en momentos de peligro. Se paraliza. Se llaman adolescentes porque adolecen, o sea, carecen, de todo todavía, especialmente de sentido común.

Las historias de terror pasan —muy seguido— y no nos estamos dando cuenta. Porque nuestros chavos, en parte por el proceso natural y en parte por su cochina pantalla, nos están cerrando las puertas de su mundo, y nosotros, muy cómodamente, estamos *"respetando sus espacios"*, *"eligiendo nuestras batallas"*, *"esperando que se le pase"*…

Solo que, en realidad, para lo único que sirve eso es para empeorar las cosas y lo que probablemente estamos

Nuestro discurso
tiene que ser de cero
tolerancia a las drogas,
al alcohol, al *vape*, al
delito. Probablemente
van a probar la mayoría
de todos, sí, como lo
hicimos nosotros, pero
no podemos ser los
facilitadores, los que
hacemos como que no
vemos, los solapadores.
Nunca, de los
nunca, jamás.

haciendo es escudarnos y negando la realidad en lugar de arremangarnos y entrarle. Preferimos evitarnos el pleito a confrontar al escuincle, aguantarnos la jeta y jodernos el día si es necesario. Estamos evadiendo el problema pensando que "a nuestros hijos no les va a pasar" y que "es la edad y luego se les quita". Solo que... ¿qué creen?

Que si queremos que esto salga bien, necesitamos ser MUY listos, MUY abiertos, MUY empáticos y, sobre todo, MUY valientes.

Porque lo que realmente quiere un adolescente que hace una pendejada tras otra es ATENCIÓN. Lo que no estamos dándoles es suficiente tiempo de calidad. Tiempo juntos sin pantallas. La crisis en la que está "la juventud de hoy" es consecuencia de lo pésimo que lo estamos haciendo al darles un chingo de dinero, viajes estrambóticos, coches último modelo y miles de cosas físicas que NO necesitan.

Qué increíble poderles dar y abrir el mundo. OK. Mientras te estés conectando.

Mientras tengas las orejas y los ojos muy pero muy abiertos: estando presente. Hablando. Preguntando. Insistiendo. Regulando. Checando. Y dando un buen ejemplo. Los adolescentes no son idiotas, nos están viendo *tooodo* el tiempo. Seamos congruentes.

En México, a diferencia de otros países, los adolescentes en nuestro medio dependen mucho de nosotros; llevarlos y traerlos a sus actividades y compromisos nos permite tenerlos más monitoreados y poder ver con quién, dónde y cómo están. Pero con todo y todo, estamos soltando demasiado a los niños. Dejándolos ir a fiestas donde no hay adultos responsables a cargo y después nos quedamos sorprendidísimos de la manera de tomar y la violencia en esos eventos.

¿Cómo puedes dejar ir a tu hijo o hija a una fiesta (o cualquier cosa) si no has hablado con los papás del que invita?, ¿sabes lo que está pasando en esos lugares?,

¿sabes que tu hijo tal vez no es la víctima sino el verdugo?, ¿sabes que lo que viste en Netflix pasa en los mejores vecindarios en todos lados? Lo del sexo. Lo de las drogas. Lo del abuso. Lo de la violencia. T-O-D-O.

Aun cuando los veamos enormes, son unos niños y sus cerebritos todavía no son capaces de responder ante emergencias y medir las consecuencias de las tonterías que hacen en grupo. No les den un coche a los 16 años. En serio. Es un accidente esperando a suceder de una u otra manera. Tenemos que ser socialmente responsables y cuidar mejor a nuestros chavos.

Sí, el adolescente necesita reafirmarse. Pero, sobre todo, necesita saberse contenido, por eso se brinca las trancas, porque quiere ver quién lo puede detener y asegurarle que va a estar bien. **Ese es tu trabajo, papá, mamá: meterlo al huacal todas las veces que sea necesario.** Sentirse querido y a salvo es lo que hará que esta etapa pase más o menos fácil. No caigas en la trampa. Lo que ellos realmente quieren es que los jales hacia ti. No que los empujes al precipicio.

Déjenme hacerles un resumen rápido de respuestas para sus predicamentos ante estas pendejadas que nos contamos (y dejamos que nos cuenten), para que se dejen de hacer bolas, y ya después les doy unas referencias para que vayan a leer y a escuchar a personas que sí son expertas en la materia:

Si hay gente que no va a la fiesta porque no va a haber alcohol, ¡alabado sea el Señor! Ya se deshicieron de las personas que justo no queremos junto a nuestros hijos.

Si en tu fiesta les das de beber a menores de edad y les pasa algo, TÚ eres el responsable legal y, por si no estás enterado, es un delito penado por la ley.

Al permitir que en tu casa se sirva alcohol a menores, les estás enseñando a tus hijos a pasarse la ley por los huevos (perdonen mi francés) y contribuir a que este país del que taaaanto te quejas siga yéndose a la mierda (*again*, francés). En otras palabras: estás siendo parte del problema y, pues…, amigos, dense cuenta. ¿Qué tipo de personas estamos formando para el futuro?, ¿y qué tipo de mexican@ eres tú para quejarte de todo, mientras rompes las leyes a tu conveniencia?

Efectivamente, no podemos blindar a nuestros hijos de todos los riesgos, sustancias, actividades o de la vida en general. No. Pero eso no quiere decir que los pongamos frente a situaciones, sustancias o lugares que:

- No es momento: ¿por qué nos uuuurge empujarlos siempre al siguiente nivel?, ¡déjenlos, por favor, vivir cada momento sin prisas! ¡Protejamos su infancia! ¡Su pubertad! ¡Su ritmo!

- No es saludable: ¿Cómo puede ser que, siendo nuestros hijos el tesoro más grande de nuestra vida, estemos poniendo en riesgo su salud, que es lo que más nos importa?

- No es seguro: Insisto ¿por qué queremos ponerlos en situaciones que probablemente no sepan manejar? ¿Por qué los dejamos ir a antros a los 15 y nos da miedo que sean los únicos que no van, cuando en realidad lo que nos debería dar miedo es que estén en un lugar lleno de adultos (en su mayoría intoxicados) viendo cosas que no les toca ver, arriesgándonos a que alguien pueda abusar de ellos de alguna manera, o exponiéndolos a que algo suceda ahí dentro y no tengan las herramientas para resolver o reaccionar ante esa situación?

Me van a decir que "anteeees hacíamos lo que queríamos, a nuestros papás les valía gorro, siempre han pasado estas cosas" y demás mamadas.

Puede ser, pero ante eso, tengan estas respuestas:

- Antes el mundo era muy diferente. No había tantos riesgos. Y nuestros papás no tenían tanta información.
- Que antes pasara no quiere decir que está bien que pase ahora.

Siendo que la pendejez humana es infinita y que no podemos dejar a nuestros hijos encerrados para siempre, ni estar yendo a fiscalizar cada plan al que van, lo que nos queda entonces es prepararnos para la batalla y hacer lo mejor que podamos hacer frente a esta alarmante situación. ¿Cómo?… esta es más o menos mi ruta crítica:

- Tener la mayor información posible acerca del plan. Si no hay información, no hay permiso. Parte clave es saber si en esa reu hay papás alrededor (sí, efectivamente muchas veces serán papás poniendo el alcohol, pero por lo menos saber que, en caso de emergencia, hay un adulto [irresponsable] que, esperemos, pueda resolver si algo sucede [cruza los deditos y reza] o imponga con su sola presencia algún tipo de freno a una bacanal desgobernada).
- Darles la mayor información posible para navegar los planes sociales. No dejarlos ir solos, aprender a ir en grupo y a cuidar a su grupo. Contarles las historias de terror. Hablar sin cesar de los riesgos, los noes los síes, los qué hacer en caso de. Que tengan su cel cargado.

- Dar permisos con horarios adecuados dependiendo la edad: un niño de 15 no tiene nada que hacer en una fiesta a las 2:00 de la mañana cuando hay personas de 20. Nada. Es un accidente esperando a suceder.
- Llevarlos y traerlos a las reus nosotros. Es una hueva, pero es la mejor manera de ver, escuchar, calar y conectar.
- Desde luego, predicar con el ejemplo. Si nuestros hijos crecen viéndonos chupar en toooodos los planes (o incluso solos), van a aprender que no hay manera de pasarla bien si no hay chupe de por medio. Y ya ni hablar de que empedar con los hijos menores de edad es SIEMPRE un NO.
- **Y, finalmente, lo más importante... el diálogo.**

Hablar con ellos. Hablar con ellos. Hablar con ellos. Hablar con ellos. Hablar con ellos.

El diálogo y la relación con los pubertos son importantes, porque si se meten en un problema queremos ser los primeros en enterarnos, el lugar seguro a donde puedan llegar a decir: "pasó esto... ¿Cómo lo puedo resolver?".

No quiere decir estarlos salvando, quiere decir permitirles hacer algunas idioteces y enseñarles a resolverlas en lugar de asesorarse con alguien incluso más pendejo.

Así que mi consejo principal es: abran las conversaciones. Todas las conversaciones.

La información es poder. Infórmense. E informen a sus hijos. Esa es siempre la mejor estrategia y la única vacuna para medio protegerlos en esta asquerosa y fantástica etapa. Y por lo demás... pues pónganse a rezar porque está cabrón, pero es lo que hay.

La realidad es que la adolescencia es, efectivamente, una cueva ñacañaca. Pero lo adolescentes no son permanentemente insoportables, tienen días, igual que nosotros. Están en medio de la vorágine cotidiana tratando de descubrir quiénes son en un mundo brutal en muchos sentidos. Y tal vez ya no son nuestros niños chiquitos que tanto extrañamos, pero están ensayando eso en lo que se van a convertir y, lejos de asustarnos, debería emocionarnos. Son divertidos. Creativos. Empecinados.

Nadie nos dijo que la adolescencia es una aventura, la aventura de verlos empezar a abrir las alas, y que presenciar eso puede resultar muy emocionante, con todo y que a veces los queramos estrangular tantito.

CAPÍTULO 7

Zapatero a sus zapatos

Ahora, si bien es cierto que la escuela noooo es la responsable de educar a nuestros hijos y que la parte más importante de la escolarización (después de saber leer, escribir, sumar y restar) es aprender a vivir en sociedad y ser parte de una comunidad, también es verdad que las instituciones educativas no pueden lavarse las manos ante la crisis que estamos todos juntos enfrentando en esto de la formación de personas.

En mi opinión, las escuelas tendrían que estar tomando posturas de cero tolerancia ante las agresiones que suceden entre los alumnos, y de los alumnos a los profesores, a la presión de los padres de familia, al uso del celular en horarios escolares y, en general, ante cualquier cosa que altere o permita que se pierda el respeto entre una persona y otra sin importar quién sea la persona.

Cuando el de 17 tenía 15 y entró a prepa, nos mandaron llamar (por primera vez en la vida) a él, a su papá y a mí a la oficina del director general de la escuela. Antes de la reunión, le dije a mi hijo: "¿Qué pasó? Cualquier cosa que haya sucedido, necesito saberla de ti y no enterarme en la oficina de ese señor, cuéntame".

El escuincle estaba pálido y yo recuerdo que pensé: "*Shet*, ¿será que ya se me descompuso el chamaco y empezó la era de las barbaridades?".

"No sé, ma, te prometo que yo no hice nada, pasó algo en un baño, pero yo no estuve involucrado y mandaron llamar a muchos que no sabemos qué onda".

Llegamos a la reunión con el director general, la directora de prepa y nosotros tres. Yo, que soy ñoñísima para eso de transgredir ese tipo de autoridad (sobre todo porque era una autoridad francesa y que te regañen en francés es infinitamente más culero), estaba francamente preocupada... ¿Qué hizo?, ¿lo van a expulsar?...

Para no hacerles el cuento largo, la cosa fue así:

Durante un recreo, mi hijo y una bola de escuincles más entraron al baño a hacer lo que tenían que hacer al mismo tiempo que un compañero que se vestía diferente a ellos, con faldas, pelo largo y, en general, no como el promedio de los "chavitos bien" de la escuela en cuestión, y mientras hacía pipí en un mingitorio, otro de sus compañeros llegó por atrás a hacer el movimiento ese tan elegante que hacen los XY cuando creen que son muy cagados refiriéndose a tener una relación sexual con alguien más, o como se dice en otro francés: "como si se lo estuviera cogiendo", ante lo cual varios de los asistentes se carcajearon y otros no hicieron absolutamente nada.

El director empezó preguntándole a mi hijo qué había sucedido. Él narró el suceso y, a continuación, le pregunto: "¿Y tú qué hiciste?", y mi escuincle contestó: "Nada"...

El *speech* que ese señor le dio a mi criatura es uno de esos que nunca se le van a olvidar, ni a mí, ni a su papá, estoy segura. Y fue algo así como: "Y ¡justo por eso estás aquí. Porque no hiciste n-a-d-a ante un compañero humillando a otro, y eso es absolutamente intolerable, porque cuando no haces nada ante un problema eres parte del problema.

"Tu compañero, además, ese del que tanto se burlan, es el más valiente de todos, no solo porque vino a denunciar algo que alguien más tendría miedo o pena de exhibir, sino porque tiene las agallas de ser diferente en medio de un grupo de niñitos formateados y uniformados con el único fin de pertenecer y ser aceptados. Él no solo se atreve a ser quien es, no está dispuesto a que le falten al respeto por eso. Y eso es algo que todos ustedes deberían aprender.

"Esta conversación es solamente un aviso. Pero que te quede claro que si de aquí a sexto de prepa estás involucrado en cualquier tema similar, no voy a hacer averiguaciones, serás expulsado de inmediato, igual que todos los que estuvieron en ese baño, solo para que les quede claro que en esta escuela tenemos cero tolerancia a la discriminación de cualquier tipo".

Me dieron ganas de pararme y aplaudir.

Era el equivalente en francés de: "Tanto peca el que mata a la vaca, como el que le agarra la pata". El señor tenía absolutamente ¡toda! la razón. Hay cosas que no son cuestión de enfoques. Y hay veces que es necesario plantear las posturas.

Lo único que yo le pregunté a mi hijo cuando acabó fue: "¿Qué vas a hacer para reparar?". El niño estaba pálido y se tardó un rato en poder responder y decir: "Irme a disculpar". Y así lo hizo.

Y es que no podemos estarnos lavando las manos de todo. Ni ayudarles a ellos a escaparse de las consecuencias de las cosas que hacen, o no hacen. Pero el trabajo es en equipo, porque no dudo que en esa misma oficina otros papás hayan reaccionado muy diferente pretendiendo "defender" a sus criaturas.

Por nada del mundo quisiera jamás estar a cargo de una escuela y tener que lidiar con esta generación de papás que, lejos de querer formar, pretenden salvar a sus retoños de cualquier cosa y no les da para ver el tipo de monstruos que están dejándole al planeta.

El compañero al que se le hizo cagado hacer eso representa a la mayoría de los hombres de mi generación, a los cuales les sigue pareciendo cagadísimo burlarse de las personas diferentes a su masculinidad tan "reafirmada" (que más bien es taaan vergonzosamente frágil), y en general a cualquier cosa, persona, sistema, creencia, gusto, forma de ser que sean distintos a los que a ellos les parecen "correctos".

Las escuelas también son muchas veces las que hacen esa discriminación, no aceptando hijos de familias homoparentales (lo cual sigue sucediendo), no permiten que los alumnos lleven el pelo del color o largo que les dé la pinche gana, se reservan "el derecho de admisión" con base en las apariencias y nivel económico y una serie de cosas como de 1970, a las cuales estaría bueno les dieran una revisada.

Las escuelas y los papás tenemos que hacer mancuerna. En todo. En los temas de salud mental; sería fantástico que las instituciones educativas les bajaran unas varias rayas a sus estándares mamadores académicos y se asomaran tantito a lo que les está pasando a nuestros chavos ahogándose en eso que se llama autoexigencia y estrés. Y que los papás acabáramos de entender, de una vez por todas, que las calificaciones valen totalmente madre.

Menos números y más pedagogía. Más información sexual. Financiera. Social. Más ayudarles a encontrar sus talentos. Más habilidades blandas. Más capacidad de análisis. Trabajo en equipo. Creatividad. Resolución de conflictos. Negocios.

Lo que los adultos del futuro necesitan es aprender de resiliencia. De empatía. De solidaridad. No todas las demás mamadas. Necesitamos formar futuros adultos capaces de formar sociedades más fuertes, más justas, más inclusivas. Y personas que quieran servir, no solo ser *youtubers* para que las marcas les regalen cosas, que es, alarmantemente, el deseo de la mayoría de los escuincles hoy en día... ¿se imaginan?, ¡olvídense de lo patético que eso suena!... ¡¿quién nos va a salvar si nos da un infarto?!

Estamos construyendo personas completamente superficiales en casa. Pero también en las escuelas. Nuestras prioridades están del todo confundidas. Hay escuelas en donde, durante la época de Navidad, permiten a los niños llevar a su (pinche) elfo/duende y, durante el recreo, las *misses* se dedican a desmadrar sus salones pretendiendo que son las travesuras de este nuevo personaje que se ha vuelto tan indispensable en la vida familiar para fomentar "la magia de la Navidad" (*maigooood*). Y yo me pregunto ¿es en serioooooo? O sea, ¿es de verdad importante que una maestra pierda su momento de descanso u organización del siguiente segmento en esa ridiculez? ¿Es neta que a los papás eso nos parece bien?, ¿esas son las cosas que nos importan de un sistema escolar?, ¿para eso dejamos un riñón cada mes en forma de colegiatura? ¿Cómo es posible que estemos priorizando el show en tooodas las áreas de la vida de nuestros hijos? ¿Qué parte no estamos entendiendo?

Porque si lo del elfo les parece indispensable, pues, miren, cada quien sus malos gustos, pero me parece que hay lugares para todo. Quiero pensar que la escuela no es la que propone poner en su programa educativo una actividad que haga que las maestras pierdan su tiempo y su energía haciendo esas pendejadas, en lugar de enfocarlo en eso para lo que estudiaron y para lo que las contrataron: enseñar. Muy probablemente esto son cosas que a los papás nos parece que la escuela tendría que hacer, y las escuelas, apanicadas de perder clientes, aceptan y, pues, #todomal. Porque parte de la chamba de una escuela tiene que ser, también, ponernos límites a nosotros, los papás.

Hasta donde yo me quedé, uno elige una escuela para sus hijos con base en la que es más compatible con sus necesidades y principios. Vas, preguntas, hablas, aplicas y, una vez que pagas y firmas tu contrato, el siguiente paso debería ser, según yo: confiar.

Confías en que la institución que elegiste sabe hacer su trabajo y pensaría que, al inscribir a tu hijo, estás aceptando su sistema y sus decisiones porque son las que más se asemejan a los tuyos.

Pero resulta que esto ya no necesariamente funciona así y esto, en gran parte, es gracias a los famosos —y temidos— chats de los salones de la escuela.

Con todo lo que amo WA y todas las cosas que resuelvo gracias a esa maravillosa app, los chats de las mamis me parecen el peor invento de la historia. Me cagan. Y no solo eso, estoy convencida de que, lejos de resolver, generan mucho más conflicto y confusión que otra cosa.

Olvídense de los espeluznantes casos de mamás que se agarran del chongo en estos grupos; las que se ponen a platicar un tema de dos en medio de cuarenta y cinco, las que lo usan para vender, las que nada les parece, las que mandan fotos de la fiesta de su hijo —a la que solo invitaron a ocho del grupo—, las que no leen nada y preguntan lo mismo que les acaban de decir, y las que creen que es un chat de sus amigas y no un grupo de desconocidos cuyo único objetivo (se supone) es comunicar un dato. Y, por supuesto, los treinta y cinco gracias que la gente cree que tiene que poner c-a-d-a v-e-z que se recibe un mensaje. *Maigod*.

Todo eso es lo de menos.

Lo de *más* es que los grupitos de las mamis nos han hecho pensar que alguien nos pidió nuestra opinión en cuanto a lo que sucede dentro de la escuela y en los salones de nuestros hijos y, peor aún, que son una herramienta que nos ayuda a ser mejores papás y mamás porque podemos resolverles cualquier tema a las criaturas...

Sí.

Ahí está la mamá que no está de acuerdo en que la maestra haya dejado sin recreo a su pimpollo, porque pobrecito (sin saber que su diablito lleva dos meses rompiéndole las pelotas a todos los compañeros y fue su manera de ponerle un alto). La que diario pide la tarea porque a su niñito "otra vez se le olvidó anotar, ¡qué distraído!" (sin entender que la única razón por la que el "niñito" no anota es porque, obvio, está mucho más cómodo con que su mamá ¡diario! se la consiga, y probablemente también se la haga). La que está muy consternada porque su hijo se sintió muy mal por no ganar el concurso de no sé qué y eso no es justo, la que está furiosa con la maestra porque les puso un examen sorpresa a los niños y estuvo "demasiado difícil…, qué poca", y así miles y miles de "opiniones inconformes".

Francamente, qué barbaridad, ¡¿cómo se atreven los profesores y las escuelas a poner límites, consecuencias y pretender que los logros sean reales o que alguien repruebe una materia porque no tiene ni idea de qué va…?!

¡Indignante!

Estimados padres de familia: no mamen.

La escuela es un periodo de la vida, fundamental en la vida de un niño, en donde lo que MENOS importa (después de aprender a leer, escribir y hacer operaciones matemáticas básicas) es la parte académica. Nadie nunca ha sido, o no ha sido, aceptado en Harvard por sus calificaciones de primaria e, incluso, por las de secundaria.

La función principal de la escuela es aprender a socializar. A vivir en comunidad. A resolver. A con-vivir con los que te caen bien y ¡sobre todo con los que te caen mal! A apechugar. Adaptarte. Organizar. Administrar. Compartir. Esperar. Tolerar. Negociar. Pelear. Enmendar. Respetar. Asumir. Jugar. Trabajar. Y un millón de cosas más que nada tienen que ver con las materias que se enseñan.

La escuela es un ensayo para la vida en donde, sí, efectivamente, hay gente nefasta, gente superbarco, gente muy exigente y personas muy incompetentes. Cosas y situaciones divertidas, aburridas o muy injustas. Retos y proyectos que nos gustan y otros que nos chocan y nos cuestan muchísimo trabajo, problemas, soluciones, oportunidades, momentos difíciles y ratos de recreo.

Para eso y mil cosas más es para lo que sirve ir a la escuela.

Y nosotros, con la bandera de estar "muy involucrados con los hijos", estamos impidiendo que eso se lleve a cabo.

La buena noticia es que probablemente sus niños salgan de prepa con muy buen promedio (¿o es de ustedes?, porque, aunque ustedes no lo crean, hay mamis que les siguen haciendo la tarea, en prepa. *Maigod*); la mala es que estos chavos no van a tener una-sola-herramienta para resolver cualquier situación que se les presente en la vida.

Estamos pidiendo, resolviendo y haciendo las tareas de nuestros hijos. Metiéndonos en sus problemas con sus amigos (o peor todavía, ¡siendo la que provoca los problemas!... *True and very sad story*). Organizándoles todos sus planes (incluido su viaje/peda a Europa que, obvio, se merece por todos sus esfuerzos). Pagando por que les hagan sus maquetas porque "estaba muy matado". Dibujando sus diagramas "porque no le salió parejito". Crucificando a cualquier profesor que ponga en duda sus capacidades o resultados y ni se diga si pretende reprobarlo.

Y lo más grave: negándonos rotundamente a aceptar que nuestro hijo pueda ser el *bully*, el que se robó algo, el que falta al respeto, dice mentiras o el que nadie puede manejar y por el que se le sugiere buscar apoyo externo.

Criticamos los métodos de las escuelas que ¡nosotros elegimos! Y mandamos a la hoguera a cualquier persona que se interponga, tantito, en el camino de nuestros cachorros. Demandamos, amedrentamos, quitamos licencias y cerramos escuelas. Usamos todo nuestro poder para quitar de en medio a cualquier figura que pretenda decirnos algo que no queremos escuchar relativo a nuestros hijos.

Esto no es una idea loca mía. Es una realidad a la que se están enfrentando las escuelas y universidades.

Los chavos están llegando a la carrera sin saber hacer tareas, reflexionar, resolver, negociar con los profesores, establecer un punto, argumentar algo o presentar un proyecto. Ya ni se diga aceptar sus resultados. Una materia reprobada es el fin del mundo.

Vaya, hay mamás que en la universidad piden hablar con los profesores para revisar las calificaciones. Amenazan, se enojan, tratan de comprar y hacen uso de todas sus herramientas de intimidación para exigir que sus hijitos —de 23 años— aprueben su materia. Qué oso.

En el afán de "ayudarlos", estamos poniendo en el mundo personas completamente DÉBILES emocional y socialmente. Queremos salvarlos de cualquier incomodidad y resolver cualquier problema en chinga —y vía WA— para poder seguir haciendo nuestras cosas y palomear ese pendiente.

Me quedo muy corta en los ejemplos.

Mi objetivo no es burlarme, juzgar, satanizar, ni mucho menos menospreciar el trabajo que cada papá o mamá hace. Al contrario.

Pero díganme, por favor, ¿cuándo nuestros papás interfirieron en nuestras escuelas?

Ibas, chambeabas, reprobabas, pasabas, sobrevivías, asumías… ay de nosotros si mandaban llamar a nuestros papás porque ya estaba muy cabrón. Ahora, en el mundo al revés, ¡ay de aquel profesor que pretenda llevar a cabo cualquier consecuencia que incomode tantito al alumno, porque para eso estamos sus padres y de ninguna manera se lo vamos a permitir!

Estar involucrados no es, de ninguna manera, meterse en los sistemas y decisiones de la escuela, ni en los métodos y criterios de sus profesores. Eso se llama controlar.

Involúcrense en lo que ven en la tele, con quién están chateando a las 12:00 de la noche, a qué fiestas van y que no se pasen la vida pegados a una pantalla. Controlen cabrón los permisos, la clave del wifi y la cantidad de dinero que les van a dar cada semana.

¡Eso sí depende de nosotros! Lo de la manera en que la escuela hace su trabajo no nos corresponde. Inviertan su tiempo en algo más productivo.

Y las escuelas a su vez, me parece, tendrían que estar haciendo las cosas con mucha menos condescendencia para los papás, y cerrarnos la puerta en la nariz mucho más seguido. Su prestigio se forma de acuerdo con el tipo de personas que contribuyen a formar para la sociedad, no son un club social, no son un ranking de popularidad, no son —solo— un negocio: son una institución educativa y eso implica mucha responsabilidad.

La escuela de mis hijos es una de esas escuelas en donde nadie te pide tu opinión. Y esa me parece una de sus mejores cualidades, incluso si pienso que tiene varias áreas de oportunidad (porque, a ver, no hay escuela perfecta). La única vez que pedí una cita con un director para pedir un cambio de salón fue cuando la de 20 pasó a sexto de primaria que, en su escuela, era un gran evento porque al terminar la primaria la escuela organizaba un viaje de quince días fuera de México. Un proyecto increíble que preparaban durante todo el año para poder aplicar en las comunidades a las que iban, además de pasear un poco y dar sus primeros pasos solos en el mundo. El grupo con el que les tocaba era, para ellos, de vida o muerte, porque de eso dependía todo su viaje.

El primer día de clases llegamos a ver las listas de salones con el estrés pretraumático reglamentario y, ¡oh sorpresa y desilusión!, de su grupo de ocho o diez amigas no le tocó con ninguna. Cero. Ella sola en medio de veinte "desconocidos". En un hecho sin precedentes, mi hija se soltó a llorar de manera desesperada. Y yo, como nunca había visto eso (y ponerme a llorar con ella no era una buena idea, aunque me daban las mismas ganas), decidí que en ese momento iba a pedir una cita con la directora para explicarle que ese nivel de injusticia no podía ser perpetrado en contra de mi hija porque, pobrecita, mire usted, cómo está llorando desolada.

La directora me recibió con mucha formalidad y, después de escuchar mi terrible caso, me respondió con gran amabilidad que en la escuela no había cambios de salones, por ninguna circunstancia, nunca. Que los maestros trabajaban por horas para armarlos y que si a uno le decían que sí, tendrían que decirle que sí a todos y eso era una perdedera de tiempo descomunal, que la escuela no tenía para perder en esos menesteres. "Qué pena me da su caso, señora, que tenga buen día", me abrió la puerta y, con una gran sonrisa, me mandó olímpicamente a la chingada.

¿Me fui echando humo por la nariz?, ¡por supuesto! Me quedé todo el día mortificada pensando cómo lograr que mi hija tuviera lo que quisiera y no estuviera devastada. No pude. Y mi hija sí, sí estuvo un buen rato devastada. Se fue a ese viaje con ese grupo, en donde para entonces ya tenía nuevos amigos y regresó absolutamente feliz.

¿Y qué creen? El viaje del grupo de las amigas fue un absoluto desastre. Se pelearon todas contra todas, la pasaron fatal y "el grupito" dejó de ser.

La moraleja de esa historia para mi hija y para mí fue que la vida te pone en donde tienes que estar cuando tienes que estar. Que hay que aprender a adaptarse. Que no siempre te sale como quieres, pero eso tal vez haga que te salga mejor. Mi hija siguió siendo amiga de todas ellas (por separado), porque no fue parte de la ecuación ni del argüende grupal y paralelamente tuvo la oportunidad de abrir su universo, su mente, su círculo de amigos, su capacidad de adaptación y esa herramienta indispensable para la vida que se llama: aprender a apechugar.

Mi trabajo no era resolverle la incomodidad a mi hija, era ayudarle a navegarla y permitir que estuviera incómoda y fuera ella misma quien la resolviera.

El trabajo de las escuelas no es, por ningún motivo, acomodarse a las demandas (la mayoría de las veces absurdas y sin sentido) ni dejarse manipular por los padres de familia: es hacer su trabajo, enfocarse en hacerlo bien y no dejarse intimidar.

Nadie les dijo a las escuelas que ellas son las que mandan dentro de sus instalaciones, no los papás.

La otra cosa que amé siempre de la escuela de mis hijos es que toda la información oficial llega vía correo electrónico. La institución no pierde su tiempo, ni somete a sus empleados a estar atrapados en un chat dando explicaciones a las mamis de cosas que no tienen que dar, recibiendo opiniones que no necesitan, o mandándoles fotos de sus hijos en el recreo. Los profesores están trabajando. O descansando. No están al servicio de los chats. Por supuesto que hay chats de mamis porque aparentemente hay gente muy masoquista, pero (se te advierte por la vía oficial el primer día) no tienen nada que ver con la escuela y puedes libremente ¡no estar en los chats del infierno! y eso me parece un enorme acierto que, si les sirve de algo, les dejo en el tintero, escuelas. De nada.

Confiar en la institución que elegimos.

Alinearnos a sus decisiones y sistemas.

Apoyar para que los resultados se potencialicen, soltar los papeles que no nos corresponden y usar nuestro valioso tiempo libre en cosas más productivas, que para eso pagamos lo que pagamos. Mamás, vayan a tener vida.

Nadie les dijo
a las escuelas
que ellas son
las que mandan
dentro de sus
instalaciones,
no los papás.

Eso es lo que tenemos que hacer.

Eso y saber que, si de plano no estás de acuerdo con la escuela que elegiste, siempre puedes buscar una mejor opción...

CAPÍTULO 8

El tren del mame

Desde el momento en el que te embarazas, todo, absolutamente tooodo tu entorno comienza a decirte toooooooodo eso que ne-ce-si-tas saber, comprar, tener, agendar, apartar, pagar, tomar, hacer y, obvio, no hacer.

Pero nadie nos dice, y esto nos serviría un millón de veces más, lo que felizmente nos podemos ahorrar. Siento que es mi responsabilidad comunicarlo aquí...

Una tarde, recibí un WhatsApp de una persona que me preguntaba: "¿Te puedo hacer una pregunta extraña? Me gustaría saber tu opinión...".

Yo, que siempre quiero preguntas extrañas y que amoooo dar mi opinión (como ya se habrán dado cuenta) respondí: "Claro, mana, dispara".

La pregunta, en resumen, era: "¿Tú crees que debo tener otro hijo? Tengo dos y estoy dudando si debo tener un tercero".

Yo: "¿Por?".

Ella: "Por si pasa algo en la vida, que no se quede solo uno (¡omaigod!), por si es mejor una familia grande, por si los hermanos son el mejor regalo (por si, por si, por si...). Entonces, estoy haciendo un miniestudio de mercado para saber la opinión y la experiencia de otras personas que tienen más o menos hijos y poder decidir".

Aclaro que yo no conocía tanto a esta persona, por lo cual agradecí, infinitamente, la confianza (sepan que la persona en cuestión me dio su autorización para hablar de esto). Y, partiendo de ahí, tuvimos una conversación en donde salieron muchos puntos que me parecieron dignos de pelotear.

Lo primero que le pregunté fue: "¿Tú tienes ganas de tener otro hijo?".

Me parece que antes que cualquier otra cosa, lo que hay que preguntarse es: ¿tengo ganas de hacer esto? Porque resulta que, a diferencia de muchas cosas, un hijo no es desechable y la decisión que tomes tendrás que asumirla el resto de la vida.

La segunda pregunta fue: "¿Estás dispuesta y en posibilidades de darle a ese tercer hijo lo que les diste a los otros dos en cuestiones de tiempo, de atención, de paciencia, de recursos y de todo lo demás?".

Esas fueron las dos preguntas que yo me hice cuando fue momento de decidir si nos quedábamos con dos o queríamos uno más. Y la razón por la que decidimos que ni uno más fue precisamente esa: ya no teníamos con qué ser esos papás 100 % presentes los primeros años, ni de vivir sin dormir, ni de dejar lo que nos quedaba de espalda en el proceso. Ni de todo lo demás.

Nuestros hijos los criamos nosotros. Su papá y yo. Juntos. Nadie los bañó, cambió, durmió, vistió, ni se despertó cuatrocientos millones de veces en las noches más que él y yo (y tal vez uno que otro familiar, y muy, pero MUUUUYY eventualmente, alguna asistencia extra por ahí en casos muy específicos durante las labores de día), sin hablar de los catorce meses que amamanté a libre demanda a cada uno y las hoooras de acompañarlos a descubrir el mundo. O la lana que cuestan. O la chinga que es educar y la paciencia que eso requiere y que a mí no es como que se me dé en maceta.

Nuestra decisión fue no.

¿Me arrepiento?

No.

Y sí.

No, porque sigo pensando que ya me agarraron cansada y mi cuerpo y mi tolerancia ya no daban más de sí. Sí, porque pienso que los hijos siempre vienen a multiplicar el amor y que, viniendo de una familia de solo dos (mi hermana y yo), me hubiera gustado saber cómo era una de más y porque sí, efectivamente, los hermanos son el mejor regalo para navegar la vida.

Lo que me sorprendió mucho en toda esta conversación *whatsappera* fue que la decisión de tener otro hijo para ella implicaba, además, todo un nivel de necesidades y requisitos a cumplir que, cuando me tocó a mí decidir, afortunadamente no existían.

La cito cuando dijo: "Es que ahora para tener hijos ne-ce-si-tas (¡no-ma-men!) una serie de cosas que antes no necesitabas, como el *sleep* coach, el coach para que coman mejor, el coach para el vínculo, las fiestas hiperproducidas, el viaje a Disney a los tres años" y todos los etcéteras que caben aquí.

Y ahí es a donde quiero llegar…

"¿Ne-ce-si-tas?".

¡¿Quién dijo que necesitas todo eso?!

Les voy a decir quién: la sociedad de consumo y el tren del mame imparable por pertenecer y pensar que si no hacemos las cosas como las hacen los demás, entonces las estamos haciendo mal.

A ver…

Es evidente que, si uno lo necesita, se vale buscar ayuda para un tema específico y, bendito sea Dios, hay expertos que pueden orientarnos y ayudarnos a salir de un bache.

Sí.

¡Pero eso no quiere decir que TENGAMOS que contratar a todos para todo, ni para cada hijo!

WTF?!

Lo que hay es una oferta inmensa ante una necesidad clarísima y una falta gigantesca de conexión, con algo que durante millones de años fue lo que hizo que no nos hicieran falta tantas cosas: nuestra voz interna, eso tan mencionado y ahora tan ninguneado que se llama: instinto materno.

Estamos taaaan preocupadas por palomear toda la lista de requisitos de los demás que se nos ha olvidado escucharnos a nosotras y a nuestras tribus. Los hijos se han criado durante milenios con sus mamás y con sus abuelas, y las amigas, y las tías y ¡¿ahora necesitamos especialistas?!, y eso es una gran tragedia porque estamos pretendiendo tener hijos formateados.

#todomal.

Algo que angustiaba mucho a esta mujer (que amé que se vulnerara así) era: "Es que yo quiero darles lo mejor y, pues, ahora darles lo mejor implica gastarse una fortuna continuamente *para no dejarlos sin todo eso*".

Y eso me parece el punto más importante a la hora de decidir tener hijos..., cualquier cantidad de hijos..., que se nos ha olvidado que lo mejor que podemos darle a un hijo somos nosotros mismos.

Tiempo. Orejas. Ojos. Canciones. Juegos. Paciencia. Brazos.

Y un chingo de noches sin dormir.

Lo que nuestros hijos necesitan de nosotros son unos papás conectados con ellos mismos que sepan escucharse y que entiendan que nadie, ¡nadie!, conoce a su hijo mejor que ellos.

Que uno no es la misma mamá (o papá) para todos sus hijos, porque cada uno es diferente y, por lo tanto, necesita una mamá (y un papá) distinta, y que eso está bien.

No tengo nada en contra de toda la oferta de servicios que existen al respecto (antes de que se me echen encima), siempre y cuando entendamos que no los necesitamos por *default*, sino solo en caso de que realmente estemos —nosotros o nuestros hijos— atorados con algo.

Lo que necesitamos es informarnos bien ante los temas y los momentos de la crianza, leer libros, tomar cursos y pedir asesorías, *okey*, siempre y cuando no apaguemos nuestra voz interior y la dejemos de escuchar, pero sobre todo de ejercer.

Para ser "mejores" mamás y papás, lo que necesitamos es más práctica y menos teoría. Punto.

Todos los certificados del mundo no sirven para nada si no estás ahí lo más seguido que puedas estar: en el ajo.

En los abrazos. En las noches sin dormir. Las horas de armar y desarmar, vestir y desvestir, jugar y recoger. Poner límites. Educar. Esperar que aprendan a vestirse y a no tirar la mitad de la comida aprendiendo a agarrar una cuchara.

Si yo les contara las hooooooras que se pasó mi hermana con mi sobrino favorito en lo que María Montessori (sensei universal) llama un "periodo sensible" (que es cuando el niño está "obsesionado" con algo porque está aprendiendo y, en lugar de regañarlo, suspender o prohibir eso que está haciendo y permitirlo para dejar que eso, que está haciendo sin cesar, lo ayude a construir lo que sea que su cerebro esté construyendo al hacerlo) y en el que el escuincle se pasó horas (y probablemente meses) en abrir y cerrar puertas y rejas… hoooooraaaas… y ahí estaban los dos: él abriendo y cerrando, ella observando y permitiendo (y probablemente también a ratos, alucinando un poco).

Yo perseguí durante meses a mi hijo en su búsqueda incansable por juntar todos los palos del mundo (que atesoró en el cajón debajo de su cama como hasta los 10 años) o caminando atrás del camión de basura de la colonia, donde estaba la escuela de la hermana, en lo que esperábamos a que saliera (lo cual, por cierto, fue todo un aprendizaje… los procesos y logísticas de un camión de basura son muy impresionantes). Y pasé horas viendo a mi hija dar machincuepas en el aire cuando su obsesión por la gimnasia olímpica implicaba la necesidad de tener público muy atento ("¿viste, mamá, viste, viste?").

Lo que los hijos necesitan es tiempo.

Y presencia.

No prisas.

Ni cien expertos.

Tiempo.

Y es que les tengo una noticia: por más cursos que paguen y expertos que contraten, la Ú N I C A manera de establecer un vínculo con los hijos ¡es vinculándonos con ellos! Estando. Y estando con calidad, porque estar todo el día viendo Instagram no cuenta. Hay que conectar.

Hay mamás y papás que trabajan todo el día y tienen un vínculo mucho más profundo porque cuando están, ¡están! Y esa es la única receta que funciona: estar presentes en el momento presente.

Así que si ustedes, como esta mujer, están pensando en tener un hijo, o no, mi respuesta es contundente: dejen de hacer encuestas y de tratar el tema como si fuera una decisión de negocios. Es una decisión de corazón y de entrega, lo demás se arregla y siempre se acomoda. La cuestión es si queremos darle a esa persona unos papás o simplemente un gerente de su vida.

Siendo brutalmente honesta, tener un hijo siempre va a implicar echarte un brinco al vacío, porque si nos pusiéramos realmente a pensar todas las implicaciones, la responsabilidad, la chamba y el dinero que nos van a costar, estoy segura de que nunca los tendríamos, ¡ni mucho menos volveríamos a empezar! Eso, obvio, nadie nos lo dice, pero es la verdad: tener hijos, muchísimas veces, es de hueva, pero si la haces bien, es la chamba que mejor paga, incluso cuando a veces te hagan pipí en la cara.

Nada, nunca, nos hará sentir eso que se siente por un hijo, ni la satisfacción que es ponerse la chinga más olímpica del universo a cambio de una manita dentro de la nuestra.

Y luego está todo el tema de la producción permanente. El derroche. La pretensión. La ridiculez máxima de cada celebración que se vuelve un concurso de ver quién se gasta más y que normalmente acaba con el festejado chillando, sobre estimulado, sin conocer al 80 % de sus invitados y sin ver a sus papás, que se pasan el día atendiendo gente sin poder convivir o ver gozar a su criatura. ¿Por qué todo implica una producción hollywoodense? ¿Qué necesidad tenemos de desgastarnos de esta manera? ¿Y qué van a necesitar nuestros hijos si cualquier cosa que merezca una celebración se vuelve un show?

¿Alguien me explica?

Ya sé que ya pasaron varios años, pero cuando yo era chica, la fiesta infantil consistía en unos amigos, un espagueti a la boloñesa, UNA piñata con algunos dulces, un pastel hecho por mi mamá y se trataba, principalmente, de jugar, ¿a qué?..., ese era nuestro problema y, hasta donde me acuerdo, nada de todo eso fue, nunca, un tema.

La pasábamos bomba.

Ahora, las fiestas infantiles son un circo. O una granja. O una "experiencia". O un show de superhéroes furiosos —que más que entretener, aterrorizan a los escuincles— o de princesas "encantadoras" esperando a que las encuentre un príncipe para poder sentirse realizadas y, pues..., amiguitas, dense cuenta.

Principalmente, las fiestas infantiles ahora se tratan de apantallar a las otras mamás y de la foto en el Instagram.

Desde qué nos ponemos y que nos vengan a peinar y maquillar —pero sin que parezca que nos peinaron y maquillaron—, hasta tener un tema y comprar tooooooda la parafernalia referente (para luego tirarla a la basura). Por supuesto, no una, ¡tres piñatas!, a las que los niños ya ni les pegan porque no se vayan a lastimar y entonces los organizadores —porque obvio hay que tener organizadores— las rompen con las manos y, desde luego, ya no hay manera de que los chamacos recojan sus dulces porque, para que no "se traumen", las mamás —o algun@ de l@s asistentes con los que acuden a la fiesta, porque, pues, qué cansado estar persiguiendo escuincles— se tiran ¡literalmente! al piso para acaparar con su cuerpo la mayor cantidad posible de golosinas y entregárselas como trofeo al pequeño, que ¡obvio! está totalmente frustrado y furioso porque la mamá del de junto le consiguió más, peeeero ¡no teman!, para eso la mamá organizadora y siempre precavida —como debe ser— tiene setecientos kilos más de dulces para repartir a los que "no les tocaron".

Esta escena la viví en carne propia cientos de veces en las fiestas con mis hijos:

Mamás —o emplead@s— perdiendo totalmente la compostura, arrancándole a otros niños su botín, madreándoselos —"sin querer" pero, pues, ¿qué esperan que suceda si se tira un adulto arriba de diez niños de cuatro años?— a la hora de aventarse y enseñándoles a los niños todo, menos las cosas básicas y elementales que asistir a una piñata puede enseñar:

1. **La vida no es justa —francamente—, entre antes lo aprendan, mejor.**
2. **Hay que aventarse por lo que uno quiere.**
3. **Hay que aprender a mirar a tu alrededor, compartirle al que no le tocó nada y está llorando, o asumir que chance el que agarró más fue porque tuvo una estrategia, hizo equipo con alguien, o es**

un hijo de la chingada y en el futuro hay que estar preparados para todos esos escenarios.

4. Hay que tener llenadera —no necesitas siempre ganar todo—, especialmente cuando implica chingarte al otro. Ganar a costa de todo, y de todos, nunca es ganar: es no saber perder y eso, en la vida, será un enorme problema.

5. Hay que aprender a apañárselas so-los.

6. Hay que volverse experto en eso de la tolerancia a la frustración.

Todo el Episodio Piñata es digno de un análisis psicológico clínico conductual y demográfico. Ahí es donde realmente conoces a la gente y el tipo de mamis con las que estás tratando.

Desde la que organiza, la que se la pasa chupando —¡¿por qué chingados hay "vinitos" en las fiestas infantiles?!—, la que siempre manda al hijo con la "nanita" —¿*plis*, podemos normalizar no decir "nanitas"?—, hasta la que se avienta como si estuvieran lanzando dinero.

Siempre, ¡siempre!, sale a relucir (y en todo su esplendor) la imperiosa necesidad de farolear, caber, agradar y quedar bien de las personas —o desentenderse por completo— durante una hora interminable de *dale, dale, dale, no pierdas el tino* (que ahora ya tampoco tienen que cantar los niños: lo hace el organizador, ¡con un micrófono!), dentro del salón de fiestas (ya de por sí infernal), con música infantil estridente y treinta y cinco escuincles en un *sugar rush* frenético (porque, obvio, lo único que han tragado es azúcar en cualquiera de sus formas), ¡qué increííível idea!, —dijo nadie nunca— y que deja clarísimo quién es quién en la vida.

En el tema de la comida, nunca he entendido por qué hay un menú para los niños (que normalmente es un asco) y uno para las mamás de los niños (que normalmente son puras cosas que "no engordan" y *drinks*). Y luego nos preguntamos por qué nuestros hijos no quieren comer nada más que nuggets y papas fritas, tienen un desorden alimenticio o un problemita con el alcohol.

¿No podríamos mejor hacer UN menú apto para todos?

Más fácil. Más sano. Más barato. Y, sobre todo, más saludable física y mentalmente para todos los involucrados, que les permita a los niños elegir una mejor opción y a las mamás darse permiso de comer algo más que lechuga de vez en cuando. ¿Por qué la pinche división de la comida? No entiendo.

En el tema de los shows, pues miren: los detesto.

¿En qué parte del cuento se chingó el tamagochi y pensamos que a los niños hay que tenerlos apendejados permanentemente, en estado catatónico y en donde (la mayoría de las veces) les hablan como si fueran unos pendejos —¿verdad, amigüitaaas?—. ¿Por qué no, mejor, los dejamos jugar?

Si van a contratar —esto sí lo hice alguna vez—, contraten personas (pueden ser los primos o hermanos grandes o alguien que se dedique a eso) que organicen juegos, concursos y cosas tan trilladas y "vintage" como saltar la cuerda, carreras de costales, el limón y la cuchara, comerse las donas colgadas y *demases* actividades que, ¡sorprendentemente!, siguen siendo superdivertidas, para que tengan alguna actividad que hacer durante el evento. Pero, por lo demás, el chiste, según yo, es dejarlos jugar.

Dejarlos romper la piñata. Dejarlos recoger los dulces. Dejarlos lidiar con su frustración. Dejarlos ver a qué chingados juegan. De-jar-los.

Salirnos de la ecuación y dejar a los niños en paz, supervisando de lejos y estando presentes sin pretender que todo esté "organizado" permanentemente.

En las fiestas infantiles ahora, igual que en las bodas —mi opinión acerca de ellas merece un libro aparte—, tiene que haber un *happening* tras otro. No vaya a ser que usen su imaginación, se organicen solos, o se aburran un rato. ¡Imagínense qué preocupación y qué traumático podría resultarles eso!

Y ya por último, el tema de los regalos. Nadie necesita taaaantos regalos y además se vuelve insostenible comprar tres o cuatro regalos al mes durante una época de la vida; entonces, les sugiero dos cosas:

Uno: si van a regalar, regalen cosas pequeñas y útiles: un rompecabezas, un libro, algo que de preferencia sea para que el escuincle haga algo, no solo acumule "cosas".

Y dos: algo que yo implementé varias veces fue organizar a un grupo de mamás para juntar una lanita y con eso le preguntábamos a la mamá en cuestión qué le hacía gracia a la criatura y eso le comprábamos. ¡Mejor una cosa buena que cien mierdas como principio fundamental de vida!

Me tocó así dar: bicis, carriolas para las muñecas, juegos de mesa o aportar para el ahorro que el/la niñ@ estaba haciendo para algo específico en ese momento; lo hice incluso en los regalos de 15 años para comprar alguna cadenita que le durara a la chamaca y no fuera ooootra playera en su clóset; o sea, algo no perecedero para recordar ese momento de su vida.

Aclaroooo que la "coperacha" la armábamos las mamás de los invitados porque, me informan, ahora hay una modalidad en donde la mamá te invita a la fiesta, y de pasada, te pide una cuota para que ELLA le compre un regalo a su hijo y te pide que, por fa, no le traigas otra cosa más que dinero y, pues… híjoles…, *plis*, no sean esa mamá.

Y, finalmente, la modita de dar regalos de despedida. No sé a ustedes, pero para mí el regalo es que el invitado te haya convidado a su fiesta, no que encima de todo te tenga que dar un reloj por haber venido (cosa que nos sucedió). Insisto: si van a dar un regalo, den algo hecho por ustedes con sus hijos, algo que tenga significado y que no sea, oootraaaa veeeez, para ser aprobadas por la Real Academia del Mame de las Fiestas y pierda todo el sentido.

Creo que hay que ponerse más creativos y formar personitas menos consumistas y materialistas. Y creo que, efectivamente, como eso implica ponerse la pila, y muchas veces ser uno quien lo haga —lo mismo el que invita o el invitado—, preferimos gastar más, salir del paso y hacer cosas absolutamente impersonales, solo por palomear y quedar bien.

Las fiestecitas infantiles —que para mí siempre fueron un viacrucis y no extraño absolutamente nada— son una gran oportunidad para replantearnos el tren imparable en el que nos hemos subido sin cuestionarnos nada, y recordar que el objetivo principal es que nuestros hijos disfruten y que aprendan que disfrutar ¡nunca! depende de ningún exceso, ni de que "todo el mundo" esté, ni dónde estés, ni cuánto gastes.

Cuando yo era chica (en la prehistoria y cuando nadie sabía dónde era eso), mis abuelos compraron una casa en Valle de Bravo, a donde fuimos ¡por años! prácticamente todos los fines de semana.

No había nada más que la casa y un jardín gigantesco. No había alberca. Ni jacuzzi. Ni motos. Ni carritos. Ni toboganes. Ni lanchas. Ni nada. Jamás hubo tele y miren que mi abuela era adicta a la tele, pero en Valle no había porque se trataba, según mi abuelo, de ir a descansar y "hacer otras cosas". Se instaló una línea de teléfono cuando después de una emergencia médica se decidió que "mejor sí", pero antes de eso, solo si era imperativo, ibas al club de golf a hablar (pagando tu llamada) o hablaban ahí y te dejaban recado.

Los eventos muuuy importantes se transmitían en la tele del club, como el final de *Cuna de lobos*, que sin duda rompió récord en cuestión de asistencia porque Avándaro completo estaba ahí apeñuscado sufriendo con las maldades de Catalina Creel.

Las vacaciones consistían en desayuno en la terraza todos en pijama y una actividad mañanera: excursión o paseo y, ya en el colmo de la buena fortuna, una ida a nadar a casa de amigos de mis abuelos (que invitaban de 12 a 2 e incluían un aperitivo), comida casera, tarde libre para explorar, jugar o aburrirte y rematar el día junto a la chimenea leyendo, jugando a algo, viendo a mi abuelo hacer tapicería y a mi abuela despelucar a cualquier contrincante en el Scrabble o cualquier juego de mesa, cena, dormir y al día siguiente repetir.

Rarísimo que lleváramos amigos. Rarísimo que saliéramos. Eran otros tiempos y ni el wifi, ni el tren del mame, ni la posadera, ni la civilización habían llegado a nuestras vidas campiranas (ni a Valle, que ahora es la capital mundial del tren del mame), y si bien lo de ahora tiene varias cosas positivas, me parece que también hay varias que podríamos mandar a la chingada.

Se nos está olvidando enseñarles a nuestros hijos a estar en paz, y a nosotros, recordar que nuestro papel no es tenerlos entretenidos todo el tiempo.

Nos angustia que se traumen por cualquier cosa, que se aburran, que se "queden fuera" de los planes y, ¿les digo una cosa?, que lejos de traumarse cuando no obtienen lo que quieren van a desarrollar tolerancia a la frustración. Que en la aburrición se encuentra la imaginación. Y que quedarse fuera, en realidad, nunca es tan grave y a veces es una bendición. ¡¿Cómo es posible que nadie nos diga eso?!

Las vacaciones se han vuelto jornadas absolutamente frenéticas en las que debemos tener cronometradas todas

Se nos está
olvidando
enseñarles
a nuestros hijos
a estar en paz,
y a nosotros,
recordar que
nuestro papel
no es tenerlos
entretenidos
todo el tiempo.

las horas del día, y que incluso si estás en una casa fabulosa con todos los *gadgets* de la Tierra, a los escuincles de ahora nada les parece suficiente. Porque nosotros pensamos que no es suficiente. Que se van a aburrir. Pobres. Hay que salir. Ir por un helado. Por el té. A dar la vuelta. A ver y que los vean, y créanme que entiendo que hay una época en donde todos quieren eso: ver y que los vean, pero también es la época de aprender a estar y de que a veces la respuesta es simplemente: no.

¿Por qué y a qué hora nos hicimos esclavos de los hijos?

¿Cuándo les desactivamos el chip de aprender a disfrutar el momento presente y simplemente estar y ver qué hacen con lo que hay? O, mejor dicho, ¿por qué dejamos de activárselos?

Pensando en qué hacían mis papás de forma distinta y quitando el tema de la posadera actual, deduzco que mis papás y los adultos presentes en esas vacaciones efectivamente se dedicaban a descansar, pero también se ocupaban muchísimo de nosotros.

Nos leían cuentos. Eran nuestros comensales de pasteles de lodo con flores. Compraban en nuestra tiendita los tesoros encontrados o creados. Jugábamos todos los juegos posibles de mesa. Veían nuestros legendarios shows. Y nos enseñaban (o intentaban enseñarnos) sus hobbies: mi tío Phillippe, la guitarra; mi abuela, virtuosa de las agujas, los arreglos florales y la cocina, a tejer (que nunca me salió), a cocinar (que la verdad me sale muy bien) y a cortar y poner flores (cosas que cada vez que hago, pienso en ella); mi tía Isa, la reina de los bichos y la biología, era una gran compañera de jardín; mi tía Carole fue, sin saberlo, mi coach principal de cómo encargarse de un bebé (sin matarlo en el intento); mi papá, a prender la chimenea (gran, graaan contribución en mi vida) y a manejar en las callecitas y terracerías; y mi abuelo nos enseñó a observar y gozar y pasear por la vida.

En general, lo que sucedía es que los adultos pasaban tiempo con los niños así, sin grandes producciones.

Jugábamos. Platicábamos. Cantábamos. Todo siempre acompañado de la reproductora de casetes de mi abuelo y su maletín de piel portátil (que era su mayor tesoro) lleno de Vivaldi, Mozart, Beethoven, Bach y todos sus secuaces. Se discutía. Se hablaba. Se hacía nada y se peleaba a muerte por el mejor lugar de toda la casa, que era el piso frente a la chimenea.

No me acuerdo de haberme sentido aburrida; de chica siempre había algo que hacer, algo que inventar, alguien con quién jugar y, por supuesto, mi hermana, para pelear o confabular. Aburrirse no era ni siquiera un concepto porque no había comparación, eso era lo que había y ahí era donde estábamos. Y ya.

En Valle descubrí los libros y me hice adicta a ellos. Me salvaban y me abrían las puertas del mundo (y lo siguen haciendo). Evidentemente, me empezó también a pesar ir todos los fines con mis papás y abuelos. Los pubertos siempre hemos sido pubertos y los síntomas siempre han sido los mismos, lo único que ha cambiado son los remedios que, como papás, hemos aplicado a la adolescencia de los hijos y me parece que eso es una tragedia gigantesca.

Que quede absolutamente claro que no tengo nada en contra de las casas llenas de *props* y actividades. Cada quien es libre de hacer lo que quiera y, efectivamente, si se usan de manera correcta, pueden ser una gozadera. Lo que me para los pelos es que en la mayoría de los casos... todo eso no es suficiente y los chamacos, lejos de gozar el paraíso en el que están, quieren irse a otro lado y, nosotros, incautos, caemos. Los llevamos. Les pagamos. Les seguimos el ritmo y nos convertimos en sus súbditos.

A favor de que cada quien haga con su dinero lo que quiera y muy respetable la necesidad de cada uno de tener más, o menos, pero me parece urgente considerar que las vacaciones pueden ser para descansar y para tratar de hacerlo mejor en cuanto al tiempo que estamos pasando realmente con nuestros hijos, sin tanta parafernalia alrededor.

Pero el punto más importante que quiero destacar es comprender que **si acostumbramos a nuestros hijos a que las vacaciones, o la vida, sean como una ida a Disney perpetua, con veinte planes cada día y un séquito permanente alrededor, les estamos enseñando a necesitar, permanentemente,** cosas, personas y actividades para estar contentos y arrebatándoles la posibilidad de aprender a estar bien con menos y sentirse felices con menos.

No sé a ustedes, pero a mí me parece que si algo necesita uno en la vida adulta es, precisamente, aprender a estar en paz y poder estar feliz con lo que hay, cuando hay y como hay, y no estar condicionando la felicidad a lo externo y a los demás.

Y hablando de shows: el show en lo que las graduaciones de cualquier terminación escolar se han convertido. Vergonzoso.

Y es que ¡claro que es importante cerrar ciclos y recibir otros! Sí. Totalmente a favor. Pero de ahí a los extremos que estamos manejando hay un abismo de diferencia.

Porque, perdón, pero ¿una graduación con toga y birrete por acabar Kínder 3? ¿En seriooo?, porque me imagino que lo de hacer palitos y bolitas con plastilina —que oooobvio hicieron ustedes, mamis— sí estuvo muy cabrón, ¿no?

O la propuesta cuando mi hijo iba a salir de sexto de primaria de hacer una fiesta con DJ, salón de bodas, vestidos de gala, los escuincles de traje y una mamá que pretendía que los niños les "tenían" que dar una flor a las niñas (en un gesto de caballerosidad solo por ser niñas y porque acababan sexto de primaria)... Ajá, a ver, mi hijo, de 11, que con trabajos me quería saludar ¡a mí!, ¿por qué diablos tendría que ir a darle una flor a cualquier persona en el mundo solo porque otra mamá decidió? Se podrán imaginar mi respuesta...

Ya para secundaria se complica porque, como ya les dimos e hicimos de todo, pues tooodo les parece de hueva y entonces las mamás se tienen que parar de manos para hacer una superproducción para apantallar a sus criaturas que tanto merecen el festejo por todo su gran esfuerzo (eso de ir a la escuela, que en mis tiempos se llamaba obligación y hoy, además, se llama privilegio) y hacer algo realmente inolvidable y donde ya la discusión es si vamos o no a ponerles chupe: "ay, unas chelas nada más" y si va a haber un *after* en donde los chavos nos piden que "por fa, que no estemos los adultos porque los cohibimos", pero que "no pasa nada porque estarán los meseros y, claro, los choferes afuera por cualquier cosa"... No bueno, qué tranquilidad.

Y luego, la *pièce de résistance*: las graduaciones de prepa. La madre de todas las graduaciones. El evento más esperado del año por todos los tabloides de la *socialité* para presentarnos a la crema y nata de nuestra prestigiada sociedad.

Sí. Estoy de acuerdo. Acabar prepa sí es el fin de una etapa importante y sería la única que justificaría con más producción.

Pero... ¿tanta?

¿Ya se vieron? ¿Ya sumaron lo que se gastan en el vestido de todas sus hijas, en el de ustedes?, los peinados, la maquillada —porque eso de maquillarse uno ya no es *cool* y hay que ir como si les cayera un payaso encima—, la mesa, los invitados (porque ahora no solo van los papás del graduado y sus hermanos, ahora hay que ir con invitados y acabamos con eventos multitudinarios, literalmente), los boletos, los vestidos y el maquillaje para ir a las otras graduaciones (sí, porque obvio hay que ir a todas las que te invitan). Total, eventos muy "personales y emotivos" de dos mil quinientas personas en donde el alcohol corre a borbotones y no hay ningún tipo de control porque "ay, la verdad, ya son grandes y se lo merecen".

#TodoMal.

A ver, que quede claro mi agradecimiento y admiración a las mamás que, literalmente, dedican su vida a que pasen cosas en las escuelas. Si fuera por mí, sería mucho menos emocionante ser niño y pasar de año.

Pero no podemos olvidar seguir siendo los encargados de los límites, la contención y la supervisión. Y que, además, como somos los que pagamos, tenemos la autoridad y la responsabilidad de tomar las decisiones necesarias para tal efecto.

Estos eventos se vuelven bacanales en donde TODO puede pasar y, tristemente, muchas veces PASA: madrizas, abusos sexuales, abuso de drogas, escuincles hospitalizados con demasiado alcohol en sus venas, accidentes de todo tipo y muchos, demasiados, chavos muertos o con consecuencias para el resto de sus vidas.

Somos ¡nosotros! los que estamos poniendo la mesa para que todo esto suceda.

Estamos auspiciando y cayendo en todos los excesos y chantajes sin nada de supervisión, ni dos minutos de reflexión, si eso es lo que realmente necesitan nuestros chavos.

¿No será que estamos exagerando un poco?

Me parece que se nos está olvidando que cerrar y celebrar está perfecto, pero que no es necesario echar la casa por la ventana. Hay que guardar las proporciones, es solo prepa o secundaria o kínder.

Estamos celebrándoles desmedidamente cosas que no les implicaron un esfuerzo extraordinario, y cuando vean que la vida no es ¡nada! fácil y que conseguir las cosas cuesta un huevo, se van a desplomar. Se están desplomando. Nuestros chavos no están sabiendo manejar la frustración, la derrota, el fracaso o cualquier reto que les implique tantito esfuerzo. Los niveles de depresión están más altos que nunca en jóvenes y pienso que esta es una de las razones: hacerles pensar que la vida es una fiesta extraordinaria solo por existir y que todo sucede por arte de magia.

No tengo nada en contra de las fiestas y cada quien es totalmente libre de hacer o no hacer lo que mejor le parezca.

Pero acostumbrarlos a celebrar tan exageradamente cada paso natural de la vida está ocasionando que las generaciones de jóvenes ahí afuera estén completamente confundidas. No entienden que la humanidad no les siga aplaudiendo y que todo sea un espectáculo en donde ellos son las estrellas.

Y por eso, sugiero, **tenemos que pensar en enseñarles a agradecer, a cerrar, a estar listos para la siguiente etapa y reconocer lo logrado en la anterior desde un lugar mucho más natural y con un poquito más de humildad.**

Obvio, no me puedo ir al siguiente capítulo sin hablar de los nuevos eventos integrados a la lista de cosas que hacer en el camino de procrear, que, no conformes con cuatro *baby showers* por mamá embarazada, ahora hay que hacer *blessing party* en donde se hace un evento (lindo, pero, insisto, uno más) para bendecir a la criatura en las entrañas de la madre. Más, obvio, el esperadísimo *gender reveal* que, OMAIGOOOOOD, ¿quién decidió que TENE-MOS que saber el género? (se jala los pelooos). Repito: la naturaleza es taaaan perfecta y sabia que, si saber qué es la criatura fuera necesario, algo sucedería para que supié-ramos. La imperiosa necesidad de controlar y la imposibi-lidad de esperar a que llegue el tiempo para cada cosa, para "estar listos" para comprar o mandar a hacer más cosas innecesarias y, ooobvio, todos los regalitos del hospi-tal personalizados. Caray. Si supieran de lo que se pierden enterándose a la mera hora. Pero, pues… cada quien (dice mientras voltea los ojos).

Si eres un allegado cercano a los futuros papás, entre el *blessing*, el *gender reveal*, el *shower*, el regalito del hospital y el bautizo, *omaigod*, la cantidad de tiempo y de presu-puesto que se necesita aportar, ¿en serio no creen que es un poquito demasiado?

Y *last but not least…*, la magia de la Navidad.

Quiero aclarar que a mí sí me gusta la Navidad…

¡Esa no se la esperaban!, ¿*verdaaaaad*?

Sí, me gusta.

Me gusta la parte simbólica de renacer, renovarse, co-nectarte contigo y con otros, ver a los ochenta y cuatro pa-rientes que nunca ves y, en general, estar en tu casa y pre-parar cosas deliciosas para compartir.

Lo que *noooo* me gusta de la Navidad es la desproporción (o debería decir, prostitución) de una celebración que, lejos de prevalecer como un momento de introspección, se ha vuelto un circo completamente comercial y enfermo que me pone de muy mal humor.

Navidad es en diciembre y, sin embargo, nos quieren vender todo tipo de artefactos, árboles de colores (¿por?), esferas y luces de todo tipo, en agosto. Y nosotros, bien "obedientes", consumimos pensando que "luego no vamos a encontrar", "que había que aprovechar la barata" y que "mejor de una vez" (*she rolls her eyes*).

Explíquenme, por favor, nuevamente, ¿cuál es la pinche prisa por adelantarnos a todo?

En serio: ¿por qué comemos pan de muerto en julio, mangos en febrero y rosca de reyes en septiembre? ¿Qué sucedió con eso de vivir cada época cuando es la época?

Por eso estamos completamente insatisfechos: porque nos comemos (como diría mi querido @alejolippert1) *"la caca a puños"* y, cuando llega el momento de cada cosa, ya no nos interesa porque ya la *palomeamos* hace dos meses y ya estamos pensando en lo que sigue en tres.

Perdón, pero la vida no tiene tiempos de editorial de revistas.

Está bien planear un poco y ver a largo plazo, pero ¡vivan día a día! Dejen de fomentar el consumismo y ser víctimas de las tiendas, porque además, honestamente, nadie necesita tanta mierda.

El caso es que entonces la Navidad empieza en agosto. Y a partir de ahí arrancan los setenta "exclusivos" bazares para comprar mil cosas increíbles, de las cuales ¡ni una! termina siendo regalo de Navidad. Nos quedamos todo nosotras porque, ¿sabes qué?, ¡me lo merezco, cómo de que no!

En noviembre arrancan los convivios. Es indispensable "darles el abrazo" a tus quinientos cincuenta y seis amigos y generar un caos permanente en la ciudad. Nunca he entendido por qué si no ves a tu amigo *tooodo* el año es tan importante verlo ¡ese! mes. En serio. Da exactamente lo mismo abrazar a alguien en diciembre o a principios de marzo. Y, claro, para que realmente sea navideño, tiene que haber, por supuesto, un intercambio. Ahí estamos todos, como gallinas descabezadas, comprando regalos que no sabemos si van a gustar o si serán utilizados (porque "nunca nos vemos y la verdad no sé bien si sea su estilo"), solo por cumplir.

No compramos con intención. Compramos por obligación.

¿Se fijan que patético?

La decorada de la casa, que en mis tiempos consistía en un arbolito de Navidad, se ha convertido en unas producciones y escenografías sorprendentes. A la mayoría, por fuera, parece que se les estrelló Chevy Chase porque, para cumplir con la norma, una casa tiene que tener: *pinchemil* lucecitas, un Santa y algún otro personaje, como reno, muñeco de nieve y un trineo (cosas que, por cierto, aquí en la localidad jamás hemos visto realmente, pero no importa, lo importante es participar). Y, ¡obvio!, subir las fotos al *feis* porque todos ne-ce-si-tan ver lo originales y creativos que somos y admirar nuestro arbolito porque nadie nunca ha visto nada igual.

Otra cosa que no entiendo es en qué momento sucedió que Santa trae regalos *a gogó* (término que, para los que no lo sepan, se usa para referirse a algo que se hace de manera abundante o en grandes cantidades). ¡Era UN regalo! Ahora hay que gastarse la mitad del presupuesto mensual para comprar *toooda* la lista de los escuincles y mandar a hacer unos costales per-so-na-li-za-dos-pre-cio-sos que certifican que vienen directo del taller de Santa (que los niños ni siquiera ven de la prisa que tienen por sacar todo lo que hay en ese costal).

Tal vez es el momento del año que ustedes aprovechan para saldar sus culpas o creen que sus hijos van a ser realmente felices dándoles doce regalos. Pero les tengo una noticia: los niños no quieren cosas. Quieren tiempo con ustedes. Y darles absolutamente todo lo que quieren, lejísimos de hacerlos felices, los va a hacer personas completamente vacías. Déjenlos quedarse con ganas. Esforzarse por las cosas, ahorrar y conseguirlas con SU esfuerzo.

Y luego, por supuesto…, ¡el pinche duende!

Que conste que operé durante quince años como Santa, el conejo de Pascua, los Reyes Magos y el Ratón Pérez. No solo lo hice perfecto, sino que lo disfruté. Me conflictuaba un poco la parte de que estamos, básicamente, engañando a nuestros hijos, pero tratando de no pensar mucho en eso, creo que también forma parte de la infancia, de estimular su imaginación y que, en general, hace más bien que mal.

Pero este nuevo personaje yo creo que ya me agarró cansada y me pareció que ya era el colmo. Para empezar, a diferencia de todo lo demás, a este ¡hay que comprarlo y es carísimo!, lo cual, de entrada, ya me parece una mamada. El que inventó al mono está retorciéndose de risa nadando en albercas de dinero.

Además, los otros vienen una vez y se van, este se instala un mes y, ¡por si fuera poco!, la onda es que el güey ¡haga travesuras!, ¡qué increíble idea! Porque lo que necesitamos todas las mamás y papás al final de sobrevivir a un día de diciembre es, por supuesto, ponernos a hacer tonterías que ¡además! vamos a tener que limpiar al día siguiente y decir que ¡qué chistoso el duendecito! haciendo ¡¡justo!! lo que nos pasamos la vida diciéndoles a los hijos que no se hace.

Está cabrón.

Alguien me decía: "Es para seguir con la ilusióóóóón", ¡no mamen!, ¿*máááás*? O sea, perdón, pero me parece que cuatro personajes ficticios en la infancia son suficientes. Sobre todo si el costo es estarnos balaceando el pie cada noche pensando qué diablos hacer con el mono, desperdiciar comida y hacer un desmadre. Claro, subir la foto ha de dar una enorme satisfacción y me pregunto si no será más por eso de *miren que suuuperpapá/mamá soy* que seguimos aceptando hacer estas pendejadas.

Mi hijo, que ahora tiene 17, pidió uno como desde los siete y, por supuesto, le dije que bajo ningún punto de vista yo quería que un elfo viniera a mi casa a hacer idioteces. Punto final.

Ajá…

Hasta en el año en que cumplió 10 y en su carta a Santa (que normalmente debía contener de tres a cuatro sugerencias para que Santa pudiera elegir) puso: "Santa, este año <u>solo</u> quiero un duende. Pero, por favor, tráeme al que se porta mejor de todos y no haga travesuras, para que mi mamá lo deje quedarse".

Chingada madre. Me chingó.

¡¿Qué hace uno ante algo así?!

Pues nada…, ir a comprar el pinche mono.

Y dejarlo quedarse.

El duende, eventualmente, cambió de lugar o aparecía leyendo un libro o metiendo los zapatos del de 10 en su lugar. Pero, por lo general, estaba bien quieto y se portaba suuuperbien. Ni hablar. Nadie nos dijo que uno acaba haciendo por los hijos cosas que nunca pensó. Pero, no les quepa duda: el mono me sigue cagando.

Lo que nuestros hijos necesitan en la infancia no son más ilusiones y cosas.

Necesitan más de nosotros y de nuestras tribus. Necesitan la ilusión de la Navidad por lo que en realidad significa: tiempo haciendo cosas que nos hacen ser esa familia, no todo lo que las tiendas nos dicen que tiene que ser. **Que sepan que el mejor regalo que la vida nos da es ser parte de una familia y esa es la verdadera razón para festejar.**

Los invito a replantearse la estrategia y a reacomodar sus prioridades frente a todas las acrobacias que hacemos para celebrar cualquier cosa. Los invito a reflexionar si todo ese tiempo y dinero hace que nuestros hijos sean más fuertes y más felices; si realmente se sienten más queridos y si todo eso es de verdad ocuparnos de ellos, o es simplemente querer llamar la atención, sustituir carencias o enmendar culpas.

Celebrar a nuestros hijos debe tener otras formas mucho más constructivas que realmente los hagan sentirse vistos y amados; que les permitan construir su autoestima y que distan mucho del camino que estamos tomando que, desde mi punto de vista, solo les genera un vacío continuo y cada vez más grande en donde nada, nunca, es suficiente. Tal vez es tiempo de bajarse del tren y empezar a hacer las cosas diferentes. No sé qué opinen ustedes.

* * *

Bueno..., ¿y qué onda con lo de las marcas?

Me refiero al infinito tren de hacerle a la mamada (sí, el tren pasa por muchos lados) que se ha vuelto ser poseedor de cosas, ropa y todo tipo de objetos y vestimentas que, antes que cualquier otra cosa, nos permitan flashear con orgullo su logo. Las marcas se han vuelto una manera de sentir que pertenecemos y de comprobar que contamos con la validez oficial para ser parte de un selecto grupo de personas y estilo de vida indispensable para ser "felices".

Es absolutamente cierto que las marcas sí pueden ser un sinónimo de calidad. No tengo nada en contra de ellas y aclaro que a mí también me gustan las cosas bien hechas y que duren más tiempo. Alucino el *fast fashion* —que nos hace pensar que está bien y es necesario consumir doce temporadas al año y que lo de hace un mes ya pasó de moda— por ser una de las más grandes fuentes de contaminación del planeta y porque su éxito se basa en hacernos sentir permanentemente inadecuados y obsoletos.

Pero la cosa es que, en la gran mayoría de los casos, lo que menos le importa a quien compra es la calidad, o el hecho de consumir menos y mejor: el objetivo es que se note que consumes y consumes caro. Tener. Mostrar que puedes gastarte cantidades obscenas de dinero en un cinturón. En una bolsa. En un viaje, en una fiesta o en cualquier otra cosa. La necesidad es TAN brutal que la industria paralela de piratería (para poder compensarle el trauma a los que no les alcanza) es probablemente igual o más fructífera que la de las originales.

Falsas u originales (sin olvidar que las falsas y la piratería son un delito, pues…, amigos, dense cuenta), a mí francamente me parece patético que lo que más nos importe sea que nuestros hijos estén creciendo pensando que lo importante es eso: ser un anuncio permanente de alguien más como método primordial para presentarte y validarte ante el mundo, o sea, *pederear*.

Qué tragedia vivir pretendiendo demostrarle al mundo que sí somos esas personas. Que sí tenemos ese dinero (incluso cuando miles de veces no es cierto y vivimos de las tarjetas). Qué horrendo que la aspiración en la vida sea tener. En lugar de ser. En lugar de dar. En lugar de estar. En lugar de conectar.

Y de tener, en chinga y sin esfuerzo, además. Porque no tiene nada de malo trabajar duro y gastarte tu lana en esa cosa que por alguna razón añoras. Está bien. Pero sucede que la chaviza (again, palabra dominguera de mi papá) ya no quiere ni trabajar, quiere que sus papis le compren todo ahorita mismo.

¿Dónde empieza esa espiral sin fin de hacerle a la mamada?

En nuestras casas.

La fomentamos al financiarles los caprichitos y al generarles "necesidades" pendejas, siendo los primeros en pensar que "tienen que" tener todas esas cosas. Lo ejemplificamos al ser nosotros mismos unos atascados.

Consumir se ha vuelto una adicción en donde nada, nunca, es suficiente, además de ser un factor inclemente (y muy pero muy pendejo) para *rankear* y calificar (o descalificar) a las personas. Nuestros hijos están atrapados en esa espiral sin fin y su vida gira alrededor de la obsesión del momento que va brincando de una a la otra sin que parezca que vayan a acabar por estar satisfechos un día.

No soy ninguna científica ni tengo estudios que lo demuestren, pero estoy absolutamente convencida de que los niveles de depresión, de letargo, de apatía, de adicciones y de insatisfacción permanente de tantísimos de los adolescentes y niños de hoy tiene millones que ver con este tema.

Porque cuando nada, nunca, es suficiente, nada, nunca, va a ser suficiente.

Cuando nada nos cuesta trabajo, no aprenderemos nunca a valorar nada.

A ver, evidentemente cuando yo era puberta también quería pertenecer, ¡es la descripción del puesto de un adolescente! Pero las aspiraciones eran unos tenis Keds, una carpeta Trapper Keeper y, ya en el colmo de la felicidad, una sudadera Gap Y la cosa es que ahora pertenecer se vuelve francamente ridículo, imposible y alarmante.

No tienen llenadera (diría mi papá), no hay nada que les alcance. Más. Más. Más. Todo más. Todo el tiempo. Todo es desechable. Todo es inmediato. Todo es de vida o muerte, y si no lo tienen, es el fin del mundo.

Y yo pienso... ¿ellos son el futuro?

Ma-dres.

Insisto, no es que esté mal tener y querer cosas. El gran problema es que nuestros hijos solo quieren tener cosas y no tanto ¡hacer cosas!, especialmente si les implica tantito esfuerzo, porque "qué flojera"... todo.

La realidad es que todos estos chavos llenos de cosas están totalmente vacíos por dentro y eso es, siempre, un accidente esperando a suceder. Y está sucediendo. Diario.

Queremos hijos que entiendan que la vida va mucho más allá de la marca de sus zapatos, el plan *jetsetero* del fin de semana y los *likes* que les pongan en su foto.

Hijos que sean capaces de establecer relaciones cercanas, reales y desinteresadas con otras personas y que tengan las ganas de hacer algo que aporte valor a su comunidad. ¿Que a cambio les dé dinero y la posibilidad de darse sus gustos?, ¡claro! Pero, sobre todo, la satisfacción que da sentirse útiles y buenos para algo.

Queremos hijos que sepan que la vida no es una pasarela, ni un estado de perfección continua. Que tiene altas y bajas. Que la autovalidación y el amor propio no vienen de los corazoncitos de Instagram, sino de los logros y del trabajo personal interno en donde las marcas no sirven para nada. Y que las mayores satisfacciones vienen siempre de poder ayudar a alguien más.

O, por ejemplo…, si ya no nos vamos a salvar de la jalada esa del Eurotrip, por lo menos que aprovechen la inversión para meterse a los museos y tengan la curiosidad de aprender algo de otras culturas, en lugar de tener como única agenda —y nuestra bendición y tarjeta para hacerlo— ir a empedar sin cesar de un antro pretencioso al siguiente pidiendo botellas de *champagne à gogo* (que, además y sacrílegamente no son para tomar, sino para ponerles luces de bengala y vaciárselas encima mientras se graban los unos a los otros).

La decadencia (diría mi abuelo).

Pero no es culpa de ellos. Es culpa de nosotros.

Hemos confundido darles "lo mejor" con darles todo, y el precio a pagar es su felicidad, esa, que tantísimo nos importa. Porque la realidad es que la gran mayoría de esos chavos no son felices. Son chavos muy confundidos y, muchas de las veces, muy perdidos.

Se trata de dejarlos siempre con un poco de hambre (y no me refiero a la comida): hambre de lograr las cosas por ellos mismos. Hambre de aprender. Hambre de conocer. Hambre de éxito. Hambre de aportar y sí, también de ganar dinero para poder comprar, pero no como objetivo principal, sino como parte del círculo tan chingón que es saberte capaz de hacer muchas cosas y no solo de *pederear* y ser los *juniors* de papá y mamá. Esa hambre no la vende ninguna marca. Se hace en casa. Y es el mejor regalo que les podemos dar.

Necesitamos entender eso de la paternidad como una responsabilidad, no como un aparador, y necesitamos involucrarnos y accionar siempre que sea necesario...

CAPÍTULO 9

La chamba

Y qué tal si, en un acto de rebeldía máxima, en lugar de pasar a la historia como los papás que trajeron a todos en chinga y la pasaron permanentemente alterados tratando de cumplir el estándar de calidad de los temarios de la escuela, de ser la que hizo las mejores fiestas, el que dio los mejores regalos, los que fueron los más *cool* de todos; nos damos permiso de ser la otra, el otro: los que se enfocaron en darles paz, y en recordarles que el mundo va infinitamente más allá de palomear cosas, que el éxito no es tener 10 en todo, sino la satisfacción de hacer las cosas por uno mismo, de servir a los demás, de acordarse de reír ante la adversidad y de que lo demás es, realmente, lo de menos.

Qué tal bajarle muchas rayitas y tranquilizarnos, todos, un poco.

No sé…, piénsenlo.

Porque les voy a decir una cosa: cuando sean grandes, nuestros hijos no se van a acordar de sus calificaciones, ni de todas las superficialidades, pero sí se van a acordar del ambiente que había en su casa, de cómo se enfrenta y se resuelve un momento difícil y de cuáles son las cosas que realmente importan y eso, eso es en lo que todos juntos —instituciones, escuelas y papás— tenemos que enfocarnos en enseñar.

¿Qué es eso que realmente tenemos que hacer?

¿Qué es lo que sí les tenemos que decir?

Tengo, obvio, varias sugerencias…

El primer (y aburridíííísimo) trabajo que tuve saliendo de la carrera fue en un despacho de comunicación. Preparando una reunión importante con mi jefe y teniendo ya todo listo, me pide, como última cosa, que si por favor *"podría ir con una faldita o vestidito mono (o sea, no pantalones) para que el cliente se pusiera muy contento y nos aprobara el proyecto…".*

Esto fue *muuucho* tiempo antes de que el concepto #MeToo fuera, siquiera, una posibilidad remota.

Eran otros tiempos. Pero con mis muy pocos 22 años, pude entender que algo estaba muy mal en esa última indicación. El tono, la mirada, las *pincitas* con las que lo dijo —dizque con mucha educación—.

El foquito de alerta roja en mi cabeza se prendió.

Con un aplomo que todavía me sorprende cuando me acuerdo, le respondí que, claramente, su concepto de "asistente de comunicación" y el mío eran muy diferentes; que por ningún motivo ni él, ni nadie nunca, tenía derecho a decirle a una mujer cómo vestirse para un trabajo y que, con toda franqueza, lo que me acababa de pedir era una porquería. Tomé mis cosas, le agradecí el tiempo colaborado y me salí de esa oficina sin dudar un segundo la decisión que estaba tomando.

Los tiempos están cambiando, las mujeres se están levantando, hablando, manifestando y logrando cosas que hace unos años eran impensables.

Falta muchísimo por hacer, pero yo quisiera proponerles que empecemos a hacer lo que sí podemos desde nuestra trinchera. **Y es que el primer paso para tener una sociedad equitativa, inclusiva e igualitaria es que los niños y las niñas crezcan sabiendo que pertenecer a un género o a otro no te hace superior o inferior. ¡Nunca!**

Tenemos, sí, habilidades y capacidades diferentes, porque somos individuos (o sea, distintos *per se* unos de otros) y porque la parte física efectivamente nos diferencia.

Y es que el
primer paso para
tener una sociedad
equitativa, inclusiva
e igualitaria es que
los niños y las niñas
crezcan sabiendo
que pertenecer
a un género o a otro
no te hace superior
o inferior. ¡Nunca!

Pero una persona es una persona sin importar si tiene o no tiene *chichis* y ESA es la regla número UNO en la formación infantil.

Eduquemos niños que sepan que las mujeres se respetan simple y sencillamente porque son un ser humano igual que ellos, y niñas a saber que no son, de ninguna manera, el sexo débil. Ni son princesas. Ni son frágiles. Ni delicadas. Ahí es donde empieza "a chingarse el tamagochi", al ponerles ese discurso en el disco duro.

Tenemos que formar mujeres todoterreno capaces de encargarse de ellas mismas y no princesas que estén esperando que llegue el príncipe azul a salvarlas y protegerlas de todos los peligros. Luego hay unos príncipes muy inútiles y otros muy hijos de la chingada.

Como siempre, para eso necesitamos, primero, ser nosotras mismas esas mujeres fuertes, *entronas*, capaces de reaccionar, tomar decisiones y quitarnos los miedos.

¡Señoras, *jelooou*, es el siglo XXI, aprendan a manejar en carretera! ¡Es como del siglo XII autoinhabilitarse de esa manera! No es *cool*, ni de niña bien, ni nada que se le parezca. Dejen de buscar excusas y aprendan. Por seguridad. Por independencia. Por principio. Porque sus hij@s las están viendo. No se hagan menos solitas, ¡háganse cargo de ustedes!

Hay que aprender a administrar sus dineros. Dejen de depender del chofer, o del señor, para cualquier cosa. Resuelvan. Decidan. Viajen solas. Ganen su dinero. Autolibérense, y si el señor *"no las deja"*, piensen dos veces si ese es el señor con el que quieren estar...

Nuestros niños y niñas necesitan ver que somos eso que queremos que sean. ¿Cómo educarlos a ser fuertes y emprendedores si nosotras somos inútiles, codependientes e inseguras de todo? ¡Éntrenle!

Y, señores..., cooperen. ¿Quieren señoras fregonas que les dejen de romper las pelotas y estén ocupadas y felices?

Apóyenlas. Participen en sus casas activamente en la joda que es llevar una casa y crecer personas. Permitan que sus hijos vean que los hombres forman parte de la vida cotidiana de una familia. No se esperen a estar divorciados para ocuparse de sus hijos y tener una verdadera relación con ellos.

¡Involúcrense!

Les aviso que ya no es 1970. Las mujeres necesitamos hombres presentes en todos sentidos y dispuestos a hacer pareja en toda la extensión de la palabra. Hombres que respeten nuestros espacios y decisiones, que apoyen nuestras carreras y que sean nuestro principal apoyo para seguir creciendo. Igualito que ustedes.

No tengan miedo de participar y, como dice Sheryl Sandberg en su maravilloso libro *Lean In* (*Vayamos adelante*), entrémosle parejo.

Pero, sobre todo, casados o no: respeten a las mamás de sus hijos. Siempre. La manera como ustedes traten a las mujeres será la que ellos aprendan. **Tu hija está registrando qué esperar de los hombres, tu hijo está tomando apuntes de cómo tratarlas.**

El mundo necesita más hombres feministas.

Un inocente "tenías que ser vieja" a la que va en el coche de adelante se llama violencia de género. Esa palabra tan rimbombante que representa uno de los problemas más graves de nuestro país ¡y del mundo! empieza ahí. En ese comentario. En diferenciar a un hijo del otro y darle a uno oportunidades, permisos o beneficios y al otro no, solo porque es niña o niño. Diferenciar a nuestros hijos por su género, compartir fotos de viejas encueradas y hacer chistes machistas y misóginos, están siendo la raíz del problema.

Absténganse.

Cuando pienso cómo, siendo una *escuincla* de 22, pude enfrentarme a ese señor y marcarle un alto tan contundente, encuentro que la respuesta es muy sencilla: me lo enseñaron mi papá y mi mamá. **La fortaleza interna y los principios son algo que nosotros sembramos en nuestros hijos con el ejemplo**. Pero también con acciones concretas que los preparan para la vida y les darán recursos para enfrentarse a ella.

Cosas tan sencillas como las famosas "clases —obligatorias— de los sábados" que mi papá religiosamente impartía a mi hermana y a mí, y que incluían en el temario teoría y práctica de: cambiar llantas, poner taquetes, subirte a escaleras de tres metros a limpiar ventanas, aprender a manejar un coche de velocidades, matar alacranes, manejar en una autopista o una carretera rural, hacer martinis o abrir una botella de champagne (sin tirar una sola gota) o cambiar el aceite del coche..., entre muchas más. O, a los 10 años, darte un mapa del metro y decirte que tenías que llevarlo del punto A al B sin que nadie te ayudara, lo cual implicaba estar dispuesto a perderse durante dos horas subterráneas y tener la paciencia de esperar a que lo resolvieras, cosa que, de hecho, sucedió varias veces y ¡nunca! abrió la boca para corregir nada: nos dejaba encontrar el camino y confiaba en que así lo haríamos. Recuerdo también que, cuando lo logré, no me compró nada, no me dijo cosas sin sentido (#campeona, #lamejor, #prouddady), no lo anunció a los cuatro vientos. Me dijo, simplemente: "Ya ves, mija, sí pudiste, yo ya sabía que podías".

Nunca se me olvidará la satisfacción que sentí esa primera vez que lo logré..., lo chingona que me sentí y cómo se abrió una puertecita en mi corazón rotulada: ¡sí puedo!, y que siempre que vuelvo a poder, recuerdo de dónde viene.

También nos enseñó que un papá es el principal promotor para que una mamá se vuelva la más fregona posible en su profesión. Su apoyo, su guía, su confianza cuando ella no la encuentra, y su fan número uno.

Y mi mamá, pues, qué les digo. Nos enseñó cien mil cosas útiles, maravillosas y necesarias para la vida diaria. Pero, sobre todo, nos enseñó que una mujer puede ser una chingona mundial en su profesión y estar al nivel de cualquier otro. Nos enseñó a hacer las cosas (y a hacerlas bien), a pesar del miedo que puedan darte y, en resumen, a *rockear the shit out of being a woman*.

No sé si el mundo va a lograr un día evolucionar y si el tema de la violencia contra la mujer tenga un final feliz. Lo que sí sé es que en nuestras manos está formar hombres y mujeres que contribuyan a erradicar el problema en lugar de fomentarlo.

¡No a las mujeres indefensas con delirios de princesa y a los campeones vacíos de principios y rellenos de ego que se crean con derecho a todo!

Necesitamos mujeres que no estén dispuestas a soportar ni tantita caca de nadie y que tengan con qué resolver cualquier situación que la vida les ponga, a escuchar su foquito rojo cuando se prenda y actuar. Y hombres completos y tan en contacto con sus emociones que no necesiten reafirmar constantemente su autoestima desgarrando la de otro ser humano, que sepan conectarse y que no estén buscando una mamá (o una esclava) en lugar de una pareja.

Enséñales a ser todoterreno.

* * *

Cualquiera que tiene una hija en edad de expresar sus ideas ya se dio cuenta de que las mujeres de hoy vienen cableadas diferente.

Más claras. Más fuertes. Más opinionadas.

Y sí, mucho más aguerridas que nunca.

El movimiento mundial en pro del feminismo es el combo perfecto para que la nueva generación de niñas, chavas y mujeres traigan una agenda contundente a favor de todo lo que tenga que ver con los derechos de la mujer y con ser una mujer libre, fuerte, dueña de sus opiniones y sus causas y listas para gritarle al mundo todo lo que esperan de él.

A mí todo eso me parece perfecto y soy, orgullosísimamente, mamá de una de estas mujeres. Esta persona de 20 años me sorprende cada día con sus argumentos, su claridad, su capacidad de informarse y formarse un criterio personal, su determinación y su absoluta entrega a la causa de ser mujer. La observo. La admiro. La escucho. Le aprendo. La miro definirse e irse convirtiendo en ella y me maravillo cada día de cómo se va autoconstruyendo. No puedo negar el orgullo que siento y el amor infinito que me provoca.

Y, sin embargo, también a veces, ¡muchas veces!, me cuesta, no uno, ¡dos huevos! tratar de darle perspectiva y de bajarla tantito de su nube idealista y radical.

Y es que me preocupa un poco el extremismo en el que pueden caer estas mujercitas si no les ayudamos un poco a matizar sus pasiones. Porque la línea entre cualquier postura y el radicalismo es muy delgada.

¿Qué quiero decir con esto?

Que tal vez nosotros como papás y mamás estamos olvidando que en el combo ese que les estamos dando de desayunar desde que nacieron también hay que incluir un poco de criterio, tantito sentido común y un chingo más de sentido del humor e inteligencia de calle, de barrio, si es que esos términos existen.

En inglés se dice ser *street smart*.

Eso, para que en la defensa de sus causas puedan siempre tener espacio para poder ver el otro lado de su lado y mirar al otro. Para no volverse abusivas, mezquinas o irresponsables, o que se anden azotando por todo y, sí, para que sean tantito más cuidadosas cuando la ocasión lo amerite y entiendan que sus actos tienen consecuencias y que escudarse en "soy mujer" cada vez que se metan en un pedo, lejos de ayudar a la causa, nos hace daño a todas.

Y es que me parece que, últimamente, muchas chavas están confundiendo la libertad con el abuso y, en muchos casos, sí, con malas decisiones, para luego gritarle al mundo las ofensas a las que fueron sometidas, victimizarse y crucificar a alguien más con el apoyo y aplauso de todas sus congéneres y, todavía más cabrón, de sus mamás.

A ver…

Que quede CLARÍSIMO esto: por supuesto que una agresión sexual de cualquier tipo JAMÁS NUNCA DE LOS NUNCAS es "culpa" de la agredida, ni de cómo se viste, o qué horas eran o qué tan borracha estuviera… ¡NUNCA!

Peeeeeero…

… Meterte en un jacuzzi a las 4:00 de la mañana, con mucho alcohol de por medio, sola, con un chavo, **nunca va a ser una buena decisión**, y eso, ¡ESO!, es lo que tenemos que enseñarles a nuestr@s hij@s: que una cosa es una agresión flagrante y otra cosa muy distinta es ponerte en lugares en donde no quieres estar porque puede volverse incómodo, o acabar en algo que no quieres, y no porque el chavo te quiera violar, sino porque el chavo (igual que tú, mi reina santa) trae las hormonas a diez mil por hora y, obvioooooo, lo que quiere es agarrarte lo que pueda (y no te hagas, tú a él también).

Ahora resulta que cualquier *approach* sexoso típico de la edad se vuelve una denuncia en grupos del *feis* o el *insta* o el WA, en donde las niñas ¡y las mamás de las niñas! crucifican a los chavos.

No mamen.

#todomal.

Perdón, pero ¿ya se olvidaron de cómo era eso de ser puberto? ¿De besuquearte?, ¿de fajotearse? ¿A poco cualquier niño que les tiró la onda era un pervertido sexual?

¿Y a poco entonces ahora para que te den el primer beso se necesita una carta firmada con autorización de los papás y la niña en cuestión?

Ay, par favaaaar.

Perdónenme, pero me parece que estamos exagerando.

Y lo digo porque igual **que me parece chingona la causa de mi hija**, tengo que pensar también en la causa de mi hijo.

No todos los hombres son criminales.

Me imagino el estrés de cualquier chavito el día que le guste una chava y tenga que pensar ¿cómo chingados darle un beso si la persona en cuestión lo puede acusar de violador y le puede joder la vida con un pinche post en un pinche grupito de señoras y niñas "feministas"?

¿Cómo diablos le van a hacer los pobres chavos para acercarse a estas mujeres "hiperempoderadas" si cualquier cosa puede ¡y será! usada en su contra?

Una cosa es una cosa y otra cosa es incendiarnos por todo.

No podemos permitir que nadie atropelle o abuse de nuestras hijas, ¡claro que no! Pero tampoco podemos permitir que se criminalice a nuestros hijos a la menor provocación. Tengamos tantito más criterio y perspectiva. **Me parece fundamental que empecemos a incluir eso en sus dietas.**

Creo que se nos ha ido la mano hacia el lado de enseñarlas a "protegerse" de los "depredadores" y a estar a la defensiva, pero chance también hemos satanizado la atracción sexual y se nos ha olvidado enseñarles a decir no, sin que sea un drama y a que se puedan levantar e ir de ahí sin más tema y, sobre todo, a mencionar que el sexo (siempre y cuando sea consensuado) es una de las cosas más increíbles de la vida.

Que está bien sentir atracción sexual. Que no todos los encuentros tienen que acabar en sexo, que también se vale juguetear y eso no quiere decir que estén abusando de ti y que **DISFRUTAR la sexualidad** y explorarla es, además de saludable, ¡completamente normal!

¡Está bien tener ganas!

Les hemos enseñado a ponerse a la defensiva cuando lo que tenemos que hacer es enseñarles a gozarse y gozar a alguien más, sanamente.

Insisto: no quiere decir que estar ahogado en alcohol autorice a nadie a forzarte a nada. No.

Pero sí quiere decir que las posibilidades de que algo salga mal, si te metes a ese jacuzzi ahogada a cualquier hora, aumentan exponencialmente y eso no siempre es culpa del niño; a veces, es responsabilidad de los dos (hablando de una situación normal de adolescentes calientes).

Es exactamente igual que pararte a la mitad de un eje vial en la hora pico y esperar que no te atropellen, o que te atropellen y te escandalices porque los coches te aplastaron y pretendas que metan a todos los conductores a la cárcel y les apliquen la inyección letal.

Por favor.

Formemos personas tantito más espabiladas, además de empoderadas.

Formemos personas más listas y más libres sexualmente.

Listas para disfrutar. Para informarse. Para consensuar con su pareja qué quieren, qué no, qué se vale, qué no, cómo cuidarse y cómo respetarse personal y mutuamente. Eso no es solo la mujer quien lo debe decidir, es la pareja.

Nuestras chavas están confundiendo ser fuertes con ser arbitrarias y eso está igual de mal que ser un machito empoderado. Porque ser una mujer empoderada implica, antes que nada, ser una mujer justa.

Conocer la diferencia entre un piropo y un acoso, entre un "beso robado" y un intento de violación. **Entre ligar y abusar. Entre la cruda moral del día siguiente de una mala**

decisión (como, por ejemplo, el terror a que te digan que eres una "zorra" porque todo el mundo te vio besuquearte felizota en la fiesta y preferir inventar que te obligaron, destrozándole la vida a un pobre puberto caliente) y la realidad.

Mujeres que entiendan perfectamente que los hombres, lejos de ser el enemigo, pueden ser nuestro mejor aliado. Porque el respeto no es una cuestión de género, es, siempre, una carretera de dos sentidos.

* * *

Hay que darles herramientas, hay que dejar que la caguen. No hay otra forma de aprender. Pero, sobre todo, hay que enseñarles a creer en ellos confiando en ellos y confiando en ti. **La confianza es el ingrediente número uno de la fortaleza; si lo que queremos son hijos fuertes, necesitamos enseñarles a confiar, confiando.**

Así que confía.

Denles chance —por favor— de encontrarse, definirse, y ya en el peor de los casos, ¡aprender a pedir ayuda!, herramienta tan fundamental en la vida. Que sepan que siempre estamos si nos necesitan. Pero que aprendan a rascarse con sus propias uñas.

Estimados padres de familia: si lo que queremos son hijos responsables y capaces, dejen, por favor, de hacer todo lo que sus hijos son capaces de hacer solos, que, les aseguro, es MUCHÍSIMO más de lo que todos piensan. Déjenlos hacer, o no hacer, sus tareas y asumir las consecuencias de esa decisión; dejen de arreglarles la mochila, pedir la tarea por WA, armarles el plan social o resolverles cualquier problema.

¿La maestra es una bruja? ¡Qué mal plan! Pero no van a la escuela a hacerse amigos de los profesores, van a aprender y, chance, la maestra en cuestión está totalmente rebasada porque nuestros diablitos no saben hacer nada solos o son incapaces de respetar a la autoridad. A los "campeones y las princesas" les anda haciendo muuucha falta una buena dosis de humildad.

¿Reprobaron el examen? ¡Chin! Habrá que estudiar más para la siguiente.

Y si perdieron su *sweater*, pues ya tienen uno menos, y si quieren otro, que lo paguen con sus ahorros. ¿Quieren una clase nueva en la tarde? ¡Qué increíble! Pónganlos a averiguar las opciones y a encontrar los caminos de los lugares a donde quieren llegar, solos, metafórica y literalmente.

Necesitamos aprender a soltarlos ¡ya! Lo antes posible, porque si no, ¿cuándo?, ¿cuándo tengan 30?... Como un inquilino que alguna vez tuve que, muy orgulloso de su adultez, firmó el contrato para rentar mi depa y cuando tuvimos el primer problema, me mandó a hablar con su mamá porque era literalmente incapaz de enfrentarse a la realidad, asumir su pendejada y encontrar una solución. *Qué oso.*

No estamos educando niños. Estamos formando adultos.

Dicen por ahí que el hijo que más te cuesta trabajo es el que más te necesita...

Yo digo que los hijos ¡siempre! cuestan trabajo (¡y, sobre todo, dinero!), pero es cierto que hay épocas en las que se ponen particularmente complicados: la edad de la mamitis, la de retarnos continuamente, la de los ojos de huevo y, ya en casos más avanzados, la de la guerra campal abierta.

Pienso que las épocas "difíciles" son en realidad necesidad de que les hagamos más caso. Y, mi teoría, es que, si no lo obtienen naturalmente, entonces harán todo, literalmente TODO lo posible por llamar nuestra atención..., berrinches, portazos, problemas graves de conducta e incluso drogas, embarazos o desórdenes alimenticios..., "cualquier cosa con tal de que mis papás me hagan caso y me volteen a ver... o me dejen de estar chingando".

Creo que todas estas conductas son, hasta cierto punto, "normales", pero siempre me he preguntado: ¿qué tanto somos nosotros los que provocamos que estas conductas se vuelvan "peores"?

Y es que, desde el día en el que nacen, tenemos la pésima costumbre de etiquetarlos y ellos, que lo que más quieren en la vida es ser aceptados por nosotros, harán todo lo posible por cumplir con nuestras "expectativas" y/o etiquetas.

Yo, por ejemplo, siempre fui "la difícil", mientras que mi hermana era "un encanto"... Nunca olvidaré esa frase que escuché por casualidad cuando mi mamá hablaba por teléfono con alguien y yo pasaba por ahí sin querer. Me acuerdo perfecto de la punzadita (punzadota) que sentí en el corazón y me acuerdo también del enojo y del compromiso que, con toda la inmadurez de mis 15 años, me hice a mí misma de decir "ah..., ¿difícil?... Te voy a enseñar difícil, mamá..." y sí. Sí fue, y sí fui, muy difícil. Pobrecitas. Ninguna de las dos la pasó bien durante un buen rato.

A todos estos años de distancia y teniendo hijos yo también, puedo entender perfectamente que mi mamá no dijo eso con ánimo de nada, más que de platicar con su amiga (y mentar tantitas madres de su puberta), como lo hacemos todas. Ahora, desde el corazón puedo decir que no le tengo ningún rencor, aunque mentiría si no dijera que me llevó vaaarias horas —años— de terapia lograrlo.

Por eso, porque me pasó a mí, puedo entender lo que siente un hijo cuando le ponemos una etiqueta y lo que consciente o inconscientemente sucede cuando lo hacemos.

Y por eso pienso que lo que "el gruñón" en realidad tiene es que está profundamente enojado y, muy probablemente, abandonado. Y "el chillón" o "el mamítico" tiene miedos o apegos y necesita ser reafirmado. La del carácter "difícil" en realidad es alguien que quiere resolver las cosas distinto y necesita espacios para definirse y sentirse aceptada y querida, incluso si es diferente. La "jetona" lo que tiene es que está frustrada porque le falta que le hagan caso y sus jetas son resentimientos, o un mecanismo de protección para fingir que no está completamente triste por dentro. El "peleonero" cree que necesita ganar todas las batallas para ser aprobado. Y "el simpático" necesita siempre ser el centro de atención para asegurarse de que lo vean, de que lo validen…, de que existe.

Ya ni hablar de "la servicial", "la obediente", "el guapo", "el listo", "la que es un encanto"… *Pfff*, pobrecitos de ellos si se ponen feos, les da hueva un día ayudar a alguien, ser tantito irreverentes, traen un humor del diablo o hacen una estupidez.

Las etiquetas son la salida fácil con las que los papás nos explicamos las conductas de los hijos que no podemos, o queremos, manejar, o el estándar de perfección en el que queremos que se queden por siempre para sentirnos satisfechos y muy orgullosos de haber criado personitas tan "exitosas" y, obvio, de nosotros mismos.

Y sí, efectivamente es más fácil ponerle nombre a algo y catalogarlo que tratar de entender qué es lo que hay detrás, sobre todo cuando lo que hay detrás somos, evidentemente, nosotros.

Mejor echarle la culpa al carácter del pobre escuincle que entender que, muy probablemente, sus conductas son puros mecanismos de adaptación para sobrevivir a nosotros mismos.

A mí me quedó TAN claro este tema y y su impacto en una persona que, cuando nacieron mis hijos, hice el ejercicio consciente de tratar de no etiquetarlos de ningún modo y de entender que los niños no son berrinchudos: ¡hacen berrinche!, que no es para nada lo mismo. Y no son tramposos o mentirosos, pero puede que, a veces, hagan trampa o digan una mentira, idéntico que nosotros. Que no tienen que ser de ningún modo específico para ser aceptados y que está bien ser exactamente como son. Nuestras acciones no nos definen. Las etiquetas sí.

No importa si es una etiqueta positiva, porque resulta que la "campeona" chance no quiere ganar o jugar a nada, pero ¿qué tal si su papá ya no la pela si deja el equipo? Y entonces se vuelve obsesiva por ganar todo y con unos niveles de autoexigencia de por vida que le impiden ser feliz, y la pobre, además, no sabe perder y todos sabemos que no saber perder, en la vida, es un enorme problema.

Pero lo más peligroso de las etiquetas es que ¿qué tal que esa conducta que nos cuesta tanto trabajo procesar por ser tan distinta a nosotros —porque no la reconocemos como nuestra, porque no sabemos "con qué se come"— no solamente no tiene nada de malo, sino que es la principal fortaleza de nuestr@ hij@…?

¿Qué tal que en lugar de chillón es hipersensible y eso lo hace un artista, un creador increíble? Y el metiche es tan observador que se convierte en detective privado o un escritor ganador de premios. Que, en lugar de mandona, es una líder nata capaz de hacer cosas extraordinarias e inspirar. Y la "marimacha" resulta ser una atleta mundial de alto rendimiento. Y el opinionado, un político extraordinario. Y el chambitas, un emprendedor nato. Y la *picky eater* tiene un paladar tan sofisticado que se vuelve una premiada chef internacional. Y el loco, un Premio Nobel de Física. Y el peleonero, un abogado que sabe argumentar con contundencia y ganar todos sus casos, y el codo, un contador preciso y eficiente. Y qué tal que la que está siempre en la luna… logrará llegar a ella un día.

¿Qué tal si encima de todo, al catalogarlos, estamos en realidad aplastando la mejor parte de su esencia y sus mejores cualidades?

Cuando los hijos están "fuera de control", "chillones", "berrinchudos", "mal portados" o "de malas todo el día", lo que muy probablemente necesitan es que les digas que los quieres, o que no les digas nada y simplemente los quieras.

Los bebés, por ejemplo, lejos de "embracilarse", lo que necesitan para crecer y sentirse seguros es estar cargados. Contenidos. Amados. Entre más cargas a un bebé, menos necesidad tendrá de llorar porque sabe que sus necesidades están cubiertas. ¡Carguen a sus hijos todo lo que puedan porque más rápido de lo que creen van a estar más altos que ustedes! (Siempre me duele tantito el corazón no haberme dado cuenta, y que nadie me haya dicho, que la última vez que cargué a cada uno de mis hijos fue la última vez que cargué a cada uno de mis hijos…).

Disfruten el momento. Disfruten a sus bebés, a sus niños y luego… disfrutemos a nuestros pubertos, estas personitas increíbles llenas de ideales, de pasión, de seguridades e inseguridades, de humores cambiantes y hambre permanente.

Maravíllense ante la oportunidad de ver un adulto en formación, una persona construida, en gran parte, por ustedes.

Si queremos que sean la mejor versión de ellos mismos, enfoquémonos entonces, por favor, en ayudarles a potencializar sus personalidades y llenarse de orgullo (que no de arrogancia) de ser quienes son y exactamente como son.

Tratemos de entender la emoción detrás de las conductas y lo indispensable que son nuestros abrazos y nuestra contención, sin importar la edad que tengan y recordando que cada hijo nos necesita de manera distinta.

La realidad es que la felicidad son solo momentos en la vida, y en medio de un momento feliz y otro hay muchos horrendos, complicados, normales, tristes, planos, de hueva, cansados, alucinantes… Es como cuando ves un álbum de fotografías, o el perfil de Instagram de alguien —para que sea más actual mi ejemplo—…, ¿qué ves?, ¡puros momentos padres!, ¡solo alguien muy *hardcore* (y con un sentido del humor muy negro) se avienta a poner las partes nefastas de la vida!, pero entre una foto y otra pasaron muchas cosas y la parte que no les estamos diciendo a nuestros hijos, y les está pasando la factura en sus jóvenes vidas adultas, es que la vida feliz no existe. Es una utopía. Una mentira. No es sostenible ser feliz todo el tiempo y, de hecho, para apreciar realmente los momentos felices, de calma y paz, necesitas haber pasado por otros diametralmente opuestos para, justamente, poder comparar.

Nadie nos dijo que no nos toca hacerlos felices, pero nuestra generación de papás, por alguna razón, decidió que así era y he ahí el problema.

Y es que ser mamá —o papá— siempre ha incluido la capacidad de desarrollar una serie de habilidades simultáneas y multifacéticas como ser enfermera, doctor, entrenador, acompañante, árbitro, chofer, psicólogo, cocinero, esclavo, administrador, coach de vida, la bruja del cuento y un sin fin más de roles y actividades.

Hoy, además de todo, las mamás tenemos que estar siempre al último grito de la moda, sin perder nunca el estilo y, ¡obvio!, nuestros hijos igual: per-fec-tos, porque de ninguna manera podemos permitir que alguien por ahí diga que nuestras hijas no traen el moño reglamentario de cuatro metros y el pelo relamido (pobres niñas, siempre me dan ganas de despeinarlas un poco y preguntarles si no les duele horrendo la cabeza). O que nuestro hijo está siempre chamagoso de tanto jugar fut, porque qué oso (y entonces nos gastamos un paquete de toallitas para limpiarle la cara, sin preguntarle su opinión o pensar dos segundos en el impacto ambiental, en lugar de pedirle que se lave la cara o que nos valga madres el color que trae y nos fijemos, más bien, en lo feliz que estuvo).

Al mismo tiempo, debemos estar esculturales, buenísimas, *superfit*, con la piel perfecta, sin una sola arruga (no vaya a ser que se nos note la expresión de nada), para lo cual nos sometemos a cualquier cantidad de tratamientos tormentosos, carísimos, estrafalarios y andamos arriesgando el pulmón (o las rodillas) a costa de seguirle el paso a instructores de 24 años en clases exhaustivas de cualquier cosa y comiendo pasto licuado (en lugar de, sí, echarle ganitas, pero con un poquito de sentido común y comida masticable).

Además, hay que seguir creciendo profesionalmente, lo cual está muy bien. Lo que no está bien es que no estamos sabiendo separar la parte del trabajo de la parte de ser mamá, o papá, y entonces estamos siempre con el teléfono en una mano, el hijo en la otra y la nariz metida en la pantalla sin estar realmente en ningún lado.

Luego, como la salud mental es indispensable, nos procuramos momentos con las amigas para olvidarnos un rato del mundo, lo cual me parece fantástico y necesario, peeeero, por lo que se ve en Instagram, andan de un plan a otro permanentemente y, entonces, me surgen preguntas varias:

1. ¿Cómo le hacen, oigan? Yo salgo un día y me tardo siete en reponerme.
2. Órale pues con el presupuesto invertido en tanta salidera.
3. ¿Y qué onda con los hijos? Porque salir un rato de vez en cuando para desconectarte es in-dis-pen-sa-ble, pero pasarte la vida afuera me hace preguntarme: ¿con quién se quedan todos esos hijos y haciendo qué?...

4. Y obvio, porque #familyfirst y #familytime, nos aventamos unas vacaciones increíbles —que qué delicia—, pero que no sé qué tanto disfruten y estén realmente presentes porque el tiempo que invierten en la subidera de fotos en tiempo real me hace cuestionármelo.

Muy al pendiente de su bienestar y siempre listas para cortarle el cuello a cualquier persona que pretenda ponerles un límite a nuestros cachorros (no vaya a ser que los hijos pudieran aprender a jugar en equipo, respetar a la autoridad y seguir las reglas, esforzarse tantito más, o asumir que no pasaron porque echaron la hueva).

Nada de esas cosas les da a nuestros hijos las herramientas que van a necesitar para moverse en el mundo por ellos mismos y "ser felices".

El mundo afuera es un mierdero, lleno de violencia, de intolerancia, de racismo, de pobreza, de radicalismos y nuestros hijos se están dando un madrazo descomunal cuando les toca afrontarlo solos. No tienen herramientas para resolver.

No saben qué es la resiliencia, la tolerancia, la frustración, lo de lograr algo por ellos mismos. No pueden resolver un problema sin hablarle a sus papás inmediatamente. No saben cómo.

Y, entonces, al sentirse completamente rebasados, inútiles y perdidos, se deprimen y, muchos, se suicidan o se enganchan con las drogas.

El **índice de suicidios** entre la población de 10 a 24 años en el mundo subió 56 % el último año. ¡10 años! ¡D-I-E-Z! ¡HAY NIÑOS DE 10 AÑOS PENSANDO EN SUICIDARSE, CARAJO!... Si eso no es motivo para hacer las cosas distinto, entonces no tenemos remedio como humanidad.

Y déjenme darles dos datos más (prepárense para el microinfarto): todo apunta a concluir que **las dos principales**

causas, o detonadores, o catalizadores de depresión en niños y adolescentes son:

1. La exposición desmedida a las pantallas. Y por desmedido se refieren a más de dos horas diarias, no crean que a diez.
2. Los hijos de papás y mamás que hacen TO-DO por ellos.

En la obsesión por tener hijos felices estamos haciendo totalmente lo contrario.

La depresión se está convirtiendo en una epidemia mundial que, desde el 2020, es la *primera causa de discapacidad* en México.

¡MIER-DA!

No hemos entendido que el objetivo no es hacerlos felices perpetuamente, ni que les arreglemos la vida todos los días. El objetivo es que ellos puedan enfrentarse solos a las cosas.

¿Cómo se hace eso?

Olvidándonos de tanta superficialidad y enfocándonos en las cosas que realmente importan y sí les van a servir para algo.

Estableciendo vínculos con ellos y enseñándoles a establecerlos con otras personas. Permitiéndoles hacer las cosas por ellos mismos. Asignándoles tareas en la casa (esas: las que nos da hueva hacer a todos). Dejándolos perder. Pasando tiempo en familia, ¡los tiempos en familia no deben ser opcionales!, es indispensable sentirse arraigados (pertenecer a una tribu es una de las grandes vacunas contra la depresión).

Y muy importante: enseñarles a perder.

A entender que las cosas no siempre salen bien, que la vida (o el árbitro) a veces no es justa, que incluso si haces tu mejor esfuerzo puede no salir como lo planeaste.

Nuestros hijos necesitan desesperadamente aprender el arte de "*suck it up*" y ser realistas. ¿Qué nos espera con toda esta generación que está creciendo pensando que son campeones o princesas? ¿Qué va a pasar el día que se den cuenta de que son simples mortales? ¿Se imaginan? ¡Qué peligro!

Con todo respeto, tu hijo, mi hijo y el de mi amiga, T-O-D-O-S, *necesitan perder más seguido*. Los tenemos muy sobrados, demasiado "empoderados", hiperconsentidos. Son un sector muy privilegiado, y eso no está mal, ¡qué suerte! Pero es nuestra responsabilidad enfrentarlos a situaciones que los hagan sentirse frustrados. Porque no, no son campeones, ni son *cracks*, ni creo que haya muchos que vayan a ser Messi, ni mucho menos una princesa (¡gracias a Dios!).

Son niños que juegan fut (o cualquier otra cosa) y les gusta. Hay muchos que juegan increíble y eso está muy bien, pero, por favor, ubíquense, queridos padres de familia, no les inflen el ego más de lo necesario y, de pasada, desinflen el de ustedes un poquito.

Dejen que se den sus madrazos.

Enséñenles a ser humildes siendo humildes ustedes primero.

Enséñenles a respetar no solo a la autoridad, que es el árbitro (neta, papás, mentarle la madre al réferi enfrente de sus hijos está perfectamente mal, ¿que no están viendo el *mierdero* de país en el que estamos? ¡Empiecen por respetar ustedes la ley de la cancha y, especialmente, al ser humano que está haciendo su trabajo!), sino, sobre todo, a su contrincante.

Ganar a base de madrear no es ganar. Jugar limpio, sin importar si estás o no en una cancha, es una de las principales cualidades de una persona.

La violencia de este país no empieza con el narco, empieza en nuestras casas cuando permitimos (¡y les enseñamos!)

a los hijos a que agredan a alguien más, en cualquier circunstancia. Que está bien hacer llorar a otra persona y "quebrarlo".

¡Dense cuenta de los *monstruitos* que están creando! ¿Qué tipo de adultos van a estar a cargo de este país?

Tú eres responsable del futuro, tú estás formando a sus líderes. ¿Sabes qué tipo de persona van a ser estos niños violentos, caprichosos, ególatras y sin ningún tipo de empatía por el otro? ¡TRUMP! Nada más y nada menos.

Así que piénsatela dos veces antes de seguirle alimentando sus berrinches y ponerle la vida tan fácil e inmediata.

A aquellos que se toman demasiado en serio los torneos de sus hijos (en cualquier deporte), me gustaría sugerirles algo: **si lo que ustedes quieren es un campeón en la familia, les propongo que elijan una disciplina que les guste y se pongan a entrenar para ser campeones USTEDES, mientras tanto dejen que sus hij@s jueguen en paz y se diviertan.**

¡Nos urge bajarle tres rayitas y dejar de realizarnos a través de los logros de los hijos! ¿Por qué es tan importante para ti que tu hijo siempre gane? ¿Por qué pretendes que él materialice lo que tú no pudiste, o repita lo que tú hiciste? ¿Por qué?

Apoyar a los hijos no es pararse en cinco partidos y gritarles cosas, ni ponerse como fieras contra el equipo contrario, ni hacer trampas para que su equipo pase. Eso se llama controlar. Apoyar quiere decir estar ahí para escuchar. Para ayudarlos a navegar sus emociones. Y sí, para disfrutar verlos jugar, sin intervenir.

Porque solo hay una cosa más dulce que la victoria y eso es ganártela con tu propio esfuerzo, pero, especialmente, con la conciencia tranquila. Y eso, señoras y señores, ¡eso! es ser verdaderamente un campeón.

Y sí, la chamba implica también hacer lo que te toca hacer cuando te prestan a los hijos de los demás…

Invitar escuincles y organizar planes es una de las actividades estándar de tener hijos y, por lo general, una actividad que recae, principalmente, en las mamás.

Yo aprendí a la mala lo de preguntar los detalles completos de una invitación. Cuando la de 20 tenía 6 la invitaron por primera vez a casa de una amiga sin mí... fue uno de esos momentos históricos en mi vida de mamá que involucraban eso de soltar, que a las mamás nos cuesta tanto trabajo. La mamá me habló, me dijo que las recogía de la escuela y que estarían en su casa y yo dije —inocentemente— que sí a todo con el corazón chiquito, pero sabiendo que había llegado el día.

En el camino de regreso a mi casa, después de recoger a mi hija y haciéndole todas las preguntas pertinentes (e indispensables), como qué habían comido, cómo la habían pasado, qué tal la mamá y si había conocido a sus hermanos o a qué habían jugado, me entero de que las niñas habían sido recogidas por un chofer y les había dado de comer una señora que trabajaba en esa casa; la mamá no estaba, estuvieron "solas" toda la tarde, a los 6 años.

Microinfarto...

Ustedes pueden decirme que qué exagerada; yo siempre seré de la idea de que invitar personitas a tu casa (a la edad que sea y mientras sean menores de edad) implica una responsabilidad gigantesca que no puedes depositar en otras personas, aunque sean de "toooda tu confiaaanza". Desde que se caigan y rompan un brazo y tus empleados no sepan qué hacer en caso de una emergencia, hasta que tus empleados sean los perpetradores de cualquier emergencia y todas las posibilidades en medio. O, ya más grandes, dejarlos solos abriendo la posibilidad de que puedan hacer cualquier tipo de pendejadas.

Desde ese día aprendí a preguntar siempre a la mamá en cuestión: "¿Tú vas a estar ahí?", antes de decir que sí.

Y, conforme mis hijos fueron creciendo, establecí un patrón para que tanto ellos como yo supiéramos qué hacer y a qué atenernos antes de decidir dar o pedir un permiso.

En estos veinte años de mamá me he topado con todas las gamas de mamás: la que es como yo; la que vive en la luna; la que es una irresponsable; la que te dice que eres una exagerada y "deberías alivianarte"; la que es una controladora peor que tú y no se les separa; la que les organiza treinta y cuatro planes; la que las deja jugar con lodo; la que no las deja hacer nada; la que te gustaría ser, y la que por ningún motivo vas a dejar que se lleve a tu hijo a ninguna parte; o la que nunca sabes quién es.

En cuestiones de mamás, hay de todo en la viña del Señor.

En las fiestas de secundaria, siempre hablé con la mamá a cargo para saber cómo era el plan y cómo era su política de alcohol y supervisión, y no, nunca me dio pena, era parte de mi responsabilidad saber a dónde voy a mandar a mi hijo y parte de la suya saber lo que implicaba tener pubertos en su casa. **Nunca voy a entender que nos dé pena hacer lo que se tiene que hacer, especialmente cuando se trata de la seguridad y la salud de nuestros hijos. Es increíble que hayamos normalizado tantas cosas que están mal en la vida social de nuestras criaturas por pena a ser esos papás.**

Amigos, ¡dense pinches cuenta!

Mis hijos aprendieron que, si querían ir, lo primero que tenían que traer era el teléfono de esa mamá. Y sí, conforme los hijos crecen, las cosas cambian y van siendo ellos la fuente de información para dar —o no— el permiso en cuestión.

Desde luego que llega un momento en el que uno tiene que soltar, y aunque eso, desde mi punto de vista, nunca quiere decir dejar de preguntar los detalles del plan, es evidente que a la de 20 ya no le pido el teléfono de nadie y confío en que hemos sembrado lo necesario para que ella misma pueda discernir entre elegir un plan que suena bien y uno que tiene todas las posibilidades de acabar mal. Y aunque técnicamente pide permiso, ella es quien ahora toma sus decisiones.

Con el de 17 sigo operando bajo la premisa de: es menor de edad y yo sigo siendo su adulto responsable. Por eso siempre que lo invitan a un plan de viaje de fin de semana, si quiere ir, sigue teniendo que conseguir el teléfono de esa mamá.

Me pueden decir que estoy loca, pero yo soy la mamá que, si mi hijo va a invitar a sus amigos a un viaje, le voy a mandar el WA a las otras mamás para decirles que estoy enterada del plan, que ahí voy a estar y, *grosso modo*, cuál es la logística del fin de semana.

Y también soy esa mamá que, si el plan es en tu casa y no me escribes te va a preguntar. Me vuela la cabeza cuántas mamás no lo hacen porque "es que ya van en prepa". Y más aún cuando, sí se hace el grupo de WA para notificar el plan, ni una, ¡ni una!, pregunte cuál es la política del alcohol. De salidas. De quién estará a cargo. Insisto… preferimos exponerlos a un plan desastroso antes que preguntar en ese chat si la mamá les va —o no— a dar permiso de chupar y, pues, #todomal.

Hace unas semanas me agregan a un grupo de WA; fue un papá y eso, solito, ya es novedad. Pero este papá, además, nos vino a dar una *masterclass* de cómo se invita a un plan: se presentó, expuso el plan, nos dio la dirección de la casa y, a continuación, enlistó las reglas de su casa, lo que se esperaba de nuestros hijos, los gastos a repartir y las consecuencias que habría de no ser seguidas las reglas de SU casa.

Yo que, insisto, siempre soy la mamá que ante el silencio absoluto de las demás hago siempre la pregunta incómoda, leí eso y me puse a aplaudir en mi cabeza. Y cuando respondí en ese chat, no solo que mi hijo tenía permiso, sino que le agradecía y aplaudía su método, todas aplaudieron también y yo pensaba… ¿y entonces?, ¿por qué no lo hacemos todas así? Si a todas nos preocupa lo mismo, ¿por qué nos quedamos calladas tanto para invitar como para ser las que dan los permisos?, ¿por qué les da pena a nuestros hijos?, ¿por qué pensamos que es de mala educación?, ¿porque qué van a decir?, ¿porque nos da hueva? ¿Cómo puede ser que nos importe más no incomodar que hacer nuestra chamba de mamás?

Y… ¡¿cómo crees que te avientas la responsabilidad de llevarte menores de edad de fin de semana y les des alcohol porque "es que de todas maneras toman en las fiestas?!"… Sí, mana, pero recuerda esto: en las fiestas sus papás sabrán qué hacer si pasa algo cuando vayan por ellos. Pero ¿qué pasa si les pasa algo EN TU casa?, en tu alberca, en el lago, en el antro, en el coche por estar alcoholizados. ¿Qué pasa si tú no estás y están veinticinco pubertos solos en tu casa, con las hormonas a doscientos y nadie que supervise nada?

"Es que mi hijo no quiere. Es que me dijo que no esté. Es que ya tienen 17", es que, es que, es que…

Dejen de poner excusas y de dejarse manipular, mamás. Las reglas son las reglas y los papás somos los papás. Y si a los chamacos no les gusta, pues no hay plan. Y punto final.

El resultado de ese fin de semana en Acapulco orquestado por este papá fue un éxito rotundo. Se llevó a veinte escuincles que se portaron sensacional. Porque sabían qué esperar. Porque sabían qué se esperaba de ellos. Y porque sabían qué pasaba si rompían las reglas. En un rango de 17-19 años, todos se cuadraron. Porque nadie les preguntó si les parecía y simplemente supieron que en esa casa las reglas eran así y entonces todos pudieron jugar al mismo juego y pasarla bien. Incluyendo al papá en cuestión.

Esta es la segunda vez que me toca que un papá organice el plan (la primera, la del rancho, ya se las conté hace rato), y eso solito me parece digno de destacar: qué chingón que haya papás empezando a involucrarse y haciendo las cosas bien, esto nos beneficia a todos, especialmente a nuestros hijos.

Para aquell@s a quienes les cueste trabajo ser esa mamá o papá les voy a dejar, con el permiso de este papá, el texto, íntegro, que nos mandó, para que sin pena le puedan copiar, porque nunca, jamás, hay que tener miedo de ser esa mamá... o papá.

¡Hola! ¿Cómo están? Probablemente ya saben, pero va la invitación oficial para que sus hijos nos acompañen a Acapulco del martes 25 al sábado 1ro. Nos va a dar mucho gusto que nos acompañen, y aunque algunos "ya se la saben", van los detalles.

Nos vamos a quedar en el departamento de mi mamá en el Condominio XXX, piso XX, que está en XXXX al lado del XXX. Es un edificio chico que da al mar, y muy bien protegido con porteros de mucha confianza. Tiene un área común con alberca y jardín que seguro disfrutaremos casi solos por las fechas.

Van a estar ahí XXX y XXX para cocinar rico y levantar la casa, pero todos tenemos que cooperar en mantener el orden en nuestros cuartos, guardar nuestra ropa, colgar la toalla mojada, etc.

Logística: (Mi hija) lo está coordinando. La idea es que viajen todos en una minivan de renta con chofer de confianza y yo en un coche siguiéndolos. En breve les confirmaremos los detalles.

Reglas:

1. Todos cooperamos en todo: subir el súper, poner la mesa o hacer quesadillas para la cena, por ejemplo.

2. Se pueden desvelar hasta la hora que quieran, pero a las 10:30 AM se sirve el desayuno y se cierra la cocina hasta la hora de la comida.

3. NADIE saldrá de noche a bares, ni al Baby, ni al Oxxo, ni a nada. NO NEGOCIABLE.

4. Pueden ir a la playa y al mar, pero en grupo y solo enfrente del edificio.

5. No está prohibido el alcohol, pero estaré muy pendiente. Ante cualquier exceso, desfiguro, o pleito, se le avisará a la mamá o papá para que pasen por él, la o los implicados o para que autoricen el regreso inmediato en autobús (hay corridas cada hora a Taxqueña).

Gracias a todas las que me han ofrecido su cooperación. Propongo que nos dividamos el transporte y las propinas a cocineras y porteros; les aviso en cuanto tengamos el cálculo final.

Ya tienen mi celular, el del departamento es el: XXXX y el lobby es: XXXX. Si tienen alguna duda o sugerencia en particular, con gusto márquenme directo a la hora que quieran.

Gracias de antemano por prestarnos a sus hijos. Nos vamos escribiendo por aquí. ¡Abrazo a todas y todos!

Durante la vacación en cuestión, el papá mandó aviso de salidas y llegadas de carretera y algunos reportes y fotos (no millones, no silencio absoluto) muy simpáticas de las criaturas pasándola bomba y la cuenta bancaria con la cantidad a depositar.

Y, se me reporta, que a las 10:30 a. m. mencionadas, el sistema para despertar a veinte adolescentes que se habían dormido a las 8:00 a. m. era anunciando: "A desayunaaaar" afuera de los cuartos con un megáfono, lo cual, además de sacarme carcajadas, me parece que es, ya, el colmo de la genialidad...

#todosqueremosseresepapá.

La chamba implica muchas cosas, pero tenemos que dejar de pensar que es hacerles, resolverles, darles todas las respuestas y querer que sean, solamente, felices.

Tenemos que dejar de sobreprotegerlos.

Queremos que la felicidad en su vida sea el resultado de una vida productiva, de tener un propósito y relaciones profundas y respetuosas. Que se sientan cómodos en su piel y saber estar bien, incluso cuando la vida se ponga mal.

Queremos que sepan que la vida se mueve. Que eso es lo esperado, que nada es permanente y que no importa cuánto se les mueva, ellos siempre van a tener la capacidad para resolver lo que sea que la vida les mande, solos.

Lo que queremos, lo que realmente queremos, papá y mamá, son hijos que sepan vivir sin nosotros.

CAPÍTULO 10

Nadie te debe nada

En la gran mayoría de los casos, tener hijos es un acto voluntario. Entiendo que hay muchos en los que no y eso me parece una tragedia para todos los involucrados, de ahí la relevancia de que cada quien pueda elegir qué hacer con su cuerpo, pero ese es un tema escabroso al que no me voy a meter en este momento.

Hablaremos, entonces, de cuando sí eliges ser mamá, porque en este tema en particular, las mamás somos infinitamente más azotadas. Y es que pensamos, erróneamente (quizá porque así nos han heredado el discurso desde hace siglos), que ser mamá es un sacrificio. Que somos las primeras en tener hijos y experimentar las mieles y el infierno de la maternidad. Y que dar vida nos pone en un lugar privilegiado sobre los demás, entendiendo por los demás, a nuestros pobres hijos, por supuesto. ¡Porque lo mando yo!, ¡porque soy tu madre!, ¡porque me debes la vida!, y todas esas frases de película de Sara García en donde la madre abnegada siempre sufre la circunstancia de ser quien es.

Cero.

Ser mamá nos hace CERO especiales. Millones de mujeres han sido madres antes que nosotras y millones lo serán después, bájenle mil rayas por favorcito a su autodiscurso.

Se nos ha dicho que los hijos nos deben rendir pleitesía y para eso solito, de hecho hay, no un día, EEEELLLL día de las madres, que, ustedes disculpen, no me puede repugnar más.

Me chocan todas las celebraciones que glorifiquen a cualquier persona o situación, pero el día de la madre se las lleva de calle por miles de razones.

Por ejemplo: los festivales al rayo del sol esperando que pasen seiscientos niños antes que el tuyo para que al final, obvio, no cante porque "se chiveó", o lo hayan puesto hasta atrás de todos y está escondido, ¡o peor!, le tocó ser el árbol (¡no manchen, *misses*, ¿el árbol?!) y su participación se limita a estar ahí parado; eso sí, el disfraz te costó dos mil pesos, hiciste hora y media para llegar a la escuela (arreglada como para ir a una boda porque hay que estar muy guapa en *tu día*), no te toca lugar sentada y a las 9:45 de la mañana el tan ansiado festival ya terminó y estás parada en la banqueta con tus criaturas de la mano y *toooda* la mañana "libre", porque (sin duda) el mejor regalo para las mamás es: ¡que los niños no vayan a la escuela, *yeeeei*! (... dijo nadie nunca).

¡Qué decir del tráfico en esta ciudad!, veinte millones de personas angustiadas yendo de un lado a otro para rendirle tributo a su *madrecita*, comprarle su licuadora, llevarla a comer y a todo lo que ella quiera. Un *viacrucis* que se supera a sí mismo cada año porque ahora, gracias al cambio climático, lo más seguro es que el 10 de mayo se caiga el cielo y la ciudad se vuelva un total *des-madre*.

Luego, los mensajes de gente (con la que nunca hablas) para felicitarte, lo cual, por supuesto, se agradece, pero intuyo que, si me lo está mandando a mí, es que se lo está mandando a *toooda* su lista de contactos-mamás. Lo cual quiere decir que lleva *tooooda* la mañana en eso, lo cual quiere decir que el 10 de mayo, por una cosa u otra, ¡nadie trabaja en honor a las jefas!, que es exactamente lo que este país NO necesita.

¿Y qué tal las redes sociales?

O-mai-god.

Los que les agradecen a sus mamás, los que les echan flores a sus esposas, las que se postean con sus hijos, las dos mil fotos de los festivales con *#blessed, #elmejortrabajo, #amosermamá, #misniños, #nopuedodeamor, #graciastotales...*

Una cosa espeluznante, especialmente si recordamos que la mayor parte de esas mamás (y probablemente todos esos niños) NO-TIENEN-REDES-SOCIALES y, por lo tanto, jamás se van a enterar de sus declaraciones de amor tan elocuentes. Un tip: ¡vayan y díganles eso en persona! O mejor *posteen* con ellos porque sí y ya, pongan sus fotos y hagan lo que quieran, pero, neta, lo de los mensajes que el destinatario no lee es absolutamente ridículo.

Mi mamá (que por supuesto es la mejor del mundo) nos dio el increíble regalo de que le valga completamente MADRES el día de las madres. Gracias, mamá. No hay nada como sentir que el 10 de mayo es idéntico a cualquier otro día y que quererte y agradecerte pueda hacerse libremente y no una actividad obligatoria de una fecha determinada.

No me digan que qué azotada porque sí, hay muchos de ustedes que lo hacen así, libre y cotidianamente, ¡qué chingón! Pero MUCHA gente padece el 10 de mayo (como desde el 5, cuando sus *mamis* empiezan a hacerles manita de puerco) y que sus *mamases* sí hacen chantaje, sí manipulan, sí esperan un iPad de regalo y sí hacen de este día un objeto de culto y tributo.

A todos ellos, mi más sentido pésame.

Sobre todo, me choca porque me parece que se ha vuelto más bien el día oficial para postearse como si todo fuera perfecto y siempre estuvieran todas tan peinadas, sonrientes y, encima de todo, fuéramos realmente extraordinarias por haber parido a las criaturas, *come on!!!*

Ser mamá es el trabajo más antiguo del mundo, neta, neta, neta: no somos taaan especiales —solo— por ser mamás.

Dejen de andar vanagloriándose y creyéndose únicas. Cada quien vive su momento y la realidad de cada una es importante. Sí. Pero no son las primeras que no duermen porque su hijo tuvo calentura o las únicas que diario hacen de comer, que además tienen una chamba, hacen tareas, van al pediatra o todo se les complica.

Me parece que el trabajo de mamá en nuestro entorno está muy venido a menos en el sentido de que estamos, la mayor parte del tiempo, quejándonos por lo que implica ser mamá. Es la manera moderna del chantaje, pobres escuincles.

Lo que quiero decir es que andamos muy ocupadas en el día a día (que efectivamente es a-go-ta-dor) y que muchas veces el logro al acostarnos es que sobrevivimos un día más. Sí, nadie dice que ser mamá no sea una joda, una enorme responsabilidad y el trabajo más cansado y demandante del mundo. Sí.

¿Pero no será también que gran parte de nuestra energía la estamos gastando en pretender ser la mejor mamá todo el tiempo? ¿En postear, cumplir, palomear y presumir *tooodo* lo que, según nuestros entornos, es "ser buena mamá" y en que nuestros hijos sean superniños solo porque otras lo hacen?

Porque creo que a nuestros hijos les haría mejor que nos enfocáramos en las partes increíbles de ser mamá. En el privilegio que es dar vida. En formar, estar y aceptar nuestras realidades con todas nuestras limitaciones. Que le bajáramos varias rayitas a la lista de clases y cosas que queremos que hagan para "ser perfectos" y dejáramos de definirnos a través de nuestros chamacos.

Que nos enfocáramos mejor en recordar que somos esa persona a la que (si haces bien tu trabajo) los hijos vendrán siempre que necesiten reconstruirse. Asegurarse. Reagruparse. Apapacharse.

Tenemos la mejor medicina del mundo que son un par de brazos que contienen y hacen sentir que, aunque todo esté de la chingada, todo va a estar bien. ¡Ese es nuestro superpoder! No las fiestas que les hacemos, no las fotos que tomamos, no los planes, las actividades, ni lo *cool-fit-multitask-creativas-siempreperfectas* que somos, ni ninguna de todas las pendejadas que subimos a las redes o a las que inscribimos a nuestros chavos.

Ese, el de sanar el alma y acompañar, queriendo sin condiciones a una o a varias personas a lo largo de nuestras vidas, es el verdadero valor de una mamá.

Nadie nos dijo que las suertudas somos nosotras, no los hijos. Ya era hora de que alguien lo viniera a decir.

Es hora de que cambiemos el discurso que les metemos en la cabeza y también el discurso que no verbalizamos, pero modelamos y ellos, por supuesto, integran. El ejemplo más claro es el de la imagen corporal…

El impacto que tiene en nuestra salud hacer buenas elecciones en nuestra dieta diaria, mover las *nachas* regularmente y no darnos permiso de todo todo el tiempo es ¡enorme! en el corto, mediano y largo plazo. De las cosas más importantes a enseñar a nuestros hijos son los hábitos saludables para su cuerpo y su mente, claro que sí, pero ¿hasta qué punto y en qué medida?

No me malentiendan. Me parece perfecto que el *fitness* sea una parte fundamental de la vida. ¡Qué fantástico que nuestros hijos crezcan viéndonos movernos y lo integren desde pequeños en la suya! ¡Qué increíble que estemos todos encontrando tantas opciones para retarnos, fortalecernos y sentirnos mejor con nosotros! Pero qué preocupación cuando la vida comienza a girar en torno a eso. A nosotros. A nuestra apariencia. Al mírenme. Al grito desesperado de ¡aquí estoy! A los miles de *posts* notificándole al mundo cada uno de nuestros entrenamientos, metas y medallas.

¡Ahora las *mamis* están más flacas que las hijas! Y es que nada más emocionante que un *#ParecenHermanas* en los comentarios de su *post*. ¿Por qué quisieran parecer hermanas y pretender tener el cuerpo de sus hijas? ¿Así o más enfermo? ¿Y cuántas *superfit* tienen hijos con problemas de sobrepeso o que no comen nada? No es casualidad, ¿sí sabían?

Los consultorios de los nutriólogos y psicólogos están LLE-NOS de adolescentes abrumados de dudas, de traumas, de complejos, de competencia y de desórdenes alimenticios porque, ¡como nunca!, están saturados de información, sometidos a una presión social abrumadora (cortesía de las redes sociales) y ahora, ¡encima de todo!, con papás y mamás obsesionados por el físico y la apariencia.

Señoras, se está jugando el rol de la mujer en el mundo y seguimos pensando que lo más importante es estar buenísimas, ¡¿en *seriooooo*?! ¿Ahí es donde queremos que nuestras mujeres del futuro se enfoquen?

Piensen, por favor, un segundo en el impacto que tiene en un(a) niñ@ ver a su mamá, que vive a dieta, postear sin cesar su sanísima alimentación, su nuevo *detox* y ver la foto perfecta, *sexosa*, sudada, o con el *look* casual y "supernatural" ¡t-o-d-o-s-l-o-s-d-í-a-s! O un papá que se inyecta cosas en el estómago para tener cuadritos, come puro atún, vive en el gym y se pasa la vida mandando a sus hijos al nutriólogo porque "están gordos" (y *"cómo crees que yo voy a tener hijos así"* —*true story*).

El ejercicio y la alimentación saludable son, sin duda, un *must*. Pero más urgente es enseñarles a aceptarse como son, a dejarse de obsesionar con su cuerpo. A disfrutarlo. A cuidarlo. A respetarlo.

Construyamos personas saludables que disfruten las cosas que su cuerpo puede hacer y que puedan ser felices por lo que son, no por cómo se ven.

El discurso de: "Yo te voy a resolver todo y mi trabajo es ser tu administradora escolar", ese también nos uuuurge modificarlo.

El día en el que cada uno de mis hijos entró a secundaria, me salí del chat de su generación.

Mi filosofía fue, y sigue siendo, que una persona de (más menos) 12 años era perfectamente capaz de informarme de las eventualidades necesarias de la vida escolar (siendo además que, como ya les conté, la información oficial de la escuela solo se comunica por correo electrónico. Punto para la escuela).

¡Qué dicha absoluta fue liberarme de los dos!

Entre más crecen, menos involucrada estoy (y eso que nunca estuve muy involucrada) en su vida escolar. Mi otra filosofía es que es SU escuela, no la mía, y que mi responsabilidad ante ella, además de llevarlos y pagar, no va mucho más allá de estar enterada de lo indispensable, que no es, ni de lejos, qué están viendo en el temario de español, si lleva todos los cuadernos necesarios, qué tan bien hizo (o no hizo) la tarea, o cualquiera de esas cotidianidades. Insisto, no-es-mi-problema. Es de ellos.

Cuando intervenimos en las decisiones y procesos escolares, en la manera de enseñar de un profesor, en si nos parece bien, o no, que les hayan puesto un límite, no solo estamos metiéndonos donde no nos importa, sino que, al hacerlo, lejos de ayudar, les estamos haciendo un daño irreversible para el resto de su vida.

Les quitas la posibilidad de aprender a adaptarse. A asumir responsabilidad. A buscar nuevos caminos. Nuevos amigos. Y soluciones. Les permites creer que pueden tener todo bajo control, manipular las situaciones e, incluso, hacer trampas. Y, muy especialmente, les mandas el mensaje de que estar incómodo no es aceptable y se hace lo que sea por salir de ese momento difícil (y por lo que sea me refiero

¡a lo que sea!, porque las mamis están fuera de control, ¡oigan, no manchen las cosas que hacen para aplanarle el camino a sus criaturas!).

Aprender a manejar la adversidad y adaptarse a ella es uno de los ingredientes más importantes para formar adultos resilientes.

Un espantoso tache para las mamás que se tiran a matar (en una piñata o en cualquier parte) con tal de que a los hijos les acomode la vida. Sí. Y también a las escuelas.

Porque les voy a (volver a) decir una cosa: las escuelas se quejan mucho de las mamás, ¡y en muchísimos casos tienen razón!, peeeroooo también son parte del círculo tóxico y codependiente, al tratar de complacer a todo el mundo y olvidar que su chamba es formar a los chavos, no caerle bien a los papás.

Formar es un trabajo conjunto entre la sociedad, las escuelas, las familias y las instituciones. Nuestra misión no es preparar el camino para nuestros hijos, es preparar a nuestros hijos para el camino.

Formar es un
trabajo conjunto
entre la sociedad,
las escuelas,
las familias y
las instituciones.
Nuestra misión
no es preparar
el camino para
nuestros hijos,
es preparar a
nuestros hijos
para el camino.

CAPÍTULO 11

La chinga de la chamba

Nadie, por más cosas que nos digan, nos cuenten, leamos, nadie nunca puede realmente explicar la chinga descomunal que es hacer bien la chamba de ser papás.

Olvídense del cansancio, las desveladas, los pezones ensangrentados o el dolor de espalda de cargar el maldito huevito, la carriola, la pañalera con los doscientos kilos de cosas esenciales para una tarde en casa de tu mamá, las idas a buscar pubertos a las reus o cualquier cosa. Lo más difícil de ser papás es, sin lugar a duda, ser papás todo el tiempo.

Y con eso me refiero a no claudicar en el exhaustivo trabajo de poner límites y contener a esa persona, absolutamente todas las veces que es necesario, sin importar la edad, el lugar, la hora o el humor que tengas.

Ser papás es una chamba de tiempo completo forever. Nadie nos dijo que jamás te vas a librar de hacer lo que hay que hacer si lo quieres hacer bien. Chance decirlo sería un buen método anticonceptivo porque, no sé ustedes, pero yo un millón de veces he pensado: "¿Por quéééé me metí en este pedo? ¡Alguien rescáteme, par favaaar!".

Y es que poner límites va más allá de un: "no me hables así. Ya es hora de dormir. Recoge tu cuarto. O no puedes ir". Poner límites se trata de hacer el trabajo sucio y saber que te van a odiar por eso y, de todas maneras, eso es lo que toca hacer.

"Lo que te voy a decir te va a chocar, te voy a caer pésimo y te vas a enojar, pero no voy a cambiar mi opinión

Ser papás
es una chamba
de tiempo completo
forever. Nadie nos dijo
que jamás te vas
a librar de hacer
lo que hay que hacer
si lo quieres
hacer bien.

y te lo tengo que informar". Así empezó mi conversación hace unos años cuando la de 20 tenía 14, para anunciarle que la habían invitado a celebrar el cumple de una de sus mejores amigas un fin de semana fuera de México y que las circunstancias no cumplían con los requisitos necesarios para que su papá y yo estuviéramos tranquilos y, por lo tanto, no podía ir.

Lo que sucedió a continuación superó de una manera inédita todas las frustraciones anteriores de la chamaca desde el día que nació. Yo sabía que esto no iba a pasar desapercibido, pero nunca esperé que mi niñita, normalmente tan sensata y contenida —lo cual, obvio, no sacó de mí—, se desbordara de esa manera. La palabra *furiosa* no empieza, ni siquiera, a explicar la situación.

La delicia de la infancia, con rutinas y reglas precisas y no negociables, se acaba en la adolescencia, cuando uno de los grandes retos —sobre todo si eres *control freak* como yo— es que los papás necesitamos aprender a ser más flexibles, a escucharlos, a encontrar puntos medios, hacer acuerdos, bajarles unas rayas a nuestros estándares de perfección y aceptarlos como una voz más en la familia y considerar su opinión para la toma de ALGUNAS decisiones.

Los chavos están en proceso de encontrarse a ellos mismos y para eso necesitan su espacio, nuestra (muuucha) paciencia (y boca cerrada) y la oportunidad de aprender a hacer las cosas por ellos mismos. Sí. Peeeero…

De ahí al nivel que estamos manejando me parece que hay una muy grande diferencia.

Explíquenme, por favor, ¿cómo pasó eso de que, ahora, son los escuincles los que mandan? Los que deciden cuál es el plan, cuánto dinero quieren o que van a pedir algo por Uber Eats en la comida familiar —o en la fiesta de sus amigos— "porque lo que hay no les gusta".

¿Cómo es que dejan de ir regularmente a nuestros planes porque "es que ya se mandan solos y tienen sus cosas", y todas esas necedades que escucho cotidianamente en las conversaciones con las mamás?

¿O les pasa que invitan gente a su casa y llegan sin hijos cuando tú aleccionaste a los tuyos que hoy vienen amigos y nadie va a ningún lado? O te invitan y los chavos ahí están cada quien con dos amigos y obvio no pelan a los tuyos —que, claro, ahora te odian por haberlos sometido a tal tortura—. O están, pero no sacan la nariz de la pantalla y nadie les dice nada.

No sé a ustedes, pero a mí nadie me preguntaba si quería ir a casa de mi abuela a comer el domingo. O si se me antojaba el plan del sábado con los amigos de mis papás. Ni me daban permiso de invitar amigos todos los fines de semana y así no pelar a mis papás y olvidarme de mi hermana. Ibas. Punto. De buenas, de malas, de las que quisieras, ¡pero ibas!

A veces te ponías las aburridas del siglo, a veces la pasabas bomba o aprendías a escuchar y platicar con otros. Pero no existía el temita este de "es que tenía su plan" o "ya sabes cómo son, hay que darles chance" o "es que, mira, prefiero que esté aquí siempre con todos sus amigos porque así está de buenas". ¡¿Ya se escucharon?! Claro que había excepciones, pero por lo general, los chavos no decidíamos el ritmo de la familia y a mí me parece que eso estaba muy bien.

¿Y saben qué? Los hijos nos leen tan claramente que nos tienen por completo secuestrados y agarrados de ya saben dónde (sí, de los *huevos*).

Saben que por más que le hagamos al cuento basta con que insistan tantito, nos hagan jeta una hora o nos azoten la puerta, para que cedamos. Dominan que si otra mamá nos habla para hacernos manita de puerco (no manchen, *mamis*, neta, paren) diremos que sí porque *"qué pena quedar mal"* y, que en aras de su "felicidad", estamos dispuestos a cualquier cosa.

Tenemos la —mala— idea de que en la adolescencia hay que soltarlos, que ya estuvimos en la infancia y que ahora ya son grandes, cuando es totalmente al revés.

El adolescente necesita límites, contención y la mirada de sus papás más que nunca. Dejarlos hacer su santa voluntad es en realidad abandonarlos a la deriva en el momento más confuso de su vida, cuando no tienen ni idea de quiénes son, ni por dónde ir. Y, por eso, se nos está saliendo de las manos.

Necesitamos, ¡claro!, dejarlos experimentar, tratar, equivocarse y resolver, pero nunca dejarlos a su suerte. Necesitamos ser flexibles y hacer tratos. Pero con consecuencias, con supervisión y con límites clarísimos de lo que se puede y lo que no.

Necesitamos seguir siendo el capitán de su barquito de una manera más discreta pero más firme que nunca. Eso es lo que les va a dar confianza y fuerza, no hacer su santa voluntad permanentemente y generarles unos vacíos interiores para el resto de sus vidas.

Hacer eso no es divertido. Créanme cuando les digo que anunciarle eso a sus 14, a la de 20, fue de las cosas más horribles que he tenido que hacer en cuestión de maternaje. Sabía que le iba romper el corazón y la importancia que para ella tenía ese evento. Pero darle permiso era ponerla en riesgo, y protegerlos (que no sobreprotegerlos) debe ser ¡siempre! nuestra prioridad.

Hay que pensar en el panorama completo, no en la satisfacción inmediata de nuestros chavos.

Acuérdense de que no somos sus esclavos, ni nos están haciendo el favor de nada, ni nos pueden faltar al respeto de ninguna manera, nunca.

Somos el jefe.

Obvio esto va a ser motivo de quejas, volteadas de ojo y, en muchas ocasiones, pena. Nuestros hijos van a sentir pena de nosotros miles de veces, *so be it*.

La *regla número uno* de ser papás es: ¡nos vale completamente madre si a los hijos les damos oso! (no importa cuando leas esto). Nuestro trabajo es justamente ese: asegurarnos de estar presentes en todos los momentos y situaciones y garantizar su seguridad y, por supuesto, la de los chavos que nos prestan.

Claro que no se trata de estar con una linterna dando rondas en la fiesta escrudiñando a cada uno, eso, efectivamente, qué oso. Se trata de ser más listos y que sepan que involucrarnos en estos planes no es una opción sino todo lo contrario: ¡una condición! Que, ¡obvio!, vamos a estar y que, de ninguna manera, somos solo los que rellenamos el *bowl* de las papas, mientras estamos en otro lado empedando con los papás que van y vienen por los escuincles, porque **la *regla número dos* de ser papás es: ser congruentes.**

Nada da más bajón que ir a dejar o recoger a tu hijo y que los papás "a cargo" estén en su fiesta paralela y te ofrezcan "un vinito". ¿Es neta? ¿Les estamos diciendo a los niños que no pueden tomar y en SU fiesta bebemos?

"Qué exagerada", me han dicho miles de veces…, pero ¿les digo qué?, nuestros hijos están bebiendo TANTO y el tema del alcoholismo está TAN grave que necesitamos exagerar. Necesitamos predicar con el ejemplo. Estamos, nosotros también, bebiendo demasiado. No podemos seguirles mostrando a los chavos que empedar es *supercool*. No debemos hacer de todos nuestros eventos un tema alrededor del alcohol.

Los chavos siempre han sido chavos, siempre van a tratar de brincarse las trancas, experimentar cosas y medir sus propios límites (¡y los nuestros!). Sí. Pero los papás no estamos siendo los papás. Estamos siendo igual de inmaduros pensando que somos "relajados", que "ya están grandes" y que entonces ya no importa el ejemplo que les demos; que son capaces de manejar unos chupes y que están en todo su derecho de pedirnos que no estemos en sus eventos.

Sorry. No.

Nuestros hijos nos están pidiendo a gritos que estemos, aunque eso en voz alta se escuche como un "qué oso, mamá".

Y en cosas terribles que nadie nos dijo… también hay que aprender a saber hasta dónde, y cuándo, llega nuestra injerencia y en qué momento les entregamos a ellos su vida.

Nuestros hijos —maldita sea— no son nuestros. Nadie nos dijo eso, qué putada. Lo que les guste, o no, no depende de nosotros, desde la sopa de espinaca, la ropa que quieran usar, el largo y color de pelo que quieran traer, la carrera que quieran estudiar, la pareja con la que quieran estar y evidentemente tampoco… su preferencia sexual.

Dejemos claro que el hecho de que haya tantos chavos anunciándole a sus papás que son gays no es porque "está de moda", de la misma manera que no "está de moda" divorciarse, lo que sucede hoy se llama progreso, apertura, evolución. Se llama libertad.

A ver, antes de meterme al tema quiero hacer una aclaración muy importante:

Yo no creo, de ninguna manera, que ser gay sea algo que se elige. O se decide. No creo que nadie pueda escoger sentirse atraído sexualmente por nadie. Lo que te gusta, te gusta. Y lo que no te gusta, no te gusta. Y punto.

Creo que los chavos están viviendo una época muy distinta a la nuestra, en donde cuestionarse su sexualidad es parte del proceso de la adolescencia (cosa que la gran mayoría de nosotros ¡jamás hicimos!, y los que sí, vivieron, en su mayoría, escondidos).

El hecho de que haya tanta información. Tanta apertura. Tanta lucha en pro de los derechos de todas las personas (totalmente a favor de todo eso) hace que estén hiperconscientes del tema como nosotros jamás lo estuvimos. Y sí, es un hecho que el mundo ha cambiado y que este es un tema recurrente en la sobremesa de todas las familias, o tendría que serlo.

También creo que muchas veces a lo que nos sentimos atraídos es a las personas. Que el hecho de que en la adolescencia alguien tenga una preferencia sexual no necesariamente quiere decir que en otro momento de su vida esa preferencia pueda cambiar. Y que eso no signifique que seas o no gay.

Y sí, sí creo que nuestros hijos están cableados diferente: de entrada, sin los prejuicios que a nosotros nos hicieron favor de poner en el disco duro. Y que, al haber más información, más debate y más libertad, evidentemente, habrá más oportunidades para ellos de manifestarse al respecto y de tratar de definirse en toda esa gama de posibilidades.

A veces, tanta información puede hacerlos un poco bolas y por eso es taaaan necesario mantener las conversaciones en marcha, los oídos atentos, la mente abierta, los prejuicios amarrados con candado y la boca cautelosa porque, si cuando nuestros chavos hablen, nosotros juzgamos o nos escandalizamos de inmediato, lo único que va a suceder es que nos van a cerrar la puerta en la cara, cuando precisamente lo que queremos es poder acompañarlos en cualquiera de sus procesos.

Y no sé a ustedes, pero a mí me parece que es una extraordinaria noticia que alguien que no tiene la menor duda de que le gustan las personas de su mismo sexo pueda decirlo abiertamente a los 15, 16, 17 años y no pasarse la vida siendo "el raro" o "la solterona", viviendo a escondidas o, peor aún, casándose y teniendo hijitos para quedar bien con la sociedattt, y en paralelo escapándose a bares gay los miércoles en la noche (*true story*).

Me imagino que, como papás, que tu hijo te dé una noticia como esta debe de ser uno de esos momentos que, dependiendo de tu trabajo personal y el tipo de apertura mental que manejes, puede causar un mayor o menor impacto, pero definitivamente no es un evento que pase desapercibido en la vida de una familia. Y creo que lo menos importante en este momento se trata del hecho en sí, sino de las expectativas que nos habíamos planteado. De lo que "esperábamos" de ellos. De nuestras ideas. Nuestros miedos. Nuestras creencias limitantes.

"Salir del clóset" debe de ser, para algunos, muy doloroso —antes de llegar a la parte liberadora—, para otros algo extremadamente difícil y, en general, un acto que implica muchísimo valor ante las circunstancias inciertas de las reacciones ajenas.

Eso sin hablar del tremendo proceso personal que implica decírtelo a ti primero, especialmente cuando el sistema te dice (desde el minuto uno en el que llegas al mundo) que lo que te define es tu sistema sexual reproductivo y que por lo tanto a ti te deben gustar los del sistema reproductivo contrario.

Pienso que, como papás, debería dar el mismo orgullo que el retoño acabe la carrera de arquitectura con mención honorífica, a que decida anunciarle al mundo su preferencia sexual que no es la que todos esperaban porque, al hacerlo, comprueba que hemos hecho bien nuestra chamba formando a una persona congruente con ella misma y con la capacidad de enfrentar lo que la vida le ponga.

Me parece que la primera reacción del núcleo cercano a esta noticia es determinante y absolutamente crucial en el futuro de la vida del hij@ en cuestión y me pongo de pie ante las familias que antes que cualquier otra cosa se ocupan de dejarle bien claro a sus chav@s que está bien que estén con la persona con la que quieran estar.

Cuando estaba corrigiendo esta parte de mi libro, se la di a leer a mi amiga Regina para saber si había algo que yo debería reconsiderar, y sí, hubo. Resulta que mi choro de qué responderle a un hijo que sale del clóset incluía decirle (como, probablemente, el de la mayoría de ustedes) que "ellos lo van a querer de cualquier forma, auuuunque sean gays" y, pues…, amigos, me di cuenta de que eso está igual de mal que dejar a nuestros hijos en una fiesta y decirles, mientras se bajan del coche, que "se porten bien"... ¿Por qué?, porque al decirlo estás implicando que se va a portar mal y por eso es necesario recordarle. Digámosles: pásala increíble, cuídate mucho, te quiero, ¡cualquier cosa menos "te portas bien"! Y, en esa línea, *si el amor de los padres a los hijos es una de las cosas más indiscutibles, incondicionales y automáticas de la vida, entonces, resulta un absurdo absoluto decirles que "de todas maneras los quieres", incluso, si se salen del estándar aceptable del sistema que la sociedad espera que cumplan.*

No, nadie nos dice qué es lo que deberíamos decirles en ese momento, o en cualquier otro. Pero probablemente recordar no usar una etiqueta y limitarnos a agradecerles su apertura y reiterarles nuestro apoyo incondicional sea mucho más que suficiente y mucho más constructivo.

Entiendo que para algunas personas "así no era el plan", pero *then again*... ¿cuál plan podemos tener en cualquier momento de la vida, en lo que a nuestros hijos se refiere?

No son nuestros, son de ellos.

Y no están aquí para hacernos felices, sino para que ellos sean felices.

Probablemente también debe de haber un momento en el que "el qué dirán" tenga un peso y sea un motivo de preocupación.

Nuestro único plan debería consistir en ser lo suficientemente inteligentes como para estar lo más cerca posible de nuestros hijos y contar con la fortuna de que quieran compartir su vida con nosotros.

Hacerlo todo mal, en un momento así, puede ser el punto de quiebre de por vida, y yo francamente pienso que lo único que tenemos que pensar como papás es asegurarnos de poder estar cerca; que sepan que son siempre bienvenidos con quien quieran querer y que cuentan SIEMPRE con nosotros.

Eso, y que los queremos, celebramos y aceptamos e-xac-ta-men-te como son.

CAPÍTULO 12

Abrazo grupal

Y luego, después de toda la chamba, la chinga, las horas de jugar, de estar, de escuchar, de contar cuentos, de sus manitas pegostiosas, de los no puedo dormir, de los "mamá, papá, cárgame, ayúdame, mírame, tráeme, llévame, acompáñame, límpiame, duérmete conmigo, no te vayas", de repente… crecen.

Nadie nos dice el madrazo descomunal que es que nuestros hijos ya no nos necesiten. Y se vayan, aunque sigan estando. Y no quiero ni pensar en lo que se siente el día en el que se van definitivamente.

Vamos liberando nuestros hijos al mundo y viendo cómo se van convirtiendo en personas independientes, con una voz propia y su propio universo emocional, y viviendo con horror cómo, para hacer eso, nuestros críos necesitan desmarcarse.

Es durísimo entender que esa personita que no se podía separar un metro de ti sin llorar, que necesitaba que le dieras de comer en la boca, que te veía como si fueras la última coca cola en el desierto y a la que nunca le eran suficientes las horas de jugar contigo y estar en tus brazos, de pronto te voltea los ojos por cualquier cosa, te pide que no entres a su cuarto, padece físicamente la pena de ser tu familiar y le caga, básicamente, tooooodo lo que sale de tu boca.

Es una chingadera tremenda de la vida que casi de un día para el otro nuestros hijos dejen de ser nuestros *groupies*, ¿a poco no?

Tendremos que aprender, otra vez, a ser papás y mamás de estos nuevos entes…

Por supuesto, los principios, las leyes fundamentales y las bases serán las mismas. La autoridad seguiremos siendo nosotros y siempre tendremos el derecho a veto y la última palabra en cuanto a su seguridad y sus límites.

Peeeeero…

Necesitaremos reinventarnos como papás y mamás. Nuestros hijos van a necesitar otras cosas de nosotros y deberemos estar listos para adaptarnos y saber dárselas y encontrar otras maneras de comunicarnos, otros métodos para conservar y fortalecer el vínculo que tanto cuidamos cuando eran niños, otros sistemas para establecer relaciones cercanas, respetuosas, duraderas. Otros modos de disciplinar, de ser el jefe, de contener y de guiar porque, que quede claro, no se trata de abandonarlos a su suerte y desentendernos, ¡todo lo contrario! Solo que ahora habrá que hacerlo con sistemas diferentes y personitas opinionadas y con su propia agenda (por si se andaban sentando en su zonita de confort y para que no se aburran).

Re-conocerlos, aceptarlos y respetarlos como una persona. No como quisiéramos que fueran o hicieran, sino como ellos van aprendiendo a ser.

Me parece indispensable entender el poder de nuestro discurso en sus vidas, en su autoestima y en su propio discurso. Que nuestra impaciencia se convierte en su ansiedad. Nuestros juicios, en sus dudas. Nuestras decepciones, en sus vergüenzas. Y nuestras críticas, en su voz interior. Y que el principal factor de predicción de su salud mental será la relación que tenemos con ellos. Esto lo vi alguna vez en un *reel* de alguna página de paternidad y me sacudió.

Y es que hay un millón de trabajos glamorosos en el mundo y, sin embargo, ninguno tan impresionante, demandante, extenuante y sobre todo ¡emocionante!, como la maternidad. Si lo haces a fondo —me refiero a si eres tú quien se encarga la mayor parte del tiempo de tu hijo—, no hay un solo trabajo que se compare al nivel de entrega, compromiso, paciencia y de…, bueno, ¡T-R-A-B-A-J-O!, que implica ser mamá o papá de alguien.

Ya lo sabemos: no hay horarios, días, tiempos fuera, ni ratos realmente libres mientras los niños son pequeños. Sí, sí puedes escaparte por ratos y encontrar momentos para ti —todo un arte saberlo hacer—, pero nunca son suficientes y la verdad es que una vez que tienes un chamaco, el tiempo, incluso el que consigas robarte, nunca volverá a ser realmente tuyo, porque aun cuando lo logres estarás, siempre, con una parte de tu cabeza —y todo tu corazón— en otro lado.

Solo una mamá sabe el desgaste y la satisfacción que traen los hijos. Siempre lo digo: son lo peor y lo mejor de la vida… al mismo tiempo. Estas personitas sacan lo peor y lo mejor de ti.

La chamba que es ser mamá de niños pequeños es digna de mención honorífica, porque tener bebés y cuidarlos no nada más es lo que se ve, es un trabajo de producción *backstage* continuo para, la mayoría de las veces, unos minutos de felicidad de la criatura.

Para bañarlo, por ejemplo, hay que: llenar la tina, asegurar la temperatura perfecta, tener todos los juguetes necesarios, convencerlo de que es hora de desvestirse, desvestirlo, meterlo, jugar con él, enjabonar, enjuagar, convencerlo de que es hora de salir, sacarlo, vestirlo —con toda la batalla que eso implica—. Todo eso, además, cantando simultáneamente el repertorio completo de Trepsi (o lo que sea que se le cante ahora), ¡son-ri-en-do! y dejando la espalda en el trámite. Tiempo total: 45 minutos. Tiempo efectivo de baño: 7 minutos.

¿Me explico?

El maternaje implica producciones de nivel profesional para cada actividad del día, no hablemos de la comida, salir una tarde y, ya en el colmo de la planeación estratégica, ¡de vacaciones!

Y aun así, los hijos se vuelven la razón de ser, de crecer, de aprender, son los maestros y los verdugos, son sin duda el espejo más honesto frente al cual estaremos parados y el reto más importante de la vida. Los reyes de la manipulación y la prueba más clara de lo que es el amor incondicional.

Un tesoro que se nos va de las manos mientras estamos quejándonos de la friega que implica. No nos damos cuenta de lo rápido que pasa hasta que ya pasó.

Carpe Diem, dijo alguna vez Robin Williams. Aprovecha cada minuto, sí, pero…

Yo sé que llevo muchas páginas y varios años diciendo que hay que conectar con los hijos, ser los adultos responsables, no quitar el dedo del renglón y seguir dando batalla…

Pero… ¿les digo una cosa?

Se pone brutal. Por decir lo menos.

Y es que ser mamá, o ser papá, es absolutamente agotador desde el día uno, pero entre más crecen mis hijos más me doy cuenta de que la parte más fácil y deliciosa es cuando son bebés (y por bebés, me refiero hasta como los 12 años).

A mí, esto de ser el adulto responsable de pronto me está costando muchísimo trabajo y me sorprendo a mí misma poniéndome a su nivel y perdiendo todas mis cabras (ya olvídense lo de que se vayan al monte… las pierdo y ya).

Me engancho.

Y me caga.

Me reviso, voy a mi terapia, regreso a mis cabales (o a los pocos cabales que me quedan), hablo con ellos, me disculpo y vuelvo a empezar.

Pero me desprograma tanto que me quedo escarbando en mi cerebro qué es lo que me está pasando y veo que no tengo nada glamoroso ni científico con qué justificarme, lo único que me queda por decir —y justo eso estoy haciendo hoy— es que no soy de palo.

Sucede que la adolescencia de los hijos y sus montañas rusas hormonales se juntan con las nuestras y, pues sí, sí se puede llegar a poner muy punk, esa sería la explicación científica.

La explicación emocional es lo doloroso que resulta, por lo menos para mí, sentirme el enemigo constante. O el cajero automático. O la persona encargada de resolver cualquier cosa. O el buzón de quejas de todas las insatisfacciones de su vida, y la operación de esta, nuestra casa. El tapete de entrada de mi casa debería decir "gerente general de todo el pinche pedo"…

#ideamillonaria.

Aclaro: mis pubertos están dentro de los rangos absolutamente normales y no tengo grandes razones para quejarme y/o preocuparme; de hecho, y no es por nada, son lo máximo y creo con toda honestidad que lo que sembramos en su infancia está dando buenos resultados. Sin embargo, pues, son adolescentes y de eso nadie se salva.

Lo que me está pasando es que me está costando trabajo el ajuste y la transición que implica que los hijos crezcan.

Y es que eso de enseñarles a usar su voz se oye muy chingón y muy progre…, ¡hasta que la usan contra ti! Igualito que lo de enseñarles a cuestionar y a elegir y se pasen entonces los días cuestionándote hasta por qué respiras como respiras, y eligiendo cosas que no tienes ni tantitas ganas de que elijan.

Me cuesta soltar tantas cosas al mismo tiempo (en realidad, me cuesta soltar, punto), darles su espacio, permitirles sus jetas y no subirme al ring —como dice mi sensei

Julia Borbolla— a madrearme con ellos cada vez que me invitan.

Así que este capítulo es para todas y todos los que en este momento de su vida están permitiendo que sus hijos se desenvuelvan, se encuentren, se autodescubran y se definan, mientras nos hacen pomada en el proceso. Sepan que no están solos.

Pensábamos que la peor parte del puesto era la etapa de limpiar —literalmente— la mierda... Resulta que no.

La peor parte de ser papás, y mamás, es darles chance de despreciarte, dejarlos pensar que eres un pendejo y permitirles que hagan todo lo posible por alejarse de ti (cuando antes no te dejaban ni hacer pipí sin ellos al lado), y hacerte sentir horrible en el proceso.

Nadie nos avisó de esta parte horrenda del cuento que se llama, como se dice elegantemente, "tragar camote", peeeero sin dejarlos irse al extremo contrario brincándose las trancas, faltándonos al respeto y volviéndose unos perfectos tiranos.

Se pone chingón.

Hay que seguir marcando las rayas, seguir conteniendo, seguir siendo el jefe, seguir encontrando maneras de conectarse mientras ellos te dicen de todas las maneras posibles, y sin ninguna sutileza, que no solo les caes pésimo, sino que ¡además! los matas de la vergüenza solo por existir. Y todo eso se tiene que hacer —dice Julia— ¡sin engancharse!

Híjole..., no sé a ustedes, pero a mí me parece agotador. ¿Cuándo se acaba esta parte?

Por eso tanta gente dobla las manos y dice "sabes qué..., pues ya...", ¿pero saben qué?, ¡pues no!, no, no podemos tirar la toalla, dejar de hacer nuestra chamba y desconectarnos completamente.

Lo que tenemos que hacer es buscar espacios para atender nuestros corazones, vomitar nuestros malestares (en mi caso, sucediendo en este momento), tener la sabiduría para rectificar siempre que nos equivoquemos, la humildad para disculparnos cuando nos desprogramemos y seguir buscando las mejores herramientas para poder vincularnos con ellos desde otro lugar. Un lugar de iguales. De un adulto a otro, aunque uno de los dos esté en proceso de desarrollo.

Un lugar en donde se va a necesitar muuuucha más flexibilidad y establecer canales de comunicación mucho más eficientes y la curiosidad permanente de aprender quiénes son y en qué se van convirtiendo ellos, nuestros hijos, sin nosotros.

Para que eso suceda, necesitamos hacernos a un ladito, permitirles ser esos adolescentes irreverentes, curiosos, azotados, sabelotodos, volteaojos y por momentos insufribles, para que eventualmente (¡ojalá lo antes posible!) puedan bajar sus balones y construirse como adultos sin engancharnos en el proceso y sin que nos agarremos del chongo con ellos de a tiro por viaje, teniendo muy presente que **la libertad incluye también —aunque nos choque, nos escandalice o nos parezca equivocado— el derecho a tomar sus malas decisiones.**

Si quieren que les diga la verdad…, no estoy pudiendo taaaaan bien todo el tiempo.

Pero creo que eso también es parte del proceso, de seguirme construyendo como persona, porque sí —yo también— sigo creciendo.

Mis hijos son responsables. Empáticos. Resilientes. Sensatos. Tranquilos. Abusados. Bien educados. Considerados. Cagados. No me dan mayores motivos de preocupación, ni tengo que estar arreándolos para casi nada y estoy absolutamente orgullosa, agradecida y rayada de ser mamá de estas dos personas fuera de serie que son el de 17 y la de 20.

En serio: no los cambio por nada.

La libertad
incluye también
—aunque
nos choque, nos
escandalice
o nos parezca
equivocado—
el derecho a tomar
sus malas
decisiones.

Y, sin embargo...

Qué pinche difícil es lo de ser mamá.

Y qué pinches ganas dan de salir corriendo a veces.

En cualquier momento de la historia y circunstancia, ninguna mamá se salva de darse de topes de vez en cuando y querer salir corriendo y nunca más volver (la que diga que no, o está mintiendo, o tiene un desorden de disociación o no ha llegado a la adolescencia de sus hijos), pero permítanme decirles algo que a mí nadie me había dicho... Ser mamá soltera está ¡infinitamente! más cabrón.

Yo soy nueva en esto de vivir sola con mis hijos, y si bien estoy en constante comunicación con el papá y la mayoría de las veces estamos en el mismo canal y cuento con prácticamente todo su apoyo en eso de la educación de nuestros hijos, la realidad es que en mi casa somos ellos y yo contra el mundo o, mejor dicho: ellos contra mí (y a veces, también, contra el mundo).

Todo, todísimo mi respeto y admiración para las mamás que llevan haciendo esto solas durante años, con bebés, niños pequeños, broncas de lana y encima teniendo que lidiar con los papás que son todo menos una figura paterna o un socio de crianza y, muchas veces, no hacen más que empeorar las cosas.

Créanme que entiendo mi muy privilegiado lugar. Lo chingones que son mis hijos. La paz de tener cómo ganarme la vida. La red de apoyo. El papá alineado. Y todas las demás cosas que tengo a mi favor.

Pero, ¡carajo!, qué pinche difícil es lo de ser mamá.

Asegurarte de que haya lo que todos quieren en el refri (y también de que se lo coman y no se eche a perder). Pagar las cuentas. Hacer las cuentas. Medir las respuestas. Interpretar sonidos guturales. Calibrar los ambientes. Dar amor incondicional a cambio de ojos volteados. No quitar el dedo del renglón en las reglas de la casa. Insistir en eso de "recoge tus cosas, apaga el celular, ya es hora de comer, avísame cuando llegues, cuéntame cómo te fue, explícame cómo es el plan, recuérdame cómo se llama ese amigo". Sonar entusiasta cuando tienes cero entusiasmo. Sentarte a la mesa y hacer conversación cuando lo que quieres es descerebrarte en tu cama un promedio de tres días. Y acostarte en tu cama sola, con tus miedos y todas tus preocupaciones.

Compartir tus cosas emocionantes a cambio de "ahhh", "mmm" o algún monosílabo. Ser el buzón oficial de quejas, el cajero automático, el centro de permisos, y todos los etcéteras… Cualquier cosa es más importante que lo que te pase a ti; todo, todo el tiempo, se trata de ellos.

Los hijos no saben que las mamás somos personas, en la misma medida que a nosotros se nos olvida que ellos también lo son. Y eso se vuelve muy complicado.

Porque es otra cosa cuando son dos los padres de familia. Funcionales. Haciendo equipo. Viviendo en la misma casa. Hay turnos. Compañía. Para lo bueno y lo malo tienes con quién compartir la chinga. Pero para las mamás (y algunos papás) que estamos el 90 % del tiempo a cargo de los hijos (viviendo o no con la contraparte), se pone muy cabrón.

Me pasa que mi capacidad de mantener la "calma", "encontrar caminos" y "hacer como que no me doy cuenta" se gasta y, en momentos en los que normalmente hubiera aceptado, que es la descripción del puesto, respirando profundo y sin permitir que me ganara el momento, decido permitir que me gane el momento y decir: estoy-hasta-la-madre… de ser madre.

¡Sáquenme de aquí y llévenme a una isla desierta, paaar favaaar!

A veces hay que darse permiso de mandar a los hijos a chingar a su madre; suena redundante, e incluso obvio porque, de acuerdo con la descripción del puesto, los hijos nos chingan, mucho, constantemente, pero en la descripción del puesto también está que las madres tratemos de mantener la madurez y la cordura y, pues, ¿saben qué?: No siempre se puede.

Así que muy de vez en cuando me doy permiso de que mis hijos me vean y sepan que ¡estoy hasta la mismísima madre! Me parece que, a sus años, ya están en edad de saber que hay límites y que el ecosistema familiar también depende de ellos. Que no solo se trata de lo que ellos quieren y que yo puedo entender eso de la adolescencia y las hormonas y las ganas —o no— que tengan, o sus veintiún prioridades antes que una pinche hora juntos y de buenas, pero ellos también tienen que entender las mías.

Los hijos tienen que aprender que las mamás somos personas. Y para eso, a veces, hay que darse permiso de dejar de pensar en los demás y pensar —tantito— en ti.

Mentar madres. Quitar permisos. Darse de baja dos horas de la vida y quedarte sentada en un jardín viendo al infinito absolutamente furiosa, con ellos, contigo misma, con la situación, la vida, las circunstancias y todo lo que se atraviese por tu cabeza.

Me ha pasado. ¿Y a ti?

Las mamás también necesitamos tener días malos. Muy malos. Malos como para que los hijos se asusten un poco y digan: "¡holy fuck, ora sí está grave la cosa!". Nuestros hijos necesitan ver que tenemos un límite. Que somos humanos. Falibles. Y que se tienen que poner la pila y bajarles unas rayitas a sus actitudes.

Mis hijos ya están en edad de entender (y ya se pueden quedar solos dos horas) que su *input* nos afecta a todos en el mejor y peor de los modos, y que el *flow* de la familia y el ambiente, efectivamente, depende sobre todo de mí (porque no, no voy a dejar el puesto), pero que ellos también tienen que fijarse en qué aportan a la ecuación. Que sí, también a veces, tienen que decir que sí a cosas que quieren decir que no, para que yo también diga que sí a cosas que les quiero decir que no.

En algún momento tienen que empezar a dar de regreso, de manera intencional.

A pensar antes de actuar. A madurar.

Probablemente ellos se acuerden de los días en donde su mamá se volvió "loca", pero muy probablemente también esto pase a la historia de sus recuerdos como el día en el que se dieron cuenta de que en las familias las cosas a veces salen mal, y eso solo hace que todos lo aprendamos a hacer mejor. En familia. Y un día a la vez.

Los adolescentes son la tesis de la vida adulta y, sin lugar a duda, la prueba de fuego de los matrimonios o la de criar hijos con alguien más. Son una enorme oportunidad para trabajar nuestra paciencia, madurez, experiencia, autocontrol, sabiduría y, sí…, nuestra memoria, porque lo más útil para educar a un puberto es acordarse de cómo se sentía ser uno, ponernos dos segundos en sus zapatos (y otros dos en los nuestros cuando éramos ellos) para buscar el ingrediente fundamental en cualquier relación exitosa: la empatía.

Solo que antes de sentir empatía por alguien más, es indispensable tenerla hacia nosotros mismos y darnos tantito chance de lamernos las heridas y poder decir en voz alta que, a veces, lo de ser papás duele.

Todas las etapas pasan, las buenas y las malas como todo en la vida; son impermanentes. Eso es lo más importante a tener presente para que cuando nos queramos defenestrar (o aventarlos a ellos por la ventana), mejor los vayamos a abrazar y recordemos que seguimos siendo sus papás y eso sigue siempre siendo un privilegio.

Y, en lo que todo eso sucede, sirvan estos párrafos para darnos, por favor, un apretado abrazo grupal.

CAPÍTULO 13

Y vivieron felices para siempre…

Si nos dieran un manual de instrucciones al principio de la vida, lo primero que deberían decirnos es que las cosas —muchas veces— no salen como las planeas. Que todo se mueve constantemente, empezando por las personas, pero que, no necesariamente, en la misma dirección.

No creo que haya nadie que se case pensando "pues, mira, si no sale bien me divorcio y ya", o por lo menos yo nunca lo pensé.

Me casé profundamente enamorada y convencida de que era "para siempre". Segura de que seríamos siempre "muy felices". Y sí, sí fui muy feliz muchos años y disfruté enormemente el proceso de construcción de nosotros y nuestra familia. Durante mucho tiempo jugué a la casita y me dediqué completamente a ese pequeño ecosistema llamado mi familia. Cuando pienso en esa versión de mí, me doy una profunda ternura. Cuánta ilusión. Cuánta ingenuidad. Cuánta inexperiencia. No cabe duda de que ser joven y vivir en una burbujita tiene muchísimas ventajas.

Sin embargo, nadie nos dice cuánto pesarán las circunstancias de la vida en una pareja, cuánto se puede separar uno sin darse cuenta y cómo algo que era una buena combinación, un día, deja de serlo. Nadie nos dice cuánto trabajo cuesta darse cuenta de eso y aceptar que se ha terminado. Ni lo culero que es crecer. Y madurar. Y dejar de ver la vida como un cuento de hadas.

Creo, sin temor a equivocarme, que la principal razón por la que parejas que ya no tienen nada que hacer juntas se quedan juntas es por el impacto que esa decisión puede tener en los hijos. Por lo que nos dicen que no lo hagamos... para no herirlos. Porque "pobrecitos". Porque qué van a decir los demás. Y por el cuento ese de "yo me casé para siempre y tengo que hacer que funcione" que me conté yo a mí misma tantos años; conozco alguien que me ha dicho incluso que "primero viuda que divorciada" y está ahí metida desde hace años en una relación que ya no existe y perdiendo la vida con tal de cumplir con el formato.

Nos dijeron que divorciarse no está bien. Que es un fracaso. Que le vas a "echar a perder la vida a los hijos". Que nunca podrás salir adelante. Que la sociedad te va a señalar y a tus hijos también.

No es cierto.

Por suerte ya no estamos en 1975 cuando, efectivamente, las mujeres divorciadas sí vivían bajo un estigma horrendo y por lo tanto miles de mujeres preferían quedarse atrapadas en relaciones violentas, muertas, infelices. Hoy en día, por lo menos en mis círculos cercanos, el porcentaje de papás casados (entre los amigos de mis hijos) es mucho menor al de los divorciados; que los papás no estén juntos ya es algo normalizado, y no digo que esté bien, o mal, solo digo que no, ya no van a ser los "raros" como en mi época.

Lo de que no vas a salir adelante, pues miren a su alrededor: las mujeres estamos saliendo adelante mejor que nunca. **Aunque el sistema patriarcal de pronto quisiera decir lo contrario, la realidad es que la mayoría de las mujeres separadas florecen, porque resulta que el mejor tratamiento de belleza y el mejor curso de empoderamiento que existe, y nadie nos lo había dicho, se llama vivir en paz y ser feliz.**

Yo fui una de esas personas que luché (o me aferré) por años a hacer que funcionara algo que ya no funcionaba, porque sí, soy terca por naturaleza, pero además soy comprometida y luchona y leal.

Ahora, a dos años de distancia, me doy cuenta de que esa decisión podría haberla tomado mucho antes, que tendría que haber pensado más en mí, y que eso que yo llamaba *compromiso* se llama *codependencia* y mucho, muchísimo *miedo*. Hoy, ya que las aguas se han calmado, que evolucionamos y que las nuevas dinámicas se van integrando, compruebo que los seres humanos somos muchas cosas, pero, sobre todo, somos resilientes.

Si tú estás bien, tus hijos van a estar bien, esto es algo que nos tenemos que decir una y otra vez a nosotros mismos, y a nuestros amigos: tenemos que pensar primero en nuestro propio bienestar para poder contagiárselo y procurárselo a los hijos (y me refiero, obviamente, al bienestar real, no al egoísmo de hacer una cantidad interminable de mamadas que lastiman a los demás bajo el estandarte de que la vida es muy corta y hay que ser feliz).

Mis hijos y yo estamos mejor que nunca. Después de haber estado peor que nunca, porque no, no fue gratis. Ni fácil. Ni cómodo. Romper con tu proyecto de vida después de veintitrés años y aceptar que no salió como querías es una mierda que no le deseo a nadie.

Decidir separarse es horrendo. No lo recomiendo en lo más mínimo (en cuanto a lo asqueroso que es el trámite). Es como estar parada a la orilla de un precipicio y que te empujen. Nunca he tenido más miedo. Me acuerdo de sentir, literalmente, que se me abría el piso. Y el corazón. Me acuerdo de no poder respirar. Me acuerdo de haberla pasado muy, pero muy mal. Pero la peor parte de la decisión, y del proceso fue, *hands down*, tener que decírselo a los hijos.

Uno nunca, jamás, quiere lastimar a sus crías, y darles esa noticia es el camino seguro para romperles el corazón. Y sí. Se les rompe. La segunda peor parte es contenerlos a ellos, mientras te contienes —o por lo menos lo intentas— a ti misma.

Cuando me quedó claro que separarnos era inevitable, me acuerdo de decirle a él y de decirme a mí: aquí se acabaron los conflictos, si vamos a hacer esto es para vivir todos en paz, y eso empieza en este momento. Elegí repetirme durante todo el proceso, uno de los últimos consejos que me dio mi papá: "Elije siempre construir en lugar de destruir, aunque todo se destruya".

Así que ahí, en medio de la destrucción de todo lo que para mí había sido mi vida, decidí empezar a reconstruir. A reconstruirme a mí. Y a mi nueva familia de tres.

Los *reality checks* de tu nuevo estado civil van llegando cuando menos te lo esperas, como cuando un mes después de separarme, apareció diciembre, al que le valió madre que yo tuviera el corazón roto, y con él la pregunta del de 17 (que tenía 15): "Ma, ¿crees que este año podemos poner un árbol natural y muy grande, porque el nuestro ya está muy feo?".

Su hermana estaba fuera de México estudiando; nos habíamos echado solitos ese primer mes horripilante y yo —se podrán imaginar— tenía menos tres millones de ganas de poner el canijo árbol, ni de celebrar nada, pero me acuerdo de que pensé: "Si eso necesita este niño para calentarle tantito el corazón, eso vamos a hacer", y además, tenía razón, nuestro árbol artificial ya había dado lo que podía dar... unas quince navidades.

Así que fuimos, ese niño y yo, a escoger un árbol natural (y muy grande) que tres personas subieron al techo de mi coche. Él iba feliz. Yo, angustiadísima, pensando: "¿Cómo diablos voy a bajar esa madre de mi coche? ¿Cómo lo voy a cargar? ¿A meter? ¿A sacar? ¿Cómo le voy a hacer yo sola hoy... y el resto de mi vida?".

Cuando llegamos a mi casa me acuerdo de que le dije: "Déjame ir al baño y ahorita que salga vemos cómo (diablos) lo bajamos", y cuando salí, vi a mi hijo entrar con el árbol al hombro, como lo hubiera hecho su papá… Se me cayó la mandíbula no solo por darme cuenta, sí, de que ese niño ya tenía la fuerza de un hombre, pero también recursos para resolver, y que yo, en realidad, no estaba sola.

El proceso de reconstrucción es largo y tortuoso. Me acuerdo del sentimiento como de estar bajo el agua. Zombi. Recuerdo que me levantaba en las mañanas a acompañar al niño a que estuviera listo para ir a la escuela, y en cuanto se iba me hacía bolita en mi cama y lloraba por horas, solo para levantarme para cumplir con las cosas de chamba de las que no me podía zafar o para él.

Cuando se murió mi papá pensé que no se podía llorar más. Me equivoqué: siempre se puede llorar más… Otra cosa que nadie nos dijo.

Y considerando que mi papá se había muerto hacía menos de un año (no mamen el pésimo *timing*), pues, se lloró a mares durante varios meses, muchas veces sin saber por qué o por quién lloraba; no puse resistencia, me entregué al duelo, a mis duelos, todos mis duelos. Porque no solo era dejar ir a mi papá. Era dejar ir a mi pareja. Mi compañero de vida, el de "en las buenas y en las malas y en la salud y en la enfermedad". Ese que vio nacer a mis hijos (creo que una de las cosas que más me pesaban de divorciarme era pensar que nunca nadie podría quererlos como los queremos nosotros. Hoy sé que eso está bien y que los seguimos queriendo igual, aunque ya no estemos en pareja). Era dejar ir mi idea de la familia de cuatro. Mi plan de vida. Mi pasado. Pero, sobre todo, mi futuro: ese que yo tenía planeado. Era asumir que ahora era yo sola, que lo del equipo ya no era, que no podría darles a mis hijos lo que mis papás me habían dado a mí.

Los duelos abarcan muchas cosas. Arrasan con todo. Y durante muchos años se dijo que había que hacer como que no dolían. Yo dejé que me dolieran. He aprendido que lo de aprender a sentir es el mejor remedio para sanar cualquier cosa. Así que ese primer año espeluznante me di permiso de sentirlo todo.

Pero también me puse a chambear. Fuerte. En mí. En mi proyecto profesional. Y en mis hijos.

Y es que, uno de los mecanismos más comunes frente a cualquier duelo es evadir, hacer como que no pasa, tratar de engañarnos diciéndonos que no nos dolió y evitando a toda costa; evitando sentir. Nos metemos cualquier cosa que nos duerma el dolor. Y vamos por la vida asegurándole a quien nos quiera escuchar que tenemos todo bajo control. Que ya pasó. Que estamos perfecto. Felices. Mejor que nunca. Y es que sí, es cero glamoroso ir por la vida con los ojos hinchados y el corazón en carne viva. Todos tenemos miles de ejemplos de personas recién separadas que se vuelven el alma de la fiesta (según ellos) y se la pasan ahogados, saliendo frenéticamente y con alguien diferente cada dos días (como para recuperar el tiempo "perdido"). Eso, también, se llama evadir. Y aunque creo que sí, que cada quien es libre de hacer lo que quiera, la cosa es que muchas de esas personas tienen hijos que están en sus casas y que de un día para otro se quedan completamente a la deriva.

Hace muchos años, el de 17, que tenía como 6, bajó al área de juegos del condominio donde vivimos y al poco tiempo subió hecho un mar de lágrimas, diciéndome que unos niños más grandes le habían robado descaradamente su colección de estampas. Los vigilantes del área reportaron que: eran unos hermanos que siempre andaban "dando problema", y después de un trabajo detectivesco digno de mención para averiguar en dónde vivían, tocamos por fin en la puerta correcta.

La persona que nos abrió la puerta fue su mamá y, en cuanto la vi, me dieron ganas de abrazarla. La pobre mujer era una piltrafa, se veía que sus ojos eran expertos en llorar y todo su cuerpo estaba triste, decaído, cansado. Cuando le explicamos la situación, lo único que nos pudo decir fue: "Perdón, me separé y me la paso llorando o saliendo para 'rehacer mi vida', estoy desvelada y muy muy cansada"… Por supuesto que me dio compasión, pero, por otro lado, también me enseñó una lección que no sabía que yo necesitaría para el futuro y que probablemente ha sido una de mis piezas clave para navegar todo este proceso: no importa qué te pase en la vida, sigues siendo la mamá y el papá de esos hijos, y si bien es importante cuidarte a ti, en momentos de crisis extrema, primero —siempre— van ellos. Sin duda tienes que ver por ti. Pero si el barco se está hundiendo, ellos necesitan que tú los salves, no que los dejes a su merced.

Tienes que seguir estando. Siendo la figura de autoridad. Marcando las rayas. Dando amor. Producir, incluso contra tu voluntad, momentos felices y dejarles claro que no están solos. Que, aun si todo cambió, sus papás siguen siendo sus papás.

La chamba se llama contener. La descripción del puesto es: tienes que estar, aunque quieras correr. Paradójicamente, estar, conectar, abrazar, permitir espacios para estar tristes, enojarse, procesar y seguir estando ahí lo más posible es lo que te salva a ti, o por lo menos fue lo que me salvó a mí. Ese primer año se trató de hacer casita. Y decirles: Aquí estoy. No me voy. Aquí estoy para ti. Se trató de todas esas primeras veces tan dolorosas y tan llenas de posibilidades. De aprender a hacerlo diferente. De hacerlo mejor.

De hacerlo.

Estoy aprendiendo a estar abierta a hacer las cosas diferentes, a entrarle a las nuevas y a permitir que nuestra familia de tres tenga otras dinámicas, nuevos rituales y la mayor cantidad posible de momentos felices. A considerarlos en las decisiones de la casa en las que ya pueden participar (aunque hay otras que siempre seguirán siendo solo mías). A escuchar su opinión. A integrarlos y tratarlos como adultos. Y a que sientan que es nuestra casa: nuestra vida.

Nadie nos dijo que no importa qué te pase en la vida, hay que aprender a moverse. A fluir. A conectarse diferente con ellos. Porque ya no son los que eran, pero siguen aquí queriendo hacer cosas conmigo, así que más me vale ponerme la pila y hacerlo bien para que sigan queriéndolo hacer. Y, cuando me sale mal, pedir las disculpas necesarias (a ellos o a mí) y volver a empezar..., como en todo lo demás.

Uno de los mejores regalos que puedes darles a tus hijos, en cualquier circunstancia, es querer y respetar a tu contraparte. Aquel, o aquella, que es su papá o mamá. Esto toma especial relevancia cuando el proyecto de pareja se termina, porque si estando juntos es importante hacer equipo y estar en la misma sintonía, separados será —y esto sí se los garantizo— el elemento más determinante no solo para que el proceso fluya mejor, sino en general, para el bienestar de los hijos. Porque solo hay una cosa más dolorosa para ellos después de que sus papás ya no estén juntos, y es que estén en guerra.

Construir en lugar de destruir. Incluso si todo se destruye.

En medio de todo lo que implica un divorcio, tú puedes, o no, darle el "tiro de gracia" a tus hijos. ¿Cómo? Tratando de destruir a tu expareja. Hablando pestes de ella. Poniéndote como la víctima del cuento. Contándoles todos los sórdidos detalles. Eligiendo quedarte atorado por siempre en el pasado. No dando dinero. Atascándolos de dinero. De permisos. Teniendo conductas violentas y erráticas.

Como el imbécil que llevó a sus hijas a una tienda mamadora y les compró una bolsa, caríííísima, a cada una, el día que firmó para "festejar" que por fin se había divorciado de su mamá. *True story.* Háganme el chingado favor.

Qué importante poner atención y no olvidar que todas esas cosas dejan huella en ellos. Qué importante no caer en la trampa de pensar que tu hija es ahora tu pareja, o al revés: que tus hijos son el hombre de tu vida. Este es un fenómeno que sucede muchísimo en las separaciones y tiene nombre. Cuando un padre divorciado desarrolla una relación emocional inapropiada con su hija, tratándola como si fuera su pareja emocional, esto puede estar relacionado con un fenómeno conocido como "incesto emocional" o "parentificación emocional".

¿Qué es el incesto emocional?

De acuerdo con mi fuente de información favorita del momento, *San* ChatGPT, el incesto emocional (también llamado incesto encubierto) no implica contacto físico inapropiado, pero se refiere a una dinámica en la que el padre (o la madre) utiliza emocionalmente a su hijo para satisfacer necesidades que deberían cumplirse en una relación de pareja adulta. Esto puede incluir:

- Confianza excesiva en la hija para apoyo emocional.
- Compartir temas o problemas inapropiados para su edad (como quejas sobre el otro progenitor o preocupaciones económicas).
- Tratar a la hija como si fuera el "sustituto" de una pareja romántica o cónyuge emocional.

La parentificación emocional ocurre cuando un niño se ve obligado a asumir el rol de cuidador o confidente del padre. Aunque no siempre se vincula con dinámicas parecidas a una pareja, puede derivar en que el niño cargue con responsabilidades emocionales inapropiadas para su edad.

Consecuencias para la hija. Estas dinámicas pueden causar un impacto emocional significativo en la hija, como:

- Confusión sobre los límites en las relaciones.
- Dificultades para establecer vínculos saludables en el futuro.
- Ansiedad, culpa o sensación de ser responsable de la felicidad de los demás.

La parentificación emocional puede tener consecuencias profundas en el desarrollo emocional, psicológico y social de un hijo:

- Ansiedad y estrés crónicos
- Depresión
- Baja autoestima

Dificultades en las relaciones interpersonales:

- **Límites poco claros:** Al no aprender límites saludables, el hijo puede permitir relaciones codependientes o abusivas en el futuro.
- **Dificultad para confiar:** Puede experimentar miedo a depender de otros, ya que ha aprendido que debe cuidar de sí mismo y de los demás.
- **Evitar vulnerabilidad:** Puede reprimir sus propias emociones, creyendo que expresar necesidades es egoísta o inapropiado.

Sensación de responsabilidad excesiva:

- **Síndrome del cuidador:** En la adultez, el hijo puede sentirse obligado a cuidar constantemente a los demás, incluso en detrimento propio.

- **Culpa persistente:** Si no está disponible emocionalmente para otros, puede experimentar una sensación de culpa irracional.
- **Pérdida de la infancia:** El niño pierde oportunidades de jugar, explorar y desarrollarse de manera natural porque asume roles adultos desde temprana edad.
- **Dificultades académicas o laborales:** La carga emocional puede afectar su capacidad de concentración y rendimiento en la escuela o el trabajo.
- **Dificultades para identificar su propia identidad:** Puede moldearse en función de las necesidades de los demás, perdiendo de vista quién es realmente.

Riesgo de repetir patrones en el futuro:

- **Parentificación intergeneracional:** Es probable que el hijo repita este modelo con sus propios hijos, perpetuando la dinámica disfuncional.
- **Relaciones desiguales:** Puede buscar relaciones donde sienta que debe "salvar" o "cuidar" al otro.

Cuando no sepas qué hacer, papá, mamá, piensa: ¿Si yo tuviera pareja haría esto?, ¿le daría este permiso?, ¿le compraría esta cosa?, ¿le contaría lo que le estoy contando? Si la respuesta es no, no lo hagas. Por el amor de Dios, ¡contente! No los pongas en ese lugar. No son tus amigos. Ni tu media naranja. La manera de acercarte a ellos en ese momento no es agarrándolos de psicólogos. Ni abriendo tu corazón. Una cosa es que te vean vulnerable; otra muy distinta que los pongas a ellos en situaciones que no son apropiadas. Ve a terapia. Llévalos a terapia. Ellos ya tienen suficiente con lo que está sucediendo. Tus hijos no están para escuchar ni tus mentadas de madre, ni tus dolores.

Sucede que su papá, o su mamá, te guste o no, es la mitad de tus hijos, la otra mitad eres tú. Y cuando hablas mal de esa mitad, estás hablando mal de ellos. Cuando haces algo en contra del susodicho, se lo estás haciendo también a tus hijos:

- Dejar de darle dinero.
- Violentar.
- Agredir.
- *Ghostear.*

Todo, todo, es contra tus hijos también. Se dan cuenta. Lo perciben. Sienten a su mamá angustiada, o crecen sin ella porque tiene que trabajar todo el día para mantenerlos (y hablo de ella porque, en la enorme mayoría de los casos, el abuso es de los hombres hacia las mujeres). Un fenómeno curioso que he observado en demasiadas ocasiones es que si la mujer es quien toma la decisión, el 99% de las veces, el señor reacciona muy, pero muy mal; la epidemia de masculinidades frágiles es un problema real. Paradójicamente, entre más lana hay de por medio, peor es el "castigo" a la mujer que decide elegirse a ella. Nadie nos dice que la pendejez es infinita. Los divorcios son, tristemente y en muchos casos, la prueba fehaciente de ello. Los hijos son los que siempre salen resintiendo peor todo esto.

Hace poco me mandaron un video de un papá que llegó con su abogado a embargarle la casa a la exmujer y se paró en la banqueta para ver cómo sacaban a sus hijos a la calle. Este no solo era un pendejo, era un psicópata o algo, porque miren que ver a tu exmujer con tres bebés llorando, pidiéndole a su papá que no les quite su casa y reírse con el abogado, es de manicomio. Ojalá sí exista el infierno. Y ojalá que, si tú decides separarte, lo sepas hacer, cuidando hacer el menor daño posible.

Sucede que su papá,
o su mamá, te guste
o no, es la mitad
de tus hijos, la otra
mitad eres tú.
Y cuando hablas
mal de esa mitad,
estás hablando mal
de ellos. Cuando
haces algo en contra
del susodicho, se lo
estás haciendo
también a tus hijos.

Por supuesto que entiendo que la otra mitad puede ser un(a) pendej@ (sí, tristemente hay millones), pero, de todas maneras, es el papá o la mamá de tus hijos.

Si bien es importante decirles la verdad (de acuerdo con la edad que tengan, obviamente) y hablar las cosas con apertura, sin mentiras y sin tratar de ocultar cosas evidentes, hay que saber que para vaciar nuestro corazón —insisto— están los terapeutas y los amigos. Imagínense el tormentoso lugar en el que ponemos a estos niños (sin importar la edad que tengan) si encima del dolor que sienten por la ruptura, les agregamos el sentimiento de tener que tomar partido; de oír que lastimamos a su otra mitad; de cargar con nuestro enojo y de tener más información de la necesaria que no deben —ni pueden— contextualizar y que nunca van a poder olvidar.

Nadie nos dijo que hay que aprender a callarse la boca.

Yo elegí no hacerlo peor. Pero tengo que reconocer que el papá de mis hijos, también.

Como en cualquier otro tema de pareja, las dos partes tienen que estar involucradas para que funcione bien. Hemos tenido la suerte de estar en el mismo canal y tener la misma visión: siempre —primero— van los hijos. Y siempre que nos empezamos a enredar hay uno de los dos que le recuerda al otro ese principio y eso es lo que nos hace bajarle unas rayas cuando se nos empiezan a pasar. ¿Es fácil? ¡Claro que no! Pero es lo que hay y de nosotros depende que funcione mejor o peor.

Nos enfocamos y acordamos que las reglas de conducta, de permisos, de límites, de pantallas, siguieran siendo las mismas en las dos casas. En cuestión de permisos, inteligentemente y se lo agradezco, optó por siempre decirles "si tu mamá te da permiso, yo te doy permiso", y en no contradecir lo que en el día a día, viviendo conmigo, voy decidiendo.

Cuando hay cosas importantes que debe saber, le aviso en tiempo y forma; cuando necesito que me haga la segunda en algo, también, y las veces en las que no hemos estado de acuerdo siempre ha tenido la madurez de decir: "No estoy de acuerdo, pero lo respeto". Porque sí, sí es un papá muy presente. Cuando se mudó, eligió un departamento que tal vez no era su favorito, pero está cruzando la calle de mi casa y esa ha sido una de las mejores decisiones en todo este proceso. Fue un mensaje poderoso para los hijos: aquí estoy, me quedo cerca. Pero, de todas maneras, la carga principal en una separación la lleva siempre la persona que se queda a vivir con ellos, y eso, por lo general, nos toca a las mamás.

Por más cercano que esté y por más que los vea prácticamente diario, la que se lleva la friega de educar *in house*, soy yo.

Evidentemente, la mayor proporción de jetas, inconformidades y desacuerdos, me tocan a mí, porque no es lo mismo ver a alguien una hora al día, que vivir con él. Y desde luego en el tema tener espacios personales la cosa será siempre totalmente dispareja. No lo cambio por nada. No hay manera que yo hubiera elegido de otra forma; no sé cómo hubiera sobrevivido sin ellos, pero agradezco enormemente que, a cambio, no tengamos que vivir peleando y el papá de mis hijos me dé siempre mi lugar y me ayude a que respeten mi autoridad (la mucha o poca que tenga sobre ellos).

Ojalá nos dieran un manual de cómo separarse sin hacer el menor daño. Ojalá podamos poco a poco aprender a hacerlo. Por el bien de todos.

Ahora que ser divorciado es algo infinitamente más común que en 1975, ojalá podamos ir diciéndoles a los hijos, pero sobre todo a las hijas, que no se queden en lugares en donde no son felices.

Que elegirte a ti es siempre la prioridad. Que puedes ser muy feliz con alguien durante un tiempo y después dejar de serlo y que la única cosa que no puedes sacrificar es a ti mismo. Uno de los mejores regalos que podemos darles es aprender que el amor no duele. Que vivir en pareja efectivamente implica trabajo y muchos momentos no tan divertidos, pero que en general se debe sentir bien. Que se trata de pasarla bien. Y que, si te sientes triste, o sola, o en estado de alerta y angustia permanente, o en falta, o invisible, o rechazada, o minimizada, o agredida, o incapaz de ser tú, ahí —definitivamente— no es.

Por supuesto, la edad de los hijos influye en cómo manejas este proceso. Mis hijos tenían 15 y 17, y si bien es muy duro porque entienden todo, la parte increíble fue que: entendían todo. El diálogo fue abierto. Frontal. Yo reconstruí nuestra pequeña familia sobre el principio fundamental de siempre —pase lo que pase, cueste lo que cueste, duela lo que duela, siempre— decirnos la verdad. Que cualquier cosa es negociable, menos decirnos mentiras. Y esa ha sido, definitivamente, una de las mejores decisiones de mi vida.

Hemos tenido miles de conversaciones de todo. Muchas veces incómodas. Otras sanadoras. Tenemos sesiones de verdadazos, desencuentros, pleitazos. No me asusta. Mientras las cosas se digan significa que estamos por el buen camino y, como dice la psicoterapeuta belga Esther Perel: el conflicto no es el tema sobre el que hay que preocuparse en las relaciones, el tema es cómo resuelves el conflicto. Tu chamba principal en ese proceso es darles paz, pero también la información que necesitan para poder procesar. Y las herramientas que les enseñes para asumir y resolver, reitero: guardando las proporciones relativas a la edad, peso y estatura de nuestras criaturas y no olvidando que siguen siendo nuestras criaturas.

Una de las cosas que platico muy seguido con ellos es qué buscar en una relación, cómo escoger una pareja, en qué sí te tienes que fijar. Y es que, si nos ponemos a ver hacia atrás, es alarmante que nadie, nunca, nos dijo a nosotros cómo se hacía eso. O sí, pero nos lo dijeron mal: había que escoger a la guapa, el popular, el de lana, la de buena familia, la que calladita se veía más bonita, el divertido, el que le cayera bien a tus papás, la que cocinara delicioso… todo, toooodo pinches mal.

¿En qué sí quiero que se fijen mis hijos y que me hubiera gustado saber a mí?, ¿cuáles son esas cosas que a mis 52 años me parece que son los pilares de una buena pareja?

- Alguien con quien puedas ser 100 % tú y que celebre que seas exactamente como eres. Vivir haciéndote chiquito para acomodarle a alguien más es la manera más rápida de echar a perder tu vida.
- Alguien con quien te puedas comunicar y puedas tener conversaciones incómodas. La verdadera intimidad (lejos de lo sexual) y lo que te va a hacer crecer como pareja más que cualquier otra cosa es poder conectarte emocionalmente y hablar de todo lo que se tenga que hablar.
- Alguien con quien te rías y te diviertas *mucho*. El humor será una de las principales herramientas para sobrevivir a cualquier cosa, juntos y separados.
- Alguien que sepa resolver problemas y tender puentes. La vida se descompone muchas veces. Necesitas a alguien que la quiera arreglar contigo, en lugar de hacerla peor o decirte que estás loc@. Necesitas a alguien que se encargue de ejecutar cuando haga falta, no alguien que necesite ser salvado constantemente.

- Alguien que tenga patrones de conducta saludables. Con su familia. Con el alcohol. Con sus amigos. Con el trabajo. Algo que nadie nos dice es que las adicciones y la codependencia son una de las principales plagas en cualquier relación y cuánto habla de una persona su manera de relacionarse con otras y su capacidad de autorregulación.
- Alguien que sepa que nadie le da permisos a nadie. Que cada quien es dueño de su vida. Y que respete y promueva —siempre— tu libertad, tanto como la de él o ella.

Yo elegí, conscientemente, en medio de una situación horrenda, no hacerla más horrible. **Quise enseñarles a mis hijos que no importa lo que te esté pasando: tú puedes elegir cómo reaccionar ante eso, cómo te plantas ante la adversidad, cómo enfrentas, cómo resuelves. Qué persona quieres ser en ese cuento. Que tú eliges si te victimizas o si levantas la cabeza.**

Modestia aparte, lo hice cabrón.

Si quieren que les diga cómo, el secreto es muy sencillo: todas esas veces que me dieron ganas de descomponerme, de agarrarme del chongo como en *La rosa de Guadalupe*, de mentar madres y ventilar nuestros asuntos públicamente, o hacer cualquier tipo de barbaridad de esas que el dolor nos impulsa a hacer y que, más allá de un cliché de película romántica, son un impulso real, siempre pensé primero en ellos y cada vez me repetí sin cesar el mantra: construir en lugar de destruir. Siempre funcionó.

Mis hijos fueron mi bálsamo y mi freno de mano. La renovación de mi punto de apoyo. Los que cuando me sentía perdida y asustada me daban la fuerza para buscar el camino y sacudirme el miedo. Igual que cuando se murió mi papá, los dejé verme rota porque pretender hacer como que no pasó, cuando todo está pasando, es la tontería más grande que podemos hacer. Hay que enseñarles a elaborar los duelos, a rendirse ante el dolor, a permitirse sentir, a aceptar lo que sucede. Claro que me vieron llorar; muchas veces eran ellos los que me abrazaban a mí, y muchas otras, yo a ellos.

Puse mucha atención en no abusar de eso e irme al otro lado, porque una cosa es que te vean triste y otra muy distinta que vean que estás destruida. La destrucción sucedió en mi terapia, con mis amigos, sola en mi coche, estacionada en medio de la calle. Horas y horas de destrucción. Y, después, la resurrección.

Porque sí, vengo del futuro a decirte que, si estás en ese momento, se sobrevive, a pesar de uno, a pesar de quererse morir. Porque no voy a decir mentiras: sí me quise morir.

Un día que me sentía especialmente asustada, Hildelisa Beltrán (editora de belleza y fundadora del sitio Beauty Junkies) me dijo: "Mana, no solo va a pasar, vas a regresar *with a bang…*". Y, mana, ¡tenías razón!, *I am back and with a bang.*

Y es que, como todas las cosas, divorciarse tiene dos lados…

Cuando yo era chica, los domingos en el periódico había una sección de caricaturas ("tiras cómicas", se llamaban) y en el periódico que mi papá compraba había una de Bugs Bunny. Me acuerdo de una en particular en donde, en el primer cuadro, estaba el famoso conejo sentado en la luna, solo, cabizbajo, deprimido, con el globito arriba de su cabeza diciendo: "Estoy solo en la luna". En el segundo cuadro, la misma escena, mejor postura, mirada reflexiva y el globito diciendo: "Estoy solo en la luna". En el tercer, y último cuadrito, Bugs aparece brincoteando feliz por toda la luna gritando: "¡Estoy solo en la luna!, ¡estoy solo en la luna!". Así, exactamente, es el proceso de divorciarte.

De la tristeza desoladora. El miedo. La incertidumbre. Y el sentimiento de que nunca nada va a volver a estar bien jamás. A la aceptación. Al descubrimiento de la extraordinaria oportunidad que la vida te pone enfrente para reinventarte. Y a todo lo demás.

Se reajustan las responsabilidades. Aparecen nuevas dinámicas. Unas son muy duras, otras divertidas. El sentimiento de "cómo voy a hacer esto sola" aparece recurrentemente, pero como en cualquier otra cosa, conforme vas pudiendo, el miedo se va haciendo menos y uno se va acostumbrando a la nueva manera de vivir.

El primer fin de semana que me quedé sola lloré absolutamente todo el tiempo.

Ahora, el premio después de tanta lloradera son esos momentos, y a veces días, para mí sola.

Recuperar tus espacios. Redecorar tus espacios. Redefinir tu casa. Descubrir quién eres tú ahora. Y tomar la vida en tus manos.

Yo, por ejemplo, arranqué todas las alfombras de mi casa, puse piso, saqué toda mi recámara y estrené todo: colchón, almohadas, edredón, sábanas... Me urgía que mi cuarto fuera mío, que no se quedaran ahí energías atrapadas de tantas horas de tristeza, enojos o alegrías. Era hora de que se fueran.

En los espacios compartidos fui respetuosa con mis hijos, no quise quitar todo de tajo; fui desapareciendo, muy gradualmente, las fotos y las cosas que nos representaban como pareja. Durante meses no pude poner nada en ese otro clóset que no era mío. Ni abrir las puertas. Solo de verlo me inundaba la tristeza.

Es brutal ser el que se queda y me imagino que, aunque el que se va tiene la ventaja de "volver a empezar" y que nada le recuerde nada, al final todo debe de recordarle que ya no está.

Un día, sin previo aviso, abrí una de esas puertas y empecé a poner mis cosas. Hoy, dos años después, no puedo entender cómo cabía alguien más en este espacio que he hecho absolutamente mío. Mi guarida. Mi lugar feliz. MI cuarto.

Separar una familia es uno de los eventos más traumáticos para todos los involucrados. Nadie la pasa bien. Y marcará un antes —y un muy pinche antes— y después en la vida de cada miembro de la familia. **Lo que más me costó dejar ir fue lo que nunca pasó… El futuro. Soltar la idea de hacernos viejitos juntos**. De ver crecer a la familia y recibirla en la misma casa. De ser de esos que sí supieron cómo se hacía. De ser lo que mis papás fueron para mí.

Está cabrón que nos dicen tanto cómo sí tiene que ser, que cuando no sale así nos desprogramamos absolutamente; por eso nos cuesta avanzar, porque vamos contra la corriente de miles de años del discurso interno medular de que separarse está mal.

Me parece que es hora de cambiar el discurso y decirle bien clarito a nuestros hijos que hay muchos tipos de familia. Y todas están bien. Pero, principalmente, que estar con alguien es para ser feliz, y si no eres feliz, ahí definitivamente no es. Ojalá la siguiente generación, ya más acostumbrada a que esto suceda, aprenda a hacerlo sin drama. Con mucha más madurez. Y con mucha más honestidad hacia el otro, y hacia uno mismo.

Yo aprendí muy tarde y a la mala que uno nunca puede ser el precio de nadie, ni de cualquier cosa. La vida te manda una y otra vez señales, y si no la escuchas lo seguirá haciendo hasta que no puedas escapar. Así me pasó a mí. Y créanme que aprendí la lección: nunca, nadie, antes que yo. Esto lejísimos de ser "egoísta", como nos dijeron que era, debería ser parte de la canasta básica en la formación de nuestros hijos.

La otra parte increíble y asombrosa del proceso es acordarte quién eras sola. Hacer cosas que nunca hacías. Dejar de conciliar cada decisión y hacer (o no hacer) las cosas, solo porque se te da la gana.

Resulta que sentirse libre y capaz —nadie nos dijo— es un mejor remedio que cualquier antidepresivo. Y sí, sí sé la diferencia porque sí me tomé un antidepresivo; llegó un momento en que yo, que considero que soy una persona con muchos recursos para resolver (y cero me refiero a dinero), ya no sabía cómo ayudarme a mí misma. Totalmente perdida, un día, decidí ir a pedir ayuda. Me tomé el chocho. Me sentí mejor. Y cuando estuve lista, gradualmente, lo dejé de tomar. Porque sí, a veces, necesitamos muletas.

Nos deberían haber dicho que pedir ayuda es de valientes. Y aprender a dejarse ayudar, un mecanismo indispensable para cualquier ser humano funcional.

A ver..., que quede clarísimo que yo no soy promotora de divorciarse, pues duele hasta las entrañas y te deja sin poder respirar un buen rato.

Pero —y esto lo digo ya que puedo respirar de nuevo— la razón para quedarte nunca puede ser tener miedo de irte. La vida es muy corta y estar muerto en vida debe probablemente encabezar las listas de los pecados capitales modernos.

Desde que me separé —y hablo abiertamente de ello— se me acercan mujeres, muchas mujeres, preguntándome dos cosas de forma recurrente: ¿Cómo sabes cuando ya no es ahí? ¿Cómo le haces para sobrevivir si decides terminar?

Mi respuesta inmediata, siempre, ante las dos preguntas es: "No sé, porque para cada quien es diferente". Pero hay dos cosas que sí sé:

(*DISCLAIMER*. Que quede bieeeen claro que estas herramientas son solo MIS herramientas —las que hicieron que YO no me ahogara—, no un manual obligatorio para nadie. Se las comparto bajo su propio riesgo).

1. Cuando uno lleva cuestionándose un rato si "ahí es", probablemente ahí no sea. O al revés, cuando sabes que estás en el lugar correcto, la pregunta simplemente no se presenta. Sabes que es ahí, incluso si a veces la pasas mal, no concibes la vida sin ese o esa. Pero cuando tienes dudas, probablemente ya tienes una primera señal que es importante escuchar.

2. No creo que nunca sea fácil terminar. Pero cuando hay hijos, temas económicos, logísticos, miedo, violencia, codependencia, esta decisión hay que tomarla con la cabeza y preparar el terreno (si tu vida no corre peligro, porque en ese caso, la estrategia es claramente otra), así que: prepara el camino.

Yo no preparé nada intencionalmente, pero hoy me doy cuenta de que este tiempo post separación fue "menos" complicado (y lo digo con un billón de comillas) porque ya tenía la base de lo que me salvó la vida; si tú no la tienes y estás considerando tomar una decisión como esta, te sugiero enormemente empezar a armar, o consolidar:

• Una sesión regular de terapia para ayudarte a transitar el momento. No me cansaré de decirlo. Ir a terapia me salvó la vida. No importa el nivel de día de mierda que estuviera teniendo, me presenté a mis sesiones sin faltar una sola vez durante la crisis. A veces hablaba sin parar. A veces solo podía llorar. De todas maneras fui y, siempre, sieeempre me sentí mejor y me ayudó a acomodar una nueva pieza en mi rompecabezas interior. Sigo yendo. Religiosamente. Y seguiré.

- Un proyecto de vida personal. Tener cosas que hacer, que cumplir, que resolver, me sacó de mi miseria cotidiana. Ganar dinero es INDISPENSABLE para salir adelante en todos los sentidos.

- Una red de apoyo a prueba de balas que te acompañe, te escuche, te dé tus zapes, te empuje, te sostenga y te pase los kleenex o te invite una chela.

- Saber pedir ayuda. No vas a poder resolver todo. Asesórate. Aprende a decir "no puedo". Déjate ayudar.

- Pon a tus hijos sobre todas las cosas. Tu principal responsabilidad son ellos. Priorízalos. No los pongas a elegir. No los uses como carne de cañón. No los expongas a situaciones más dolorosas de lo que ya de por sí son. No los pongas en contra del otro, ellos solitos acomodarán a cada quien en su lugar.

- Este momento se trata de contenerlos a ellos. Ya habrá tiempo para ti. Esto, en cuestión de negocios emocionales, es la mejor inversión que podrás hacer, porque estar ahí para ellos hará que salgan más rápido y tú puedas entonces hacer lo que tengas ganas... en su momento.

- No te desgastes más de lo necesario con tu ex. Es MUY difícil. Pero tú puedes elegir si lo haces más difícil de lo que es. Escoge qué juego vas a jugar. Qué límites vas a poner. A qué dinámicas ya no les vas a entrar. Incluso si el otro lo hace todo mal, tú s-i-e-m-p-r-e puedes elegir qué nivel de energía vas a invertir.

- Elige tu dignidad. Ante cualquier duda. Elige tu dignidad.

- Entre más rápido asumas que lo que hay es lo que hay, y te rindas ante lo que es, más rápido vas a salir. Esto es un hecho comprobado.

Separarse es lo más doloroso. Triste. Infernal. Demoledor. Difícil... que he hecho en mi vida, pero quedarse para no tener que pasar por el infierno es traicionarte a ti y enseñarles a tus hijos que eso está bien.

Si estás leyendo esto y estás en ese horrible lugar, haz todo lo posible para salvarlo y reparar. Creo absolutamente que cuando las dos personas están comprometidas es totalmente posible. Pero cuando ya no hay nada que puedas hacer, hay que dejarlo ir.

Dice Mario Benedetti: "Que llegue quien tenga que llegar, que se vaya quien se tenga que ir, [...] que pase lo que tenga que pasar", y sí...

Todo se acomoda.

Así como a todos nos rompió, a todos también nos hizo crecer. Evolucionar. Reinventarnos. Y aprendernos a relacionar desde otro lugar. Nos hemos resbalado todos varias veces, pero todos, en general, lo hemos hecho lo mejor que lo hemos podido hacer y, en medio del peor panorama, hemos resuelto de la mejor manera posible cada vez que hay algo que resolver. Es un constante aprender. Un constante soltar. Un constante asumir que cada quien es quien es y, personalmente, un ejercicio perpetuo de dejar de controlar. Es muy difícil. Y es también muy liberador.

Y sí, eventualmente, llega alguien más a enseñarte cómo sí tenía que ser. Eso representa un nuevo reto para los hijos, porque me imagino que todos, hasta cierto punto, tienen siempre la esperanza de que sus papás vuelvan a estar juntos. Como todo lo demás, hay que darles tiempo. Hay que respetar el proceso. Hay que tener tantita madre y no exponerlos a todas las personas con las que sales y guardarte eso para cuando ese alguien se vuelve serio.

Y hay que recordar que, ante cualquier disyuntiva entre una nueva pareja y tus hijos, ¡siempre!, primero, los elijas a ellos. Si tu nueva pareja no entiende esto, amigos, dense cuenta rápido: ahí definitivamente no es.

Nos contaron el cuento de que era "juntos y felices y para siempre". La realidad es que no siempre termina así, pero eso no quiere decir que tu vida se haya terminado, al contrario, probablemente quiere decir que está volviendo a empezar. Nadie nos dijo la delicia que es vivir tranquilo, a mí se me había olvidado y me he prometido a mí misma nunca volverlo a hacer.

Mis hijos están bien porque su papá y yo estamos bien. Porque estamos mejor separados. Porque seguimos siendo los mismos papás, aunque no seamos pareja.

Personalmente siento un enorme orgullo de estarles enseñando a través de mi vida que la vida sigue, que incluso mejora. Me parece muy educativo que vean a su mamá con una pareja con la que es feliz y puedan ver cómo sí es el amor y de qué sí se trata.

No, no es fácil para los hijos "darle el golpe" a la nueva pareja. Ver a su mamá, o papá, estar en una relación con alguien más no le encanta, de entrada, a ningún adolescente. Pero, eventualmente, con paciencia y tiempo, van asumiendo e integrando las nuevas realidades y van entendiendo que se vale rehacer la vida.

No nos dijeron que no debemos sacrificar nuestra vida por la de nuestros hijos.

Tal vez en lugar de pensar en todas las razones por las que no deberíamos separarnos y tratar de salvar a toda costa lo que ya no funciona, tendríamos que pensar en cómo se ve nuestra relación: ¿qué están viendo nuestros hijos?, ¿qué les estamos modelando?, ¿qué ejemplo estamos dando?

Sucede que ellos van a buscar, inconscientemente, lo que aprendieron sobre el amor.

¿Y si "el amor" que les estamos mostrando es totalmente enfermo, tóxico, malentendido, abusivo, controlador?, ¿qué definición del amor le estás enseñando a tus hijos? ¿Quisieras para ellos una pareja como la tuya?

Si la respuesta es no, es hora de tomar cartas en el asunto.

Porque sí. Sí se reduce a eso.

Los hijos deberían ser el motor para tener el valor de moverse de lugares en los que ya no necesitamos estar. Porque no queremos que repliquen esos espacios, ni que estén con personas que no son felices. Esto tendría que ser la prioridad a la hora de pensar si te quedas o te vas.

CAPÍTULO 14

Soltar

La primera vez que dejé a la de 20 encargada con alguien más tenía ocho meses. Hasta ese momento, solo su papá y yo nos habíamos ocupado de ella. Pero llegó el día en que a mí me urgía poder respirar. Tener dos manos para mí sola un rato y olvidarme un minuto de que la vida de alguien más dependía de mí.

Así llegó Magda a nuestra vida, un ángel amoroso y tranquilo que venía dos días por semana unas horas para que yo pudiera irme y (dizque) tener vida. Por tener vida me refiero a ir al súper sin tener que ir cantando "La vaquita de Martín" durante toda la compra o sudando frío porque ya iba ser hora de pegármela otra vez y se iba a poner a llorar. O muchas veces, irme al club a tirarme en una tumbona del jardín y dormir. Esa era mi máxima aspiración: dormir.

Esa primera vez me di cuenta de un error garrafal de mamá primeriza amamantando a libre demanda. Nadie me dijo que a los bebés amamantados no les gustan las botellas. Me enteré cuando, después de ocho horas de irme a vegetar, ni me acuerdo a dónde y sin poder creer mi suerte de haber podido ausentarme todo ese tiempo, Magda me informó que por más que lo había intentado, mi niña no quiso saber nada de la botella. La escuincla no comió n-a-d-a durante seis horas. Yo, que había dejado litros de leche congelada, casi me desmayo pensando que durante todo ese tiempo mi bebé no había comido. Pero Magda que, insisto, es un ángel amoroso y tranquilo, no se rindió y esculcando entre mis cosas, encontró un popote y, ¿qué creen?, ¡funcionó!

Ese día aprendí una de las lecciones más increíbles y dolorosas que los papás aprenderemos en el camino: que nuestros hijos no nos necesitan para todo y que hay otras personas de las que pueden aprender. Mi hija había aprendido algo sin mí. Y yo aprendí que podía soltar, aunque fuera un ratito. Fue también la primera vez que pude ver algo que he visto muchas otras veces durante veinte años: cuando esa niña decide algo, que Dios bendiga a quien opine lo contrario. Tiene una fuerza de voluntad y un compromiso con sus ideas que ya quisieran muchos que yo conozco y que es, simultáneamente, una de sus principales fortalezas y, sin duda también, una de las cosas que la hará batallar más en la vida, porque sí, a veces, hay que aprender a cambiar de opinión igual que a tener una bien plantada. Por suerte para ella, tiene una mamá que se encarga de decirle que se valen las dos cosas, siempre que sea lo que realmente quiere.

Con el de 17 me aseguré de que eso no me pasara y en el momento en el que cumplió un mes, instauramos una mamila por semana, que le daba su papá, para que él pudiera alimentarse con o sin mí, yo pudiera irme de vez en cuando sin el Jesús en la boca, y la persona que me hiciera el favor de cuidarlo pudiera hacerlo sin sufrir. El chamaco agarró la onda de inmediato y jamás puso resistencia a ninguno de los dos métodos, mientras alguien le diera leche, siempre estaba contento. **Esa es otra de las cosas que aprendí muy pronto: cada hijo es distinto, con cada uno tendrás que hacer cosas diferentes y el nombre del juego de ser papá y mamá se llama, en cualquier momento de la vida: aprender a adaptarse al cambio constante y volverse un experto en soltar.** Y nadie, nunca jamás, nos avisa lo absolutamente culero, demoledor,

Cada hijo es
distinto, con
cada uno tendrás
que hacer cosas
diferentes y el nombre
del juego de ser
papá y mamá se
llama, en cualquier
momento de la vida:
aprender a adaptarse
al cambio constante
y volverse un experto
en soltar.

difícil, estrujante, horrendo que es... dejar a los hijos crecer. Soltar.

Tener hijos es un aprender a soltar perpetuo a partir del día que nacen.

Dejarlos dormir solos. Dejarlos caerse para aprender a caminar. Dejarlos embarrarse de frijoles aprendiendo a usar una cuchara. Dejarlos en la escuela el primer día. Dejarlos experimentar los cómo no, para aprender los cómo sí. Ir a casa de amigos o dejarlos en la fiesta solos por primera vez. Asumir que, de más en más, su vida será sin nosotros y que, por más que nos duela, no podremos ser testigos de cada momento. O que, de todos los soltares, enseñarles a manejar (además del más extremo de los deportes parentales) y verlos irse solos es uno de los peores momentos.

Y es que ese es el momento, en el que agarran su cartera y se van a la vida (en coche o como sea) cuando tienen que aprender a cuidarse solos. Que las probabilidades de que algo salga mal son miles, pero no podemos amarrarlos a nosotros.

La ironía. Nos pasamos los primeros años enfocados en enseñarles a ser independientes, a resolver, a hacer, a pensar, a actuar..., a no necesitarnos. Pero nadie nos avisa lo doloroso y aterrador que será el día que hayamos cumplido exitosamente esa misión y sea hora de dejarlos tomar las riendas de su vida.

Es en ese momento cuando te das cuenta de que la parte fácil fueron los primeros años, por más difíciles que hayan sido.

Por más cansados. Por más monótonos. Por más eternos que nos hayan parecido..., qué rápido pasaron. Cuando todo estaba "bajo control". Cuando los horarios los dictábamos nosotros. Cuando las repeladas eran chillidos y no argumentos demoledores contra nuestros principios, nuestra persona o nuestra manera de ver y vivir la vida. Cuando éramos el ídolo máximo de esas personitas y no un objeto de vergüenza e incomodidad recurrente. Cuando se les podía agarrar a besos sistemáticamente sin que te voltearan los ojos y nuestras ideas eran las mejores del mundo. Cuando querían estar encima de nosotros y no en un planeta lejano. Cuando las puertas se mantenían abiertas y no las usaban para marcar sus territorios. Los hijos chicos son una delicia máxima (proporcional a la chinga máxima), pero no entendemos la dimensión de esa delicia y la delicia de esa época, hasta que crecen.

Qué tremendos los momentos en los que tengo que entender que mis hijos son personas independientes de mí, libres de elegir cosas que a mí me parecen mala idea. Los momentos en los que dar un permiso implica correr riesgos que no puedo controlar (aunque, la verdad, nunca controlamos realmente nada). Cuando me detestan. Cuando tengo que rogar por un rato de convivencia. Cuando el sentido común me abandona y me engancho en una discusión asquerosa y acabo siendo la Bruja del 71 y los quiero estrangular tantito (*so to speak*). Cuando me doy cuenta de que ya se van… Esos son los peores momentos.

Tengo que reconocer que también es un descubrimiento delicioso saber que ahora tengo dos choferes a mi disposición listos para cualquier misión a cualquier hora y que, casi siempre, responden con entusiasmo a esas propuestas en lugar de decirme a todo que qué hueva. Es una enorme satisfacción verlos empezar a desdoblar sus alas y ser testigo de cómo con cada nuevo "mandado" la seguridad en ellos mismos crece.

Qué delicia es verlos convertirse en ellos mismos…

La verdad es que los adolescentes pueden ser muy divertidos si sabes agarrarles la onda y aprendes a no subirte al ring cada que te invitan (¡y vaya que te van a invitar!).

Pero qué cabrón es aceptar que crecen. Yo todavía veo a esta mujercita como esa personita de un año que decía "liri, liri, liri" cuando se moría de hambre. Y a este chavo que me saca casi dos cabezas y está todo musculoso, como ese niñito que quería que lo cargara todo el día. No necesitaría mucho tiempo para enlistar todas las razones, peligros y situaciones por las que sería mejor que se quedaran aquí conmigo para siempre. Pero, pues, no se puede. La única cosa segura el día que llegan a nuestra vida es que va a llegar el día en el que se vayan de ella.

La maleta para la vida de mis hijos ha sido cuidadosamente llenada por su papá y por mí (y su hermano/a, abuelos, tíos, primos y *demases* agregados culturales y familia adoptiva), con un amor infinito, y horas y horas y horas de presencia, que se han convertido en una inagotable dosis de confianza, autoestima, seguridad, momentos felices y muchos también muy tristes porque, sí, vida es así: agridulce.

Saben que hay límites claros. Que pueden lograr casi cualquier cosa que se propongan si realmente la trabajan, y, en paralelo, que hay cosas que simplemente no son posibles y hay que saber detectarlas y dejarlas ir. Que van a poder resolver. Que son capaces. Que confiamos en ellos. Y que ellos también pueden confiar en nosotros. Incondicionalmente. Que los únicos responsables de sus actos y de su vida son ellos mismos, siempre. Que la mejor arma es una sonrisa y que reírse de uno mismo y de las circunstancias es una excelente vacuna para casi cualquier cosa. Que los actos tienen consecuencias y hay que asumirlas. Y que no, que nada es gratis.

Creo que, además, llevan ideas claras, muchísima curiosidad y una buena cantidad de sentido común y determinación. Pero, sobre todo, lo que más hay en su maleta es empatía y capacidad de adaptación a las situaciones.

Entienden que son solo una parte de un mundo y que el de junto es igual de importante que ellos, que hay que pensar en el otro y que la Tierra no da vueltas a su alrededor.

Mis hijos son, en general, *happy campers*.

No sé muy bien cómo hicimos para empacarles todo eso, pero sin duda está ahí y nos congratulo; comprometerse a formar y a hacer las cosas bien se dice fácil y es cero fácil no claudicar, pero también es la mejor contribución que podemos hacer al planeta.

Sin embargo, no importa cuántas cosas uno les empaque y los aplausos que nos demos como papás: el verdadero crédito es para ellos, que van aprendiendo a sacar las cosas que cuidadosamente fuimos empacando.

Espero que encuentren también entre sus cosas una bolsita especial que puse con mucha capacidad de asombrarse (que no tiene fecha de caducidad) y un abridor de ojos, orejas y todos sus sentidos, para estar listos a recibir todo lo nuevo, para aceptar y descubrir todas las cosas que la vida tiene esperando para ellos. Para seguir aprendiendo. Y el último compartimiento, en donde encontrarán lo más importante: un cajoncito especial donde dice que, sin importar a dónde vayan, qué hagan, en qué se conviertan, qué decisiones tomen, a quién elijan querer, en qué quieran creer, siempre, SIEMPRE pueden regresar a casa, en donde estaré esperando con los brazos abiertos y queriendo escuchar todas sus aventuras. Y sí, que sepan que la maleta tiene cierre para expandirla y seguir metiendo todos los tesoros que irán encontrando en el camino.

A los hijos, uno los va soltando un poquito desde el primer día, enseñándoles a ser independientes con cosas cotidianas: dejándolos elegir su ropa para construir su autoestima (de preferencia antes de los 14 y asumiendo el poco sentido de estilo que puedan tener); servirse su comida para aprender a autorregular su apetito (en lugar de atascarlos de la porción que nosotros creemos que "se tienen que" comer y joderles *forever* el tema ese tan importante de escuchar a su cuerpo); o reprobar la materia si no chambearon, para aprender las consecuencias de sus actos (en serio: no pasa nada, y no hay peor estupidez que dejarlos avanzar cuando no están listos). Y a resolver sus conflictos personales con sus amigos o hermanos sin intervenir, para aprender a negociar y ser empáticos (mamás: en serio, mientras no haya sangre en el pleito, déjenlos aprender a resolver solos y sálganse de la ecuación).

Porque como dice Ale, la más sabia de mis amigas: "Si no los sueltas hoy, ¿cuándo?".

La misión es dejarlos aprender a hacerse responsables de ellos mismos e ir recuperando esos espacios para nosotros, para nuestro proyecto de vida, de pareja, de trabajo.

¿Qué vamos a hacer nosotros con el resto de nuestra vida cuando los hijos ya no nos necesiten? ¿Cómo va a ser la relación con los hijos independientes adultos? ¿Cómo están tus otras relaciones y actividades? ¿Se han puesto a pensar? ¿Están haciendo algo al respecto? ¿Están buscando otras cosas que los hagan sentirse útiles y felices?

¿Quién eres tú si ya no eres su mamá todos los días?

La redefinición y reinvención que implican los hijos grandes es una etapa cabrona.

Un estudio publicado en el Social Sciences (MDPI) dice que para cuando tus hijos cumplan 18 años, habrán pasado contigo el 95 % del tiempo que pasarán contigo to-da-su-vi-da, *¿juaaaat?* ¡Y nosotros urgidos porque crezcan y empujándolos siempre al siguiente nivel! #todomal. Nadie nos dijo que nuestro trabajo es proteger su infancia. Alargarla lo más posible. Aprovechar cada minuto que pasamos con ellos. Atesorar los años pegosteados. Encimados. Agotados. Con vocecitas y tiradero constante. Con chillidos y risitas.

Y nuestro trabajo secreto es sembrar lo necesario para que vuelen, pero que quieran volver y estar. **Me parece que la definición real de éxito (aparte de hacer personas independientes y completas) es que nuestros hijos elijan compartir su vida con nosotros. El éxito es que quieran regresar. Y que seamos para ellos un lugar feliz.**

Para lo cual es muy importante tener presente que no hay peor error en el camino del *parenting* que ser una carga para ellos. No importa si es económica, emocional o de cualquier otra índole. Si a tus hijos les pesas, no van a querer tenerte cerca. Nuestros hijos tienen que sentir que no los necesitamos, que tenemos nuestra propia vida, que nos hacemos cargo de nosotros mismos. Una cosa que yo agradezco enormemente es la independencia de mi mamá desde que enviudó. No porque mi mamá me pese, sino porque sé que ella tiene su vida, que está ocupada, que es feliz, que económicamente tiene su tema resuelto y que no tengo que cargar con ella, igual que ella no me carga a mí. Y eso hace que la relación sea solo por placer.

Y es que sí: llegará un día en el que tus papás te van a necesitar a ti. Que mi mamá me va a necesitar a mí. Que los papeles se van a invertir. Que tendrás que acompañarlos a partir, de la misma manera que ellos te acompañaron a llegar. Es durísimo volverte el cuidador de tus papás. Nadie nos dice cuánto.

No todos tenemos historias familiares bonitas y me queda claro que hay algunas cosas o personas que no se pueden perdonar, pero en la medida que sea posible, hacer la paz con lo que te tocó y tener la compasión y la generosidad de acompañar en sus últimos momentos a las personas que te trajeron al mundo, es como el Palitos 1 de la decencia humana y la graduación del crecimiento personal.

¿Qué hacer para que los hijos quieran volver solitos? No tengo ni idea.

Creo que lo mejor que podemos hacer es que vean nuestra vida y les guste. Que quieran ser parte de ella. Que nos vean disfrutarla. Gozar. Ser felices. Que se sientan escuchados y no solo aleccionados. Que seamos un lugar en donde se sientan bienvenidos, tranquilos, contenidos, consentidos. Que nos volvamos una referencia de sensatez en donde las puertas estén siempre abiertas y las mentes también. **Nadie nos dice la fuente continua de aprendizaje que son los hijos, del mundo, de su mundo; hay que aprovechar la oportunidad que nos brindan de verlo a través de sus ojos, de estar dispuestos al cambio, de aprender a hacerlo distinto, a hablar distinto, a pensar distinto.**

Modernidad o no, uno de los secretos de tener una buena relación con los hijos adultos es que se sientan admirados y respetados. Si bien nunca seremos sus amigos, es indispensable que sientan que confiamos en ellos, que ya no son nuestros niñitos pequeños, y les demos su lugar en la vida adulta.

Un día, jugando con el de 17, que tenía como 5 y al que ya me costaba trabajo cargar, le dije: "¡Niño!, ¡¿a qué hora creciste tanto?!", y él, muy seguro, me dijo: "a las nueve y cuarto, mamá". **Nadie nos dice la cantidad de veces que se nos va a derretir el corazón, ni todas las frases y cosas adorables que teníamos que haber apuntado para nunca olvidarlas. Entre pañales, canciones, llevadas y traídas, un día, sin darnos cuenta, se nos crecen.**

Nos pasamos la vida mentando madres de lo cansadas que estamos. Alucinamos la etapa de las fiestas y reuniones, y por una u otra razón no dormimos durante años. Y un día, ya no hay nadie. Nadie nos prepara para el duelo más grande de la vida que es la partida de los hijos. Yo no he llegado oficialmente a ella. Pero me queda poco tiempo. Y me asusta un chingo. Siempre pensé que ese día estaríamos su papá y yo y nos abrazaríamos tristes, pero felices de verlos agarrar su maleta e irse a hacer su vida.

Hoy sé que solo voy a estar yo. Y aunque no sé muy bien cómo se acostumbra uno a eso de quedarse sola, voy un día a la vez. Me enfoco en el hoy. Disfruto que están aquí. Me relajo un chingo en eso de que todo esté perfecto o salga bien y procuro todos los tiempos de calidad posibles con ellos.

Otra cosa que nunca nos dijeron cuando decidimos ser papás es cuánto trabajo cuesta ser la figura de seguridad y reafirmación de alguien más cuando a ti también te está llevando la chingada. Cuando estás rebasada. Cuando se mueren tus papás. Cuando te separas. Cuando te sientes perdido. Cuando el mundo es un lugar horrendo. O cuando te ahogan las responsabilidades, el estrés, la edad, los achaques, los gastos, las preocupaciones…, ¿cómo seguir siendo esos papás cuando nosotros mismos nos sentimos vulnerables?

Un día a la vez, una cosa a la vez.

Nuestros hijos no se van a acordar de cuánto te gastabas, o qué tan limpia estaba la casa, o qué marca eran los zapatos que les regalabas. Nuestros hijos se van a acordar de cómo se sentían cuando estaban con nosotros, cómo reaccionábamos cuando algo salía mal, cómo nos conducíamos en la vida y nos relacionábamos con los demás y con ellos mismos cuando estaban tristes, cuando hubo momentos difíciles y, obvio, se van a acordar de los momentos realmente felices.

Nadie nos dice tampoco que somos los hacedores y almacenadores de recuerdos. Los productores y personajes centrales en ese primer *reel* de su vida. Lo que pongamos ahí, importa. No lo que pagamos, ni lo que compramos. Lo que importa es la calidad y la cantidad del tiempo. El amor. Las horas de jugar. De abrazar. De explicar y contar el mismo cuento una y otra vez. No se trata de llevarlos a comprar las mejores galletas: se trata de hacer las galletas con ellos. Se trata de hacer recuerdos. De atesorar momentos. De pasar tradiciones. De que conozcan a su tribu. Se trata de construirlos de tal forma que se sientan siempre respaldados por nuestro amor. Se trata de que les modelemos relaciones bonitas. Se trata de que persigan y defiendan su felicidad a toda costa. Se trata de que se sepan escuchar, pero también hablar. De que tengan la fuerza para decidir y la valentía para volar.

Se trata de ser para ellos la figura de seguridad y reafirmación sin saber que muchas veces compartirás la misma desesperanza y te estará llevando a ti también la chingada.

Se trata de, como dice mi admirada amiga Marcela Escalera, que no importa qué les pase a tus hijos, siempre sepan que tú puedes con eso que les pasa (sin importar qué sea), que estas para contener, entender, sostener, que cuentan contigo. Siempre. Y para esto, para no claudicar ante los moods, las etapas y los sube y baja de la vida de ser papás, lo que debemos tener muy presente es la célebre frase (también de Marcela Escalera), que yo me repito como mantra cuando quiero claudicar y ahorcarlos tantito: "Tu hijo adolescente no sabe que te necesita desesperadamente, quien tiene que saberlo eres tú".

Tener hijos es como ir a Alcohólicos Anónimos: se hace un día la vez y se rectifica el camino siempre que es necesario. Se hace lo que se puede con lo que se tiene, y se vuelve a empezar. Todos los días.

En la medida en la que crecen, voy compartiéndome cada vez más y desde otro lado.

Tener hijos grandes tiene otro grado de dificultad en cuestión de límites y nuevas reglas mientras viven en tu casa, y lo de ser mamá soltera sin duda tiene sus retos. Pero ser mamá de grandes y estar sola abre también la oportunidad de tener una relación que probablemente nunca hubiéramos tenido en el formato de familia de cuatro, en donde los roles son mucho más rígidos. Y donde, quieras o no, siempre está "el malo y el bueno" y siempre están los hijos en una repisa y los papás en otra.

Ser mamá de grandes y estar sola ha sido, probablemente, lo mejor que le ha pasado a la relación con mis hijos y eso es algo que, ni aunque me lo hubieran dicho, hubiera creído posible. Hubiera dado la vida por ahorrarles el dolor que implicó nuestra separación, pero pasar por ahí hizo que hoy estemos aquí. Que estemos más cerca que nunca. Que nos llevemos increíble. Que nos caigamos bien. Que seamos un equipo. Que nuestra casa sea un lugar feliz, estable, pacífico, armonioso, donde a veces nos carcajeamos y a veces nos peleamos, pero en donde todos somos responsables de que las cosas funcionen y no solamente mamá y papá. Nadie me dijo que solo dos años después de que pensé que me moría estaríamos todos en un lugar infinitamente más feliz. Y que de *eso* es de lo que se trata la vida. De estar donde eres feliz.

Muy pocos días antes de terminar de escribir este libro, el de 17, que me había platicado que había por ahí una niña especial, me mandó un mensaje a la mitad del domingo (que no íbamos a pasar juntos porque le tocaba estar con su papá) para pedirme el coche prestado y llevarla a comer. Le dije que sí. Unas horas después me volvió a escribir para decirme que se iban a ver en mi casa y que si de casualidad yo iba a estar por ahí. "No —contesté—, no pensaba todavía regresar, ¿por?". "Por si la querías conocer", me respondió. En ¡ESE! instante le pedí a la persona con quien estaba que me llevara a mi casa porque sí, ¡obvio!, la quería conocer. Y el tema no era la niña en cuestión (que resultó ser adorable), el tema era que ¡mi adolescente me buscó para presentarme a la niña que le gusta!, y ese ha sido uno de los momentos en donde me ha quedado claro que algo debo de estar haciendo bien. Que me quiera compartir. Que quiera que ella me conozca a mí. Que dos semanas después me haya contado que le iba a llegar (con toda la pena que eso le dio) y que, una después, la haya invitado un sábado a comer con su hermana y conmigo a nuestra casa. Se me salen las lagrimitas.

Con la de 20, el canal de comunicación es intermitente. Pero cada vez más hablamos de más cosas desde un lugar completamente diferente. Ella me busca sobre todo cuando está en problemas, cuando algo no salió bien, cuando necesita una opinión (aunque después no le haga caso), cuando necesita ayuda, y no, no quiere que le resuelva el problema (créanme que millones de veces yo quisiera hacerlo y me muerdo los dedos para restringirme y callarme la boca; ella puede, me repito, ella es capaz de hacerlo sola), sino hablar conmigo para acomodar sus ideas, y eso —también— me saca lagrimitas. Ser su *sounding board* me parece un inmenso honor.

Y otras veces, a las 10:00 de la noche, cuando estoy por apagar mi luz (sí, algo que no les he dicho es que soy una gallina y mis hijos ya me acuestan a mí), a esta mujercita maravillosa le da por sentarse en mi cama y hablar sin parar durante cuarenta minutos a toda velocidad. Yo, muerta de cansancio, me siento, abro grandes los ojos y hago como que entiendo todo. Una cosa que nadie nos dice de los hijos grandes es que nunca les dices que no a esas oportunidades de vincularte que te regalan sin previo aviso.

Nadie nos dice lo bonito que es ver a tus hijos enamorados. Lo horrendo que es verlos devastados. Las ganas que dan de sacarlos del atolladero y tenérnoslas que aguantar. Y la maravilla que es haberle dado la vida a dos seres humanos extraordinarios que puedan aprender a sentirlo todo y que, como dice el precioso poema de Rainer Maria Rilke: "Dejen que todo les suceda: la belleza y el terror. [...] Ningún sentimiento es definitivo", porque eso es lo que los hará, realmente, humanos.

Una de las cosas más cañonas de tener hijos grandes es que ya no te ven igual. Y eso es muy shockeante. Sabías qué hacer cuando eran chicos y cómo cuidarlos, pero cuando son grandes ya no se sabe cómo protegerlos, guiarlos, dejarlos, procurarlos. Es complicado aprender a "medirles el agua a esos tamales", a saber cuándo te toca entrar y cuándo ya no es tu responsabilidad, pero la peor parte es esa de saber que ya no te ven igual. Que saben de qué pie cojeas. Que tienen perfectamente detectadas tus debilidades. Que hay lados de ti que les caen genuinamente mal, que pueden elegir no verte. No estar. No compartir. Y que tú también eres humano.

Nadie nos dijo que ser mamás y papás también puede ser divertido, que hay que encontrar espacio para pasarla bien y que pocas cosas causan más satisfacción que romperle el esquema a los hijos del lugar en donde tienen tan encasillados a sus papás y mamás. Ahora que mis hijos son adultos, los viajes de nosotros tres toman otros ritmos porque no es igual ir papá, mamá e hijitos, que mamá y adultitos. Y no, no es fácil aprender a seguir sin controlarlos, a dejarlos decidir, a que ellos propongan el plan, a que no vayan por el camino que quieres ir o que tengan otra manera de administrar la vacación. Soltar el control no siempre es divertido, pero es necesario para poder construir relaciones entre adultos. Para que se sientan cómodos con nosotros de grandes. Para que sepan que los valoramos y que confiamos en ellos. Para pasarla bien juntos y que no vayan padeciendo a su mamá... o papá.

De mis recuerdos favoritos con mi mamá fue la famosísima "Fiesta de la alfombra". Permítanme darles un poco de contexto… mi papá era una persona cero cuentachiles, pero cero despilfarradora, y siempre que querías comprar algo, te asignaba la ardua tarea de hacer un estudio de mercado para saber el costo de eso que deseabas y un comparativo de calidad-precio. Me parece que era para ver cuánto querías los tenis (o eso que necesitabas) y para que nos costara aunque sea tantito trabajo que nos comprara cosas. Ojo, que esto era en la prehistoria, cuando no había internet y el estudio de mercado era de campo y había que ir tienda por tienda con tu cuadernito para después presentarle a mi papá los resultados a la hora de la cena. Al final siempre decía que sí, pero igual nos pedía el ejercicio y tengo que decir que es un hábito que tengo hasta el día de hoy para no comprar a lo pendejo.

Total, que mi mamá quería cambiar la alfombra de la sala porque estaba, en sus palabras, "hecha un asco". Cada fin de semana iban a ir a hacer su *scouting* y cada fin de semana que pasaba, no pasaba nada. Un día, mi papá se fue de viaje (extrañamente sin mi mamá) y ese viernes en la mañana ella nos ordenó: "Hoy en la noche hagan una fiesta aquí e inviten a tooooooooodos sus amigos".

A las 12:00 de la noche de la fiesta en cuestión, mi mamá apareció en la sala y anunció que "era la hora de recoger porque la fiesta ya se iba a terminar". La cara de "qué oso, mi mamá corriendo a la gente", en mi hermana y en mí cambió en un segundo a cara de *juat* ante el discurso de "esta fiesta es para despedir a la alfombra, así que por favor ayúdenme a limpiar". Después de esto, empezó a agarrar todos los vasos que se encontró y a vaciarlos encima de la alfombra. Los *bowls* de papas. Los ceniceros. ¡Todo!, absolutamente todo lo que se encontró empezó a vaciarlo ante la mirada atónita de los presentes y, cuando vio que nadie hacía nada, dijo: "¡¿Qué?! ¿No me van a ayudar? ¡Órale!".

No les puedo contar la diversión de esa fiesta en la que, sí, después, se bailó encima de todo ese mierdero. Mi mamá no era así y verla en esa modalidad me pareció, y me sigue pareciendo, uno de los momentos más *cool* de la historia de las mamás, y ¡uno de los más estratégicos! Cuando por fin se acabó la fiesta, sacó su Rainbow (que al día de hoy sigue en funciones) y aspiró todo. El lunes que mi papá regresó de su viaje entró a la sala y dijo: "¡Qué barbaridad, de verdad que esta alfombra está hecha un asco!". Esa misma semana compraron una nueva. Genia.

La fiesta de la despedida de la alfombra fue legendaria. Dicen… que se sigue hablando de ella.

Vengo a contarles que necesitamos meter en la agenda salirnos de los patrones de sobrevivencia, de las rutinas y de los roles. Sorprender a los hijos, sí, pero recordarnos a nosotros que no somos solo esa persona que ellos ven y dejarnos salir a jugar de vez en cuando. Se trata también de disfrutar el camino. De hacer recuerdos. De conectarnos desde otro lado.

El primer verano que viajé con mis hijos yo sola, fuimos a un pueblito en Bretaña a la orilla del mar. Una tarde, mientras caminábamos, vimos que la actividad veraniega de la juventud era echarse al mar desde un muro bastante alto mientras todos los demás veían; nos quedamos observando por un rato y cuando nos estábamos yendo, mi hijo, que en ese momento tenía 16 años, me dijo: "¿Podemos venir mañana a hacer esto?". Yo le contesté: "Claro, te acompaño". A lo que él preguntó: "¿Tú, obvio, no lo harías, verdad?".

"Obvio", dijo. Obvio porque a su mamá lo del agua helada y las alturas, se sabe mundialmente, no son PARA NAAAADA lo suyo. Y porque, hasta ese momento de su vida, su compañero para hacer esas locuras siempre era su papá. Recuerdo que me quedé rumiando ese comentario toda la noche y que, al día siguiente, cuando quedamos de ir, sin decirle a nadie (no fuera que me fuera a rajar), me puse mi traje de baño abajo de la ropa y me fui debatiendo en mi mente si lo hacía o no lo hacía. El debate, más bien miedo, era real. Odio las alturas, me aterrorizan y no, no soporto el agua helada. A mí me gusta meterme a una tina o regadera con agua como para pelar pollos y pues… el mar, en Bretaña, nunca está arriba de 18° en el verano. Helado.

Cuando llegamos al lugar en cuestión, el escuincle se paró en la orilla y, después de estar que si sí que si no un buen rato (hablo de un clavado de entre 10 a 15 metros), saltó. Me acuerdo perfecto del grito que pegó en cuanto pudo salir a respirar, ese que sale cuando los pulmones se te contraen de frío, pegado con la adrenalina del momento. Y ahí, en ese instante, me dije: "lo tienes que hacer". Tienes que hacer esto con él. Tienes que salirte del patrón que él tiene de su mamá. Tienes que ser una mamá que puede ser divertida. Debes tener experiencias que te hagan conectar con él. Y está bien vencer un miedito de vez en vez. Así que vas.

Me quité el vestido y, ante la mirada atónita de mi hijo, me subí a la bardita y, sin pensarlo demasiado (porque si no ahí seguiría)… brinqué. Caí al vacío en lo que me parecieron 47 interminables metros pensando "¡qué pendejada estoy haciendooooooo!". Hasta que entré en el agua que no sé a cuánto estaba, pero créanme que el Señor de los Hielos es una vacilada junto a lo fría que estaba esa agua. Salí a respirar. Grité. Me dolieron los pulmones. Me acerqué nadando a toda velocidad a mi hijo, que no le había dado tiempo de entender lo que había pasado y que me veía atónito repitiendo: "¡Te echaste! ¡Nunca pensé que harías algo así!". Yo tampoco. Salí con las piernas temblando de frío, pero más de la emoción ¡por haberme ganado a mí! y por haberles visto la cara de incredulidad a mis dos hijos. Mi hija, que desde el principio había dicho "¡ni de broma!", al ver que su mamá lo había hecho, probablemente pensó que ni muerta se quedaba atrás (eso de la competitividad lo trae bien acomodado) y no le quedó más remedio que saltar también. Mismo grito. Mismo *thrill*.

El camino de vuelta a nuestra casa ese día, lo hicieron tres personas con un estado de ánimo propio al del pasón de una droga que te pone a tope, como la adrenalina.

Siempre que veo la foto que nos tomamos al salir, puedo observar nuestras pupilas dilatadas de felicidad por lo que hicimos cada uno, pero porque lo hicimos… juntos. Y, aunque sigo odiando el agua helada, esa fue sin duda la mejor metida al mar de toda mi vida.

No desaproveches la oportunidad de cambiarle a tus hijos la manera de verte. La sorpresa es una gran aliada para ellos como para uno mismo. Habrá que preguntarles a mis hijos qué otras cosas ha hecho su mamá para sorprenderlos, y tal vez no sean muchas, pero tengo claro que nunca van a olvidar que su mamá tan predecible, tan estructurada, tan cuadrada para tantas cosas también, de repente se da permiso de hacerlo diferente y de gozar la vida o tomar decisiones locas. Así llegó Poli a nuestra vida.

Poli es una perrita callejera que apareció afuera de nuestro condominio hace unos once años. Estuvo tres días parada con los polis, hasta que un día, regresando de recoger a mi hijo y a mi sobrina de su escuelita, frené el coche, me bajé y le chiflé al animalito.

Vino de inmediato. Se sentó enfrente de mí. Y me vio a los ojos directamente.

Me acuerdo de que bajé a Sasha (nuestra otra perra) del coche y dije, si la acerco y le gruñe, no hay manera, pero la acerqué y las dos, inmediatamente, movieron la cola.

Hasta ese momento yo no sabía bien que estaba haciendo, solo sabía que me habían recomendado que Sasha tuviera otro perro para aprender a ser perro, porque al ser separada de su camada muy chiquita, tenía muchos problemas de conducta (cuánto nos parecemos a los perros, ¿se han fijado?).

Mi tercera prueba fue pedir a los niños que bajaran del coche (niños que, por cierto, no dejaban de preguntar a gritos desde el auto todo tipo de preguntas que se resumían en: ¡¿qué chingados estás haciendoooo?!). Le dije al de 5, "ven, acércate, ponte aquí junto a mí", y en cuanto llegó ahí… Poli se puso boca arriba para que le rascara la panza. Así que, evidentemente, abrí la puerta del coche y le dije: "Súbete".

Los niños no lo podían creer. Cuando llegamos a la casa, el de 5 entró galopando a buscar a la hermana para decirle "¡noooosaaaaabeeeesquééééhizooooomamáááááá!" a todo volumen. Yo tampoco sabía qué había hecho. Y, al día de hoy, sigo sin la respuesta a "¿qué me pasó en ese momento?". No lo sé.

Padecí la decisión un año completo en que la pinche perra acabó con tooooodo lo que se encontró: la muñeca favorita, mis birkenstock recién compradas, muebles, juguetes, papeles, libros… fue un viacrucis. La única razón por la que no la volví a echar a la calle fue porque mis hijos me estaban viendo. No podía ser un día la persona que recoge a un perro de la calle y le salva la vida, y al siguiente deshacerme del animal y deslindarme de mi responsabilidad. Nadie nos dice que ser congruentes es una de las principales líneas a seguir en eso de criar. Porque nos están viendo y, porque a esas alturas, ya queríamos todos a la pinche perra.

Hoy puedo decirles que Poli es una de las mejores decisiones de mi vida. No he conocido animal más fiel ni ser más agradecido. Y confirmo que tener perros, aunque da una hueva infinita (y que sí, probablemente seas tú quien resuelva y se encargue de la mayor parte de la responsabilidad), es buenísimo para la formación de anticuerpos y de un sistema inmune más fuerte, pero además es la manera más eficiente de enseñarles a tus hijos de amor incondicional, de responsabilidad, de empatía y, en este caso particular, de perdón y de paciencia. Me acuerdo el día que encontré a la de 8 llorando sin cesar, sentada en el piso con su muñeca favorita destrozada y hablándole de frente a su perra (que la escuchaba con atención), explicándole que comerse a Maggie no había estado bien, pero que de todas maneras la iba a seguir queriendo.

Creo que en la agenda de las cosas que queremos para nuestros hijos, a veces por querer hacerlo todo bien, nos olvidamos de cómo queremos que nos recuerden. De lo que los hará sonreír al acordarse. O reír por horas. O ser un tema de conversación recurrente. Por supuesto no se trata de ser unos irresponsables, la tarea principal siempre será ser el punto de equilibrio. Pero para que el equilibrio sea apreciado, de vez en cuando hay que mover el péndulo hacia los dos extremos y acordarse de darnos permiso de disfrutar o equivocarnos un poco. Al fin y al cabo, mañana se puede siempre volver a equilibrar.

* * *

La realidad es que para tener y crecer hijos no hay una fórmula. Ni técnica. Ni manual. Se hace lo que se puede con lo que se tiene, en este arduo camino. No hay un estándar ni un método de calificación universal y la verdad es que la mayoría de las veces nadie sabemos lo que estamos haciendo y nos vamos conformando con que sobrevivan a cada día. Me queda claro que todos hacemos lo mejor que podemos. Que todos tenemos nuestro propio estilo de ser papás y mamás, pero al mismo tiempo, todos compartimos la profundidad de la entrega, el amor y de todo eso que se siente por los hijos.

Las mamás aprendemos a ser mamás de otras mamás, de nuestras mamás, nuestras hermanas, nuestras tías, nuestras amigas. La maternidad es el trabajo más viejo, más difícil, más emocionante y más culero de la historia de la humanidad y está bien no hacerlo siempre bien, que sepamos recalcular y revisar: nunca es tarde para hacerlo mejor.

Qué importante permitirles a los papás aprender a involucrarse más. A hacerlo mejor. A hacerlo a su manera. A hacer equipo con nosotras. Culturalmente las cosas están cambiando y eso es una extraordinaria noticia, pero nosotras tenemos que cambiar también; así que, en lugar de regañarlos continuamente por todo lo que hacen "mal", démosle la bienvenida a la disposición de participar en la vida de los hijos y dejémoslos encontrar su camino, establecer su propia relación, su propio sistema y aprender sobre la marcha, como lo hicimos nosotras. Hay que dejar de controlar a los papás y darnos la oportunidad de hacer equipo con ellos. Porque la chinga de la chamba, entre dos, siempre dará mejores resultados.

Nunca nos salvaremos de la culpa que nos dan tantas cosas en la maternidad, pero como decía mi mamá postiza, Tere Ludlow: "La culpa de una madre es inherente, así que ni te atores con eso, vieja, solo asúmela y sigue haciendo tu chamba".

De Tere, yo aprendí a bajarle unas rayitas a la vida siempre que me empiezo a cilindrar en mis intensidades. La recuerdo validando mis etapas de mamá primeriza exhausta y también recordándome que mi hija era una personita que no tenía la culpa de mi inexperiencia ni de mis intensidades.

Me encantaría decirle que he aprendido muchas más cosas en el camino. Que la extraño horrores (¡cuántas veces quisiera marcarle por teléfono y pedirle un poco de su sabiduría!), que su manera de ser mamá ha marcado mi propia maternidad y que sí, tengo mi propia vida (cosa que ella siempre me recordaba), pero no puedo evitar pensar que después de horas de que platicáramos de todo eso que implica prepararte para hacer lo mejor posible, en todas las áreas de tu vida, llegaríamos a la contundente conclusión de que, después de tantos años invertidos en nuestra formación y educación, los papás y mamás, de todas maneras, siempre acabamos siendo el chofer de otra persona… Puedo escuchar sus carcajadas.

Una cosa importante a tener presente es que, si bien somos los papás, no debemos ser permanentemente la fuente de todo para ellos. Que hay que dejarlos aprender en otros lados y tener otras figuras paternas y maternas. Tener otras fuentes de inspiración, otros puntos de comparación, otros sistemas, otros espacios en donde puedan crecer y sentirse queridos y acompañados; no podemos pretender ser su única referencia, hay que saber que parte de nuestra responsabilidad es abrirles la puerta a otros métodos y personas.

En las tribus africanas, los niños son cargados y crecidos por todas las mujeres cuando son pequeños, y enseñados a cazar y hacer diferentes cosas por todos los hombres cuando ya tienen la edad requerida, lo cual potencializa de manera importante las experiencias y los aprendizajes porque los enseñan a vincularse con otras personas y a no pensar que el universo son únicamente sus papás. En la vida moderna esto se ha ido diluyendo y me parece que, por el bien de todos, deberíamos rescatarlo. Por eso la importancia de las tribus familiares de las que hablé hace unas páginas: la tribu es eso que te arraiga a la vida, pero también la que te enseña a vivirla.

Hay que confiar y construir. Aunque todo se vuelva incierto y todos se destruya por momentos. Hay que aprender a alivianarse y acordarse de gozar más seguido esto de ser papás y mamás.

Que sepamos que seremos los pisos y los techos de sus estructuras internas y que debemos construirlos con responsabilidad y respeto.

Que seas el lugar al que van a compartir sus alegrías, pero sobre todo sus tristezas. Que tu casa sea su lugar seguro. Que tus brazos sirvan para consolar. Que tus orejas sepan siempre escuchar. Que seas el arco que necesitan para lanzarse a la vida. Que sepas acompañar y dejarlos ser. Que estés tú también, y perpetuamente, abierto a aprender. Y que tu corazón se expanda cada vez que los ves.

Esa es la misión de ser papás.

Agradecimientos

No hay buenos o malos papás y mamás, todos estamos haciendo lo mejor que podemos (en la enorme mayoría de los casos) y todos estamos, muchas veces, completamente perdidos en la tarea, conformándonos con que ellos sobrevivan y sobrevivamos nosotros también.

Pienso que al parir se debería incluir una sesión de terapia semanal para ambos padres, cortesía de la madre naturaleza, para construirnos a nosotros y evitar destruirlos a ellos.

Porque la realidad es que no importa cuánta información hayas podido reunir, o puedas investigar, ser mamás y papás se trata mucho más de la práctica que de la teoría. Y la única cosa que realmente tendríamos que saber es que hay que vivirla, un día a la vez.

Aprendemos sobre la marcha instintivamente. De la experiencia. De la inexperiencia. Del sentido común. De las miles de veces que nos sale mal y no queda otro remedio que aprenderlo a hacer mejor. Aprendemos de los otros papás y mamás. Aprendemos e imitamos a los nuestros, si tuvimos la suerte de tener un buen ejemplo, o, al contrario, replicamos porque no hemos sanado o evitamos a toda costa los malos modelos a los que fuimos expuestos.

Gracias a mi papá y a mi mamá, Miki y Vero, mi piso y mi techo. Me he construido yo, pero fueron sus cimientos los que hicieron que mi estructura sea así de sólida. Mucho, muchísimo, de mi maternaje, es un ejercicio continuo de emular el de ustedes. ¡Qué suerte la mía, la de ser su hija!

A mi tribu de mujeres mamás, que me han inspirado, ayudado, enseñado a cómo ser (¡y a veces no ser!) mamá a lo largo de mi vida… a las Teres, las Isabeles, la valiente tía Carole y Mireille y Jenny. A mi incomparable abuela Mamine, y a Eglé, mi otra abuela; algo me dice que tengo mucho de ellas dos. A Delia, por recordarme siempre lo de alivianarse un chingo y reírse más. A mis amigas con las que parí y amamanté hijos a la par entre botes de Nutella y carcajadas. A las que conocí en el camino, mamás de la escuela y con quienes nos hicimos amigas en medio de piñatas y filas de la hora de la salida, y a tantas otras que pasaron y me dejaron algo. A mis amigas de la vida, cualquier momento de la vida, que no importa si tienen hijos más grandes o más chicos, siempre les aprendo algo y siempre son un lugar seguro para ir a mentar madres y compartir las peripecias de nuestros chamacos. Algo que nadie nos dice es que uno necesita tener espacios seguros para mentar madres con otras madres para seguir siendo madre.

Gracias a mis amigas que no tienen hijos y que me recuerdan eso tan importante que es pensar también en mí, que me hacen ver las cosas desde otro ángulo. Que me dicen que el rol de mamá puede no ser tan cuadrado. Y el *reminder* de que tener hijos es algo que yo elegí. Mujeres que, además, comprueban que ser mamá no es obligatorio y que uno puede ser perfectamente feliz y tener una vida plena con o sin vástagos, si eso es lo que cada una quiere hacer.

A los papás que rompen el esquema del papá ausente o desentendido y ponen el estándar para los otros papás decidiendo arremangarse y participar en la crianza de sus hijos. Gracias, por ser el ejemplo para nuestros hijos, los papás del futuro.

A Michelle Griffing, mi editora favorita, por aceptar co-parentar este segundo hijo impreso para que tuviera los mismos genes que el primero (incluso si su chingonería la ha llevado a otras latitudes), gracias por hacer esto a larga distancia, mana.

A Felipe Pando, por la talacha editorial *in situ* y, obvio, a todo el equipo de Penguin Random House México por ayudarme a parir otra vez y hacerlo como si fuera con epidural.

A Julia Borbolla. Mi sensei, que tanto admiro desde hace tanto. Tus libros y conferencias fueron mis biblias cuando mis hijos eran chicos y, sin saberlo, le diste forma a mi manera de criar, de ver y de ejercer mi maternidad. Me acuerdo de que, la primera vez que di una conferencia, en Moders, subí al escenario convencida de que me iba a morir y sin poder controlar la temblorina de mis piernas, mis manos, mi voz… En la primera fila estaban sentadas tooodas las amigas luminarias de Sissi (la genia atrás de Moders). "Qué cosa tan rara que ellas me estuvieran viendo a mí", pensé, ¡qué nervios!, pero cuando vi en esa primera fila sentada a Julia Borbolla, casi me da el supiritaco. "Ahora sí ya me voy", pensé, "esta señora sí me va a desenmascarar, ella sí es experta en esto de lo que voy a hablar y qué va a pensar". No tengo idea de qué dije los primeros tres o cuatro minutos de lo nerviosa que estaba, pero recuerdo que en algún momento vi a Julia carcajeándose y aplaudir. Y fue en ESE momento que me pude por fin relajar un poco y pensar: "Okeeeey, tal vez lo que estoy diciendo hace algo de sentido". No puedo explicar lo que significa para mí tenerte como amiga, compartir escenarios, seguir aprendiendo de ti, conocerte y gozarte de cerquita y, ¡encima de todo!, que me hayas regalado un prólogo tan espectacular y tan generoso, como tú. Gracias desde el fondo de mi corazón, Julia.

No puedo escribir un libro de los hijos sin agradecerle al papá de los míos, no solo porque los hicimos juntos, sino porque los seguimos creciendo y administrando juntos (incluso si ya no estamos juntos, e incluso en los momentos más horribles y dolorosos). Gracias, porque seguir haciendo equipo, tratar de tener la cabeza fría cuando todo está en llamas, estar en la misma línea y llevar la fiesta en paz priorizando SIEMPRE el bienestar de los hijos, se dice fácil, pero no siempre lo es. De todo lo que no nos salió bien, lo que nos salió increíble fueron estas dos personas.

Por supuesto a mi hermana, Lorena, que me enseñó la importancia de la atención completa al momento presente, al niño presente, a lo de tomar decisiones conscientes e informadas, a lo de no tener prisa y, sí, por ser lo más cercano a una segunda mamá que tienen mis hijos. Cuando mi hijo tenía como cuatro años, invitó a un amigo después de la escuela y, cuando entrábamos a nuestro condominio (en donde también vive ella), le iba explicando al invitado la ruta y diciendo con su vocecita: "mira, para este lado es mi casa y para el otro lado (señalando la calle de casa de mi hermana) es mi oootra casa". Gracias, hermana, por ser mi primer punto de referencia para cualquier cosa de la que he necesitado referencia, por siempre darme paz y perspectiva. Qué fortuna haber coincidido en el *timing* para procrear, la dirección de nuestras casas y el estilo de mamás que elegimos ser. Qué increíble para ellos sentir que tienen dos familias, dos casas, dos hermanos más, y para nosotros ¡qué increíble tener cuatro hijos, pero qué superparo que cada quien pague solo dos!

A Lorenz y Lu, mis sobrinos favoritos. Porque nadie nos dice que los sobrinos son una de las partes más divertidas de la vida y una enorme fuente de alegría. Qué gozada es ser su tía.

Y, finalmente, o primero que nada, a estos dos seres maravillosos, las personas que han sobrevivido a mi inexperiencia, mis ajustes mentales, mis neurosis, mis miedos, mis lapsus, mis despistes, mis errores, mi sentido del humor, mis reglas, mis opiniones, mis locuras, mis planes descabellados, mis ideas fijas, mis ataques de amor, mi cansancio, mi hiperactividad y a todo eso que soy y que no soy...

Gracias a este par que me ha enseñado más de mí, que nadie, ni nada. Ustedes son mi parte favorita de la vida y seré, para siempre, la presidenta de su club de fans.

A Michèle y Stephan, los únicos en el mundo que me llaman *mamá*.

Esta obra se terminó de imprimir
en el mes de octubre de 2025,
en los talleres de Litográfica Ingramex S.A. de C.V.,
Ciudad de México.